椎葉村尾向
秘境の歳月
山里の生活誌

尾前秀久 著
須藤　功 編

鉱脈社

息吹実感「尾向集落」

椎葉村長　椎葉晃充

今でも祭礼やさまざまな習わしが四季折々に生きている本村の尾向集落。この集落にある尾向小学校では、学校と地域の連携により、子どもたちによる焼畑体験学習が三十一年も続いている。

この焼畑体験学習に魅せられて平成二十三年から毎年、尾向を訪れ集落の写真を撮り続けている民俗学写真家がいる。須藤功氏である。氏は写真だけではなく、尾向公民館の人々とともに集落の日々の暮らしや年中行事など多くの話を聞き取り収集した。その成果を尾前秀久氏と協力して、『秘境の歳月』としてまとめ刊行された。辛抱強く尾向の生活の姿をしっかり収録された功績に心から感謝申し上げ、敬意を表したい。

平家落人伝説で知られる我が村は、総面積五三七・三五平方キロメートルを有し、その九六パーセントが山林原野で占められている。国見岳・市房山など九州屈指の標高一〇〇〇メートルを超える山々が連なり、これらの山々を分水嶺として、耳川・小丸川・一ツ瀬川が本村に源流を発し、その豊富な水資源は、農業用水や飲料水として、また水力発電に利用されている。

広大な森林空間を背景に地域の人々の暮らしとともに自然への恵みや感謝、畏敬が山々の神々への祈りや祭礼となり民俗文化として今なお生きている。また、「那須家住宅」や「椎葉神楽」に代表される有形無形の文化財や天然記念物にも恵まれている。

近年、本村を含む近隣の五町村が国連食糧農業機関（ＦＡＯ）から世界農業遺産（ＧＩＡＨＳ）に

「高千穂郷・椎葉山地域」として認定された。これは、五町村の焼畑、林業、棚田、山腹水路、森林空間など複合的な環境型の農林業や伝統的な神楽や民謡などの民俗文化が暮らしの中に生きていることが高く評価されたものである。

尾向は、尾前・日当・日添・尾手納の四つの集落からなる、村の中でも元気な地域である。伝統農業「焼畑」が継承されている。柳田國男著『後狩詞記』の狩猟儀礼も守られている。春祭りの的《まと》射《い》も冬の歳祭りの神楽もそれぞれの集落の氏神に奉納される。集落の人々の結びつきも堅固で「かちゃーり」(結・相互扶助)もしっかり生きている。ほとんどの家庭に後継者がいる。

この本は、奥深い山里に暮らす、心温かな尾向の人々の息吹きを実感できるものである。

尾向ならではの地域力

椎葉村教育委員会　教育長　甲　斐　眞　后

いつの頃であっただろうか。宮崎行きの電車を待っていた日向市駅の待合室のことである。椎葉のみやげ物袋から本を取り出し静かに目を通している御仁がいた。

鶴富屋敷のみやげ物の紙袋が妙に気になり声をかけた。「椎葉に行ったんですか」。やおら顔をあげて「ええ行ってきました」と答えてくださったのが須藤功氏（民俗学写真家）であった。手にしている本に目を移すと、上野俊彦著『千年を耕す　椎葉焼き畑村紀行』（平凡社）とあった。それから宮崎駅まで数々の椎葉の話となった。

確か尾向小学校の子ども焼畑体験学習も話題になった。その時には気にもとめなかったが、後日、バスを待っている須藤氏に出会った。尾向小学校に行くという。子ども焼畑体験学習を調べるという。平成二十三年のことである。

以来、今日まで毎年、尾向を訪れ集落の写真を撮り続けている。写真だけではない。尾向の集落の人々とともに日々の暮らしや年中行事まで広範に取材した。

氏の活動に共鳴した尾前秀久氏（元尾向公民館長）は始動する。自らの見聞や体験に基づき地域の自然や伝説、春祭り、歳祭り、狩猟、焼畑など持てる知識を記録した。そして子ども焼畑体験学習実行委員会のみなさんによる編集委員会の構成となった。

その成果が『椎葉村尾向　秘境の歳月――山里の生活誌――』として刊行される。村人の生き様や地域を支える人々の活力が示されている。両氏をはじめ編纂に関わっていただいた尾向のみなさんに心から感謝を申し上げ、敬意を表したい。

子ども焼畑体験学習は、今年で三十一年を迎える。地域の子どもから大人までもが学校と連携し、連帯し、協力し、それぞれの役割をしっかり分担し合ってこれまで継続してきた。これは、驚愕に値する。子どもたちは様々な体験をとおして生きた知識と合わせ、祖先の暮らしの知恵も習得する。初めて焼畑を経験する教師にとってもある面カルチャーショックであり、地域に根ざした教育の原点に気づき、その意味を学ぶことになる。

そこに尾向ならではの地域力を見ることができる。

平成三十一年四月三十日

尾向に暮らして

尾前秀久

この奥日向椎葉は平家落人伝説が伝えられて、今でもその縁《ゆか》りの言葉が残る秘境だが、尾向はその中のさらなる秘境といってもよい。JR日豊本線の日向市駅を最寄り駅とすると、そこから車で二時間余かかる。耳川沿いの道は二車線もあるが、まだ一車線が多く、車が出会うとどちらかが後退して道を空けなければならない。

村の中心地の上椎葉へ走る間も、そこからさらに尾向に向かうときも、初めての人だと、おそらくこの先に家があるのだろうかと心配になるだろう。やがて山の上の方に一軒、また一軒と家が見えるようになる。それらの家は九州山地の六〇〇～一〇〇〇メートルの斜面にへばりつくようにある。

決して楽に暮らしているようには見えないこの山里の尾向に永々と人が住み、祖先から受け継いだ伝統文化をしっかり守ってきた。今も若い夫婦がいて、その後継者となる子どもたちがいる。こんな奥深い山里にどうして若い人、子どもたちがいるのか。暮らしている私達には当たり前のことだが、余所からきて「何故《なぜ》」と不思議に思う人もいる。須藤功氏と出会ってこの本を刊行することになって、その「何故」について、この尾向の地に生まれ暮らして六十年になる私の考えをできるだけ記すように心がけた。

現在、各地の山村では人が去り、空家や廃屋が増えていることをよく耳にする。それは生まれ育った故郷をなくすことで、これほど悲しい寂しいことはない。尾向でもそれはまったくの他人事ではないが、今ここに住み暮らす一人ひとりが、出て行った者が故郷をなくさないように、いつでも帰ってこられるようにしている。

「尾向」は大きく尾前と向山の二地区の上の二字を重ねたもので、この地区の、尾前・日添・尾手納の四集落に一三〇戸余の家がある。一家の子ども三、四人は普通で、小学校に兄弟三人という家庭が三、四軒ある年度は珍しくない。この小学校の卒業式では卒業証書を受けたあと、壇上から下級生や父母に将来の希望を述べるが、「将来はこの尾向に戻ってきます」、という学童が少なくない。それには、永く受け継がれてきた尾向のさまざまな文化へのそれとはない夢と、うっすらと心に刻まれた親をはじめとするまわりの人々への安心感があるからではないかと思われる。

尾向小学校には一年を通じてさまざまな行事がある。その日が平日でもたいてい両親そろって学校にきて行事の準備を手際よく進め、行事にはげむ子どもたちを見つめる。ときには子どもと一緒に行事に加わったりする。これは小学校に子のいる両親に限られるが、集落のみんなが心を一つにして楽しむのは、十一月末から十二月の土・日に行なわれる神楽である。神楽は尾向の四集落にあって、土曜日の夕方から翌朝にかけて続く舞を、舞台の前に座してときには声援を送りながら、もうすぐの新しい年もよい一年になるようにと願う。ひときわ熱気をおびるのは子どもたちが舞うときで、舞台にはたくさんの〝花〟が投げこまれる。椎葉村には尾向を含め二十六集落に神楽が伝承されていて、平成三年（一九九一）に国指定重要無形民俗文化財となった。

椎葉村の食生活は長く焼畑が頼りだった。山地の草木を伐り払って火を放ち、燃えた草木の灰を肥料として稗や粟、蕎麦などを蒔いて育てる。それらは今は主食としては必要ないが、焼畑にこめられた祖先の人々の知恵と工夫は伝え残さなければならない。全国の小学校で唯一とされる「子ども焼畑体験学習」は、その意図にそった尾向小学校の大事な教育の一つになっている。尾向地区では焼畑を行なっている家があり、近隣の町村の山地農業と合わせて、これらの焼畑も世界農業遺産に認定された。

秘境と呼ばれる山里に住むには、苦しみ、悲しみ、楽しみ、そして生きる喜び、感動をみんなと共有して培う地域社会が、人と人のつながりを強くする。現在の国内の山里には、少子高齢化、後継者不足、結婚問題、それらがおよぼす限界集落がある。椎葉村とその一地区の尾向には共に支え合ってそれらを克服する営みがある。

しかし、先人が刻んだ文化と歴史を自分たちの代で消してはならないという強い意志があるのも確かである。だが将来への展望となると、決して安易とはいえない。そのためにやっておかなければならないことがある。尾向の文化、歴史、そして現世に生きる姿を誰にもわかるようにまとめ、記録して残すことが今に生きる我々の責任ではないか。

そう思っているとき、写真を撮りながら生活史に強い関心を持っている須藤功氏に出会った。そしてこの本の編集の一切を引き受けてくださった。心からお礼申し上げたい。また編集委員会を立ち上げ自ら事務局としてご苦労いただいた教育長の甲斐眞后、編集委員としてお骨折りいただいた尾前一日出の両氏をはじめとする十四名の委員の皆様に感謝したい。最後、この一地域の本の出版を快く引き受けていただいた鉱脈社に心からの謝意を表したい。

平成三十一年四月三十日

国土地理院の地図〈1/25000〉をもとに作成

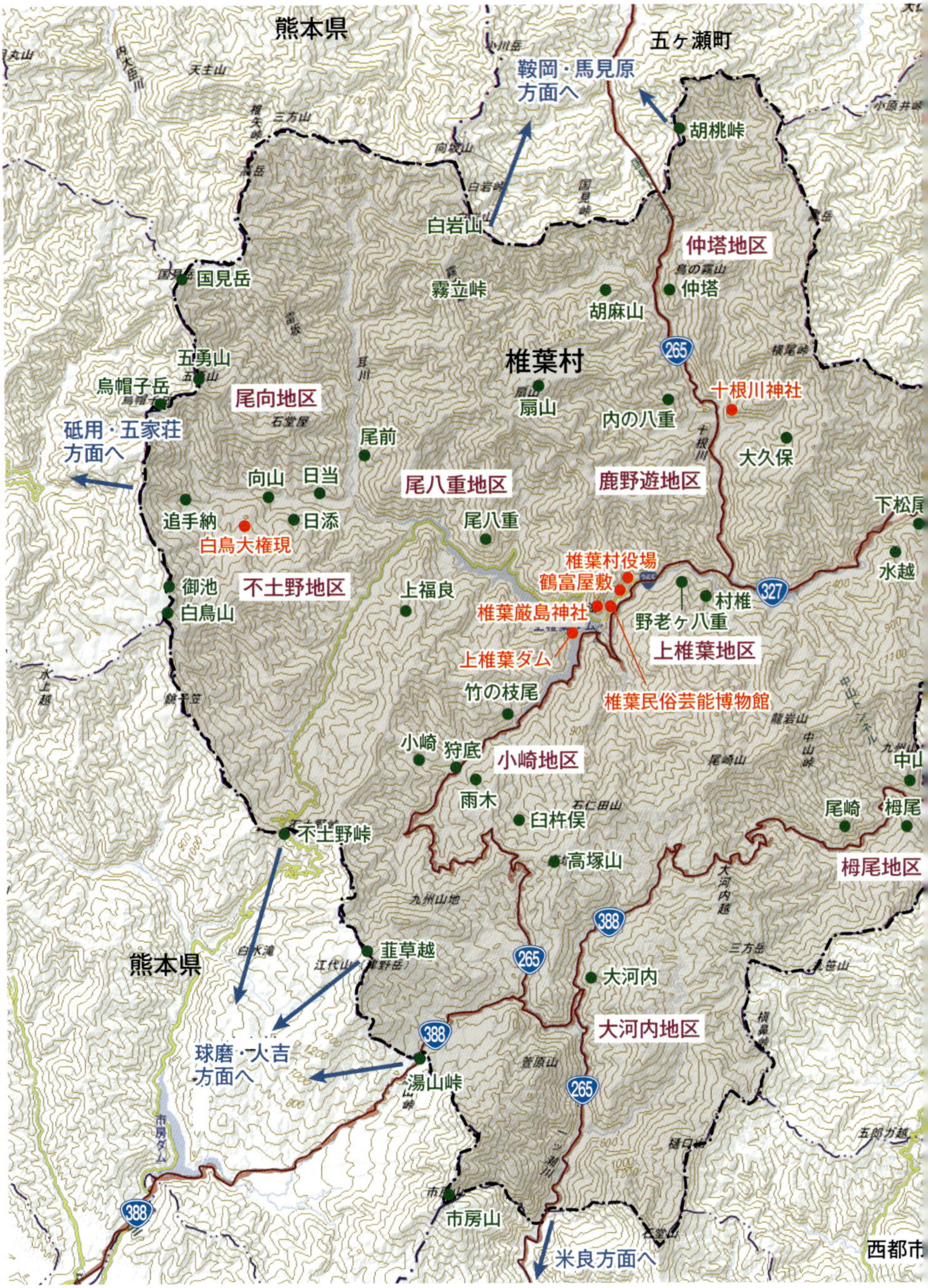
熊本県
五ヶ瀬町
鞍岡・馬見原
方面へ
胡桃峠
白岩山
仲塔地区
仲塔
霧立峠
胡麻山
国見岳
五勇山
烏帽子岳
椎葉村
尾向地区
十根川神社
砥用・五家荘
方面へ
扇山
内の八重
大久保
尾前
向山
日当
尾八重地区
鹿野遊地区
下松尾
追手納
日添
尾八重
白鳥大権現
椎葉村役場
鶴富屋敷
水越
御池
不土野地区
上福良
村椎
白鳥山
椎葉厳島神社
野老ヶ八重
上椎葉ダム
上椎葉地区
竹の枝尾
椎葉民俗芸能博物館
小崎
狩底
小崎地区
中山
雨木
尾崎
栂尾
臼杵俣
不土野峠
高塚山
栂尾地区
熊本県
韮草越
大河内
大河内地区
球磨・人吉
方面へ
湯山峠
市房山
西都市
米良方面へ
265
327
388

目次

凡例

・椎葉村の暮らしの歳月に、大字不土野字尾前・向山、通称「尾向」の関連事項を記し、参照のために他の字地（集落）の事項を記した。
・尾向で暮らす人々の話と体験に、『椎葉村史』と『宮崎県史』の主に民俗編を引用して執筆、他の参考文献は文中に記した。村内の古文書も同史に掲載のもので、参考文献には挙げていない。
・尾前秀久の執筆でない項目は、末尾に執筆者名を記した。
・椎葉村の方言は片仮名で、一般の動植物名などは漢字もしくは平仮名で記した。ただし引用文とのつながりで動植物名を片仮名で記したところもある。
・満と記していない年齢は数え年である。
・人名の敬称は略させていただいた。
・元号に添えた西暦は、同ページ内では最初のみとした。
・他の集落にもある日当と日添は、「向山日当」「向山日添」と書いて区別するが、本書はすべて尾向内なので日当、日添と記す。
・旧市町村名に添えた現市町村名は、同頁内では最初のみとした。
・撮影者と提供者の記名のない写真は須藤功の撮影・提供である。
・写真説明に撮影年を記した。
・旧称と現在の単位（いずれも約の数字）

一町　面積では一ヘクタール（一万平方メートル）
一反　面積では十アール（千平方メートル）
一畝　一反の十分の一（百平方メートル）
一歩　一坪で三・三平方メートル
一里　四キロメートル（歩いて一時間）
一間　一・八メートル（畳の縦の長さ）
一尺　三十センチメートル
一寸　三センチメートル

椎葉村
尾向

秘境の歳月

――山里の生活誌――

序章

笑顔輝く
尾向の子どもたち

——焼畑体験学習

収穫祭発表会。神輿も獅子も出る（平成26年11月）。

焼畑に学ぶ――はじめに

焼畑は山の草木に火を放ち、燃えてできた草木の灰を肥料として作物を育てる農業です。簡単に説明するとこうなりますが、作物を収穫するまでの作業は、いずれも大汗を流しながらの作業です。

それにもかかわらず、かつて、田のない山村ではこの焼畑で稗《ひえ》・粟《あわ》を主に蕎麦《そば》、大豆、小豆、玉蜀黍《とうもろこし》などを栽培しました。いずれも一年の大事な食物でした。大汗の作業だけではなく、作物を食い荒らす猪《いのしし》、鹿、兎などの山の獣に昼も夜も注意を怠ることができません。年によっては強い風雨で作物がダメになることもありました。

昭和四十年代（一九六五〜七四）あたりまで、この焼畑は全国の数箇所で行なわれていました。それが今、確かにつづいていると言えるのは二カ所、椎葉村の「民宿焼畑」の焼畑と、全国の小学校でただ一つ焼畑を学ぶ尾向小学校の「子ども焼畑体験学習」です。この学習は平成の元号と同じ年数つづいて、さらに令和の代に年数を重ねるでしょう。それができるのは、尾向小学校の、一年生から六年生までの三十人ほどの児童のほとんどが尾向の子で、その祖父や父親が焼畑をしっかり行なってきたことにあります。

自動車もスマホもなかったころには、生活を豊かにするために、町や村の一人ひとりが知恵を出し工夫を重ねました。それは農業でも同じで、焼畑にも祖父や父親、さらにその祖先たちの知恵と工夫がこめられています。焼畑体験学習は、その知恵と工夫を体験を通じて受け止め学ぶとともに、祖父や父親をより深く知り、さらに山村の文化の伝承になっています。

十月の収穫では唐箕《とうみ》、十一月の収穫祭では石臼を使います。それは道具を通じて、昔の人々の工夫や考えを学ぶことになります。

右：ヤボキリは父母だけで児童はしない（平成24年７月）。
左：山の生き物や神に、火入れをすると全員で告げる（平成29年７月）。

火入れと種蒔き

この焼畑体験学習をする場所の選定と日程は、公民館が設ける焼畑実行委員会が検討し、それを学校が受け入れて実行します。平成二十九年（二〇一七）の第二十九回「焼畑体験学習」は、水無川《みずなしかわ》上流の杉を伐採《ばっさい》したあとの山で行なわれました。

最初の雑草《ざっそう》や灌木《かんぼく》などを刈るヤボキリは七月八日、火入れと蕎麦《そば》の種蒔きは七月三十一日、十月二十四日に実った蕎麦を収穫し、一カ月後の十一月二十四日に収穫祭を行なって蕎麦を打ち、児童は家族（祖父母も参加）と共に美味《おい》しい手打ち蕎麦を食べました。この日程は年によって少し変わり、天候で予定日が変更されることもあります。

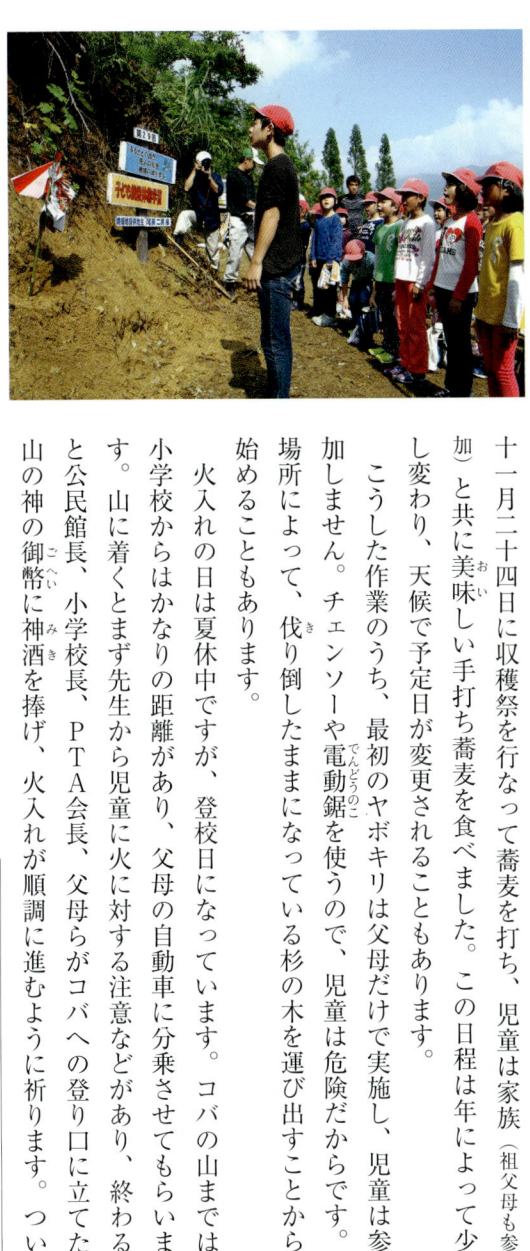

こうした作業のうち、最初のヤボキリは父母だけで実施し、児童は参加しません。チェンソーや電動鋸《でんどうのこ》を使うので、児童は危険だからです。場所によって、伐《き》り倒したままになっている杉の木を運び出すことから始めることもあります。

火入れの日は夏休中ですが、登校日になっています。コバの山までは小学校からはかなりの距離があり、父母の自動車に分乗させてもらいます。山に着くとまず先生から児童に火に対する注意などがあり、終わると公民館長、小学校長、ＰＴＡ会長、父母らがコバへの登り口に立てた山の神の御幣《ごへい》に神酒《みき》を捧げ、火入れが順調に進むように祈ります。つい

で児童と尾向の中学生が御幣の前に並び、六年生の先導で全員が次のように唱え、山に火を入れることを山の神に告げて作業の安全を願います。

「このヤボに火を入れ申す　ヘビ　ワクド　虫けらども早々に立ち退きたまえ　山の神様　火の神様どうぞ火の余らぬように　また焼け残りのないようお守りやって　たもり申せ」

火入れを体験するのは六年生で、その火入れ用の松《たい》明《まつ》はそれぞれの児童の父親が作ります。火はコバの上部から父親に教えられて児童が、つづいて父母が火を入れます。

晴天がつづいた年は火の勢いが強いが、二、三日前に雨が降っていたりするとどうしても火の移りは弱くなります。それでもとにかく一反歩ほどのコバ全体に火がまわるようにします。小学生のとき体験している中学生はその手助けをします。

火入れは午前中に終え、昼食のあと、児童の代表が唱えをして、児童全員で蕎麦の種蒔きをします。

「これより空き方に向かって　蒔く種　根太く　葉太く　虫けらも食わんよう　一粒万倍　千俵　万俵

父親の指導で６年生がコバに火入れをする（平成24年８月）。

仰せつけ　やってたもれ」

児童はビニール袋にはいった蕎麦の種を手に、まだほのかに温かいコバに登ると、地面に打ちつけるように蕎麦の種を蒔いてまわります。

全員が蒔き終えると、母親たちが箒《ほうき》を持って登り、地面を掃くようにして蒔いた種の上に小石混じりの土をかぶせます。種を鳥についばまれないようにするためですが、蕎麦はこうした小石の多い荒れ地でも花を咲かせ、しっかり実をつけます。

作業を終えると学校にもどり、午後三時頃に解散となると、今も年によって子どもたちはそれから尾前川（耳川）にはいります。強い日差しと熱い火をあびた体に、まこと気持ちのよい水遊びです。

蕎麦《そば》の収穫

十月下旬に行なわれる、蕎麦の収穫には椎葉中学校の二年生が全員参加し、刈取りの手伝いをします。思い思いの場所で、四年生以上は鎌《かま》、三年生以下は鋏《はさみ》で蕎麦の茎《くき》を切り取ります。それを近くの莚《むしろ》におくと、適量を見計らい六年生や中学生が莚をかかえ、決めら

右：みんなで蕎麦の種蒔きをする（平成24年８月）。
左：焼畑体験学習の火入れを終えたのち、年によって児童は川遊びをする（平成25年８月）。

れた集積所まで運び下ろして並べます。
収穫した茎つきの蕎麦を自動車で学校の校庭に運び、「あやす」といって蕎麦の実を茎から取る作業をします。大きな青ビニールシートの中央に実つきの茎をおき、児童と中学生がそのまわりに円座を作り、手にした棒で黒殻《くろもみ》に包まれた実を歌か掛け声で叩き落とします。
見ていてやはりと思うのは、部活が剣道の児童は棒の打ち方が剣道の打ちこみにそっくりなことです。ちなみに尾向小学校の剣道部は女児童も多く、みんなよい試合をします。日添の椎葉花梨（初段）は中学三年のとき女子の宮崎県代表となり平成二十七年八月二十二〜二十四日に秋田市で開催された第四十五回「全国中学校剣道大会」に出場しました。集落の誇りとして日添のみんなが支援を惜しまなかったと聞いています。
落とした実には砕けた茎や葉などがゴ

9月末、児童の蒔いた種からコバ一面に咲いた蕎麦の花。1カ月後に刈る（平成24年）。

ミとして混じっています。まず大きなゴミを篩《ふるい》で分け取り、それから小さなゴミを唐箕《とうみ》で篩いわけます。初めて唐箕を見る一年生は珍しそうに動きをのぞいています。三、四年生でもゴミと実がしっかり振り分けられているのを見て、「わー」といったりします。

採れた蕎麦の実は天日で乾燥させます。その量は年により多少はありますがおよそ五キログラム、そのうち焼畑体験学習で使う二キログラムを残し、あとは専門店で脱穀してもらいます。

右：椎葉中学校の二年生は、刈った蕎麦を運んだりして手伝う（平成29年10月）。
左：「あやす」といって刈った蕎麦を棒で叩いて殻実を取る（平成24年10月）。
下：唐箕で殻実とごみを分ける（平成26年10月）。

蕎麦作りと収穫祭

十一月の収穫祭は開会式につづいて蕎麦作りにはいります。児童はマスクをして母親が用意してくれた前掛けをつけますが、このとき背の側の紐《ひも》を上下の関係なく結び合います。これもいかにも尾向小の子どもらしい風景です。

蕎麦作りは蕎麦の実を石臼《いしうす》で挽《ひ》くことから始めます。石臼は四台、一台は中学生用で児童たちは三台、指導にあたる祖母がついています。かなりの重さのある石臼を片手でまわすには力だけではなくコツがいりますが、どの児童もみんなたくみにまわします。祖父母が石臼を使うのを見ていて覚えたのか、あるいは母親が教えたのかもしれません。

粉ができると蕎麦打ちになります。指導の祖母が適量の水を加えて蕎麦粉をまずボールの中でねり、ついで熨斗板《のしいた》の上で力をこめてねります。「それでいいよ」という祖母の声を受けて、それを丸棒で薄く伸ばしてから庖丁《ほうちょう》で切ります。切った蕎麦を湯に通して食べられるようにします。そこまでは児童がします。

そうしてできた蕎麦を美味しくする蕎麦汁は母親の腕の見せどころ、母親たちはその準備を前日からします。収穫祭で新蕎麦を食べるのは、小中学生、先生、保護者（祖父母）、来賓らで二百人前後になります。それには児童と中学生が打った蕎麦だけでは足りないので、保護者が用意をします。蕎麦

前掛けの後ろの紐を互いに結び合う（平成23年11月）。

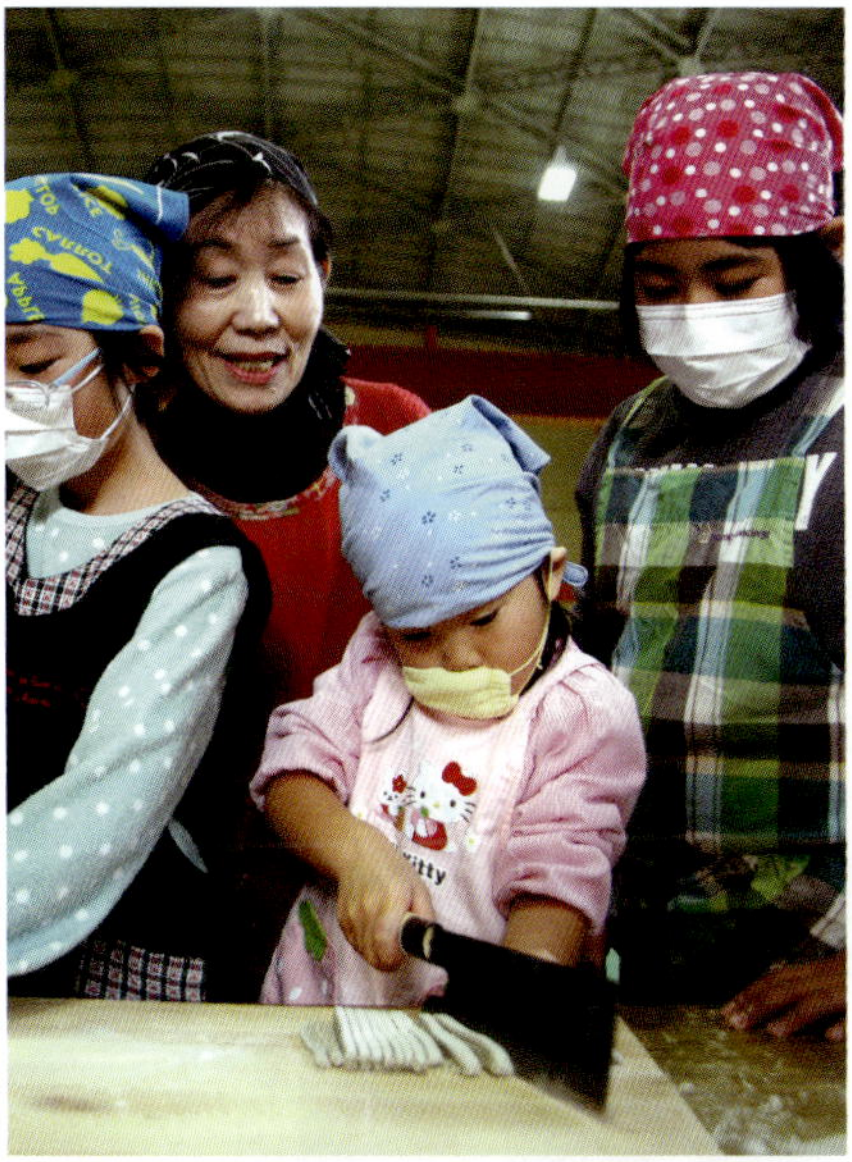

上右：みんな石臼を上手にまわす（平成23年11月）。
上左：大きな庖丁で切る。大丈夫だよ（平成27年11月）。
下右：自分たちで育てた蕎麦はことに美味しい（平成23年11月）。
下左：母親たちが味つけした新蕎麦。おかわりする児童もいる（平成26年11月）。

粉一キログラムで蕎麦は約八人分、二杯食べる人もいるのでおよそ三十キログラムの蕎麦粉を打って、それに児童の打った蕎麦を加えます。

収穫祭の朝、父親たちは蕎麦に添える猪肉を焼いています。すでに猟期にはいっているので猪肉はたくさんあります。

蕎麦打ちに区切りのついた十一時から、収穫発表会となり、児童が舞台で歌や合奏、芝居、焼畑をやってきた祖父の話も、豊作を祝う手作りの神輿や獅子も出ます。

上：焼畑体験学習の感想。みんな頑張った（平成23年11月）。
下右：石臼と一緒に目をまわした（平成23年11月）。
下左：収穫祭に学校のまわりに立てる幟（平成25年11月）。

さわやかな子どもたち

初めて尾向を訪れたのは平成二十三年（二〇一一）二月十日、寺床の尾前善則氏に狩猟の話を聞くためでした。尾前善則氏はすでに狩りを止めておられたが、体験にもとづく話は貴重なもでした。

その帰り道の出会いについては、椎葉村教育長の甲斐眞后氏が序文に書いてくださっています。宮崎駅まで席を同じくした甲斐氏は椎葉村についていろいろな話をしてくれましたが、「子ども焼畑体験学習」を聞いたとき、写真を撮りたいと強く思いました。それまでに高知県池川町大字椿山《つばやま》（現仁淀川町）、宮崎県西都市《さいとし》大字上揚《かみあげ》字横平、同県西米良村《にしめら》大字小川字木浦の焼畑を撮影していましたが、小学校の児童たちの焼畑ということに心引かれるものがあったのです。

尾向から帰宅してしばらくすると、当時の尾向小学校長の中原淳一氏から封書が届きました。教育長から聞きましたとあって、「子ども焼畑体験学習」についての細やかな説明と日程の案内が書いてありました。まことにうれしい封書、案内でした。

その案内によって私は平成二十三年（二〇一一）八月二日、まず火入れと種蒔きを撮影させてもらいたいと尾向小学校を訪れました。そこで心ひそかに感動したのは、どの児童も個性的な子どもらしい、さわやかな顔をしているのと、礼儀作法がしっかりしていることでした。その児童の父母たちもみんな若く明るく、焼畑の作業にはいると、指図がなくても、それぞれがやらなければならない作業を見つけてきぱきとこなし、焼畑の作業は滞《とどこお》りなく進みました。それまで全国各地を旅して、似たような地域がなかったわけではありませんが、気持ちよい光景に出会い、見て、ここに通って写真を撮りたいと思いました。

それから毎年、七月末ごろの火入れと種蒔き、秋の運動会、蕎麦の収穫と収穫祭、二月初めの学習発表会、三月末の卒業式にはできるだけ訪れるようにしています。そうして撮った二、三年前の写真を眺めながら、この児童も子どもっぽい顔から、伸び伸びと大きくなって、しっかりした六年生の顔になった、とニヤッとしたりしています。

感動もあります。写真を送った四年生の女子児童から、「この自然の美しい椎葉に生まれて、本当にほこりに思います」という礼状をもらったときです。幾度も読み返しました。卒業式のとき、一人ひとりがこれからの夢を語ります。そこでたいていの児童が、「将来はこの尾向にもどってきます」といいます。胸にグッとくるものがあります。

平成二十五年（二〇一三）五月の扇山登山に参加させてもらったときのことです。下山して学校にもどると、入学して間もない一年生の中には疲れて眠る児童もいました。一休みを終えて集合となり、母親が眠っているわが子（女子児童）を起こすと、驚いたらしく泣き出しました。すると上級生が寄ってきて、「どうしたの」と優しく声をかけていました。それを母親も先生もそばで何もいわずに見ていました。それもいかにも尾向らしい、尾向の子どもたちらしいと思いました。

尾向の子どたちには「子どもの世界」が残っています。それはよい意味での昔、子どもは地域のみんなで育てる、ということにつながっています。たとえば子どもが転んで怪我をしたら、見つけた家の人がすぐ手当をします。いたずらが少し過ぎると、おじさんが叱ります。むろん殴るのではなく、それをしたらいけないよ、と子どもが悟るようにいいます。運動会の昼食のときなどには、「これ食べてみて」と手作りの料理のはいった重箱を隣に座った家族に渡します。すると「うちのも食べて」とお返しがきます。子どもはその中から食べてみたい料理を箸で取ります。

いずれも昭和十年代（一九三五〜四四）生まれの者には懐かしい光景ですが、尾向の子どもたちは今もそれらを体験し、互いに助け合うことで生ずる生活の豊かさを幼いときから身につけています。そうしたことが、一度は尾向を出ても必ずもどってくる、と思うようにさせているのでしょう。

尾向は秘境といわれる椎葉村のさらなる秘境のようなところでありながら、若い夫婦がそろい、さわやかな子どもたちがいます。それは助け合い、思いやりのある秘境だからです。

（須藤　功記）

第一章
椎葉山の自然と歴史

標高800メートルほどのところに3戸がある高砂土。水があるので生活ができる（平成30年7月）。

〔一〕 椎葉の山と川

椎の村の人々

昭和時代の椎葉村は大和《やまと》の十津川《とつかわ》（奈良県）、阿波《あわ》の祖谷山《いややま》（徳島県）とともに国内の「三大秘境」といわれました。

椎葉村は宮崎県の北西部、九州山地の中心部にあって、明治時代の初めあたりまで「椎葉山」と呼ばれました。源頼朝《みなもとのよりとも》に平家残党の追討《ついとう》を命じられた那須大八郎《なすだいはちろう》がやってきて作った、陣小屋のまわりを椎の葉で囲って風を防いだことから、「椎葉山」という地名が生まれたと、江戸時代中期に編纂された『椎葉山根元記』にあります。

追討にきたはずの那須大八郎は、平家の美しい娘鶴富と結ばれます。椎葉村を訪れた人が最初に耳にする話で、「鶴富屋敷」といわれている、村の中心地の上椎葉にある那須家住宅はその子孫の家とされます。

ところで、「しい」というと、思い浮かべるのは樹木の「椎」ですが、「しい」は地形を表す言葉でもあります。断崖《だんがい》や急峻《きゅうしゅん》な山の上にある平地をいいます。「しいば」は〝地形の険しいところの上〟という意味です。椎葉村にはそうした「しい」の地形が多く見られます。

椎葉村の面積は宮崎県内の市町村でもっとも広く五三七・三五平方キロありますが、そのほとんどが山林原野で、耕地はわずか〇・七パーセントしかないと『椎葉村史』にあります。「隣半里《となりはんり》、そこ一里」は村の広さから生まれた距離感で、隣の家、すなわち次の集落の家まで半里（二キロ）あり、「そこ」といっ

ても一里（四キロ）はあるということです。車で走ったのではわかりませんが、村の道を歩いてまわると昔の人のこうした思いが伝わってきます。

九州の中央部、豊後水道《ぶんごすいどう》（大分県）と八代海《やつしろかい》（熊本県）の間を斜めに横ぎっている地溝帯（臼杵―八代線）と九州山地の主部が交わる地にある椎葉村内には、国見岳（一七三九メートル）、烏帽《えぼ》子岳《しだけ》（一六九二メートル）、向坂山《むこうざかやま》（一六八四メートル）、五勇山《ごゆうざん》（一六六二メートル）、扇山《おうぎやま》（一六六一メートル）、白岩山（一六四六メートル）など、一〇〇〇メートルを超える六十二の山があります。今はいずれの山も造林で杉や檜が多くなっていますが、冬なお緑の葉のままの照葉樹林《しょうようじゅりん》地帯を残しています。これらの山は椎葉村の気候と一体になっています。

冬から春にかけては西寄りの季節風が吹き、東シナ海の湿った空気を運んで雪や雨を降らせます。年によっては山も道も学校の校庭も大雪で埋まり、「南国の北国」となります。夏から

右：扇山（1661メートル）の山開きの日、尾向小学校の全児童は父母や先生とともに扇山に挑む。山頂の上には初夏の雲がさわやかになびいていた（平成25年５月）。　左上：山頂から周囲の山々を見渡す。遠くに阿蘇山も見える（平成25年５月）　左下：「さー撮るよ」、先生の声で「はいポーズ」。児童は緑の少年団の一員なので、緑の服装をしている。（平成25年５月）

秋にかけては、梅雨前線や南の海上から北上する台風のために東寄りの風が吹き、それに日向灘《ひゅうがなだ》の温暖な空気が合体して雨雲となります。椎葉村は雨の多い宮崎県内でも有数の大雨地帯です。雨水は椎葉村の山々を水源とする川となって日向灘に流れます。その豊かな水量の川には水力発電所がいくつも設けられ、九州における水力による大電源地帯となりました。

少し違った距離感を生んだ椎の地形、山、その山々からわき出て谷間を蛇行する川が、椎の村の人々の暮らしの基盤となってきました。

尾前と向山の「尾向」

椎葉村役場は村の中心地である上椎葉にあります。椎葉村は明治二十二年（一八八九）五月一日に、「椎葉山」の下福良《しもふくら》、大河内《おおかわうち》、松尾《まつお》、不土野《ふどの》（明治九年以前は向山村だった）の四村が合併して誕生しました。四つの村名はそのまま現在の椎葉村の大字になっています。このうち大字不土野には不土野、尾前《おまえ》、向山《むかいやま》の三地区があります。「尾向」は尾前と向山の上の一字を重ねた地域名で、尾前下にある尾前と向山の子どもたちが学ぶ小学校は「尾向小学校」です。この地域名から、尾前と向山はごく近いように思われそうですが、「そこ一里」をはるかに超えます。向山にある三地域、日添《ひぞえ》・日当《ひあて》・追手納《おてのう》の間も「隣半里」以上の距離があります。

尾前＝尾前上・尾前下・鶴の平・寺床《てらとこ》・高砂土《たかさど》・水無《みずなし》

このうち尾前上・尾前下・鶴の平は耳川沿いに、寺床と高砂土は鶴の平から山を登った高台、水無は水無川の中流域にあります。この尾前の住人はほとんど尾前姓です。

耳川支流の水無川をはさんで向き合う山の上にある向山の、日添・日当、追手納のうち、日添と日当は小字の一つを通称としています。また小字の日添と日当は椎葉村内の他の集落にもあるので、区別する

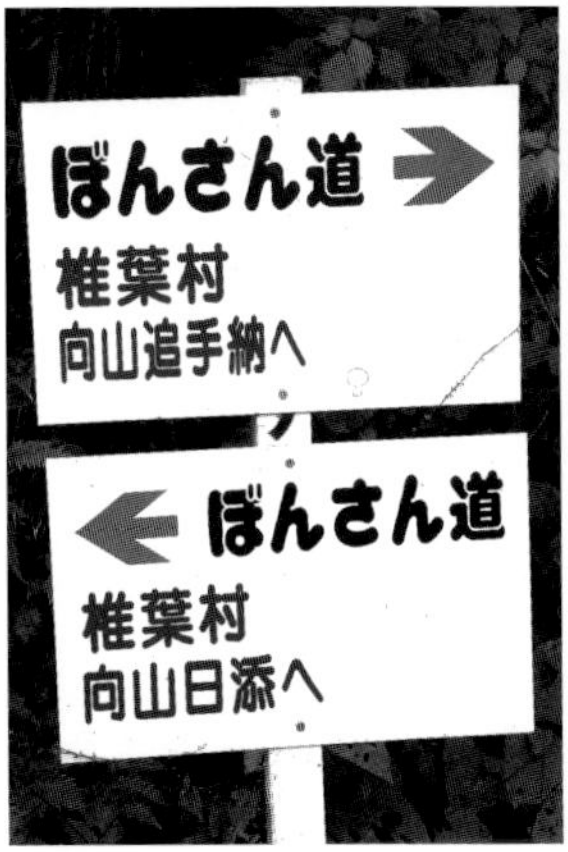

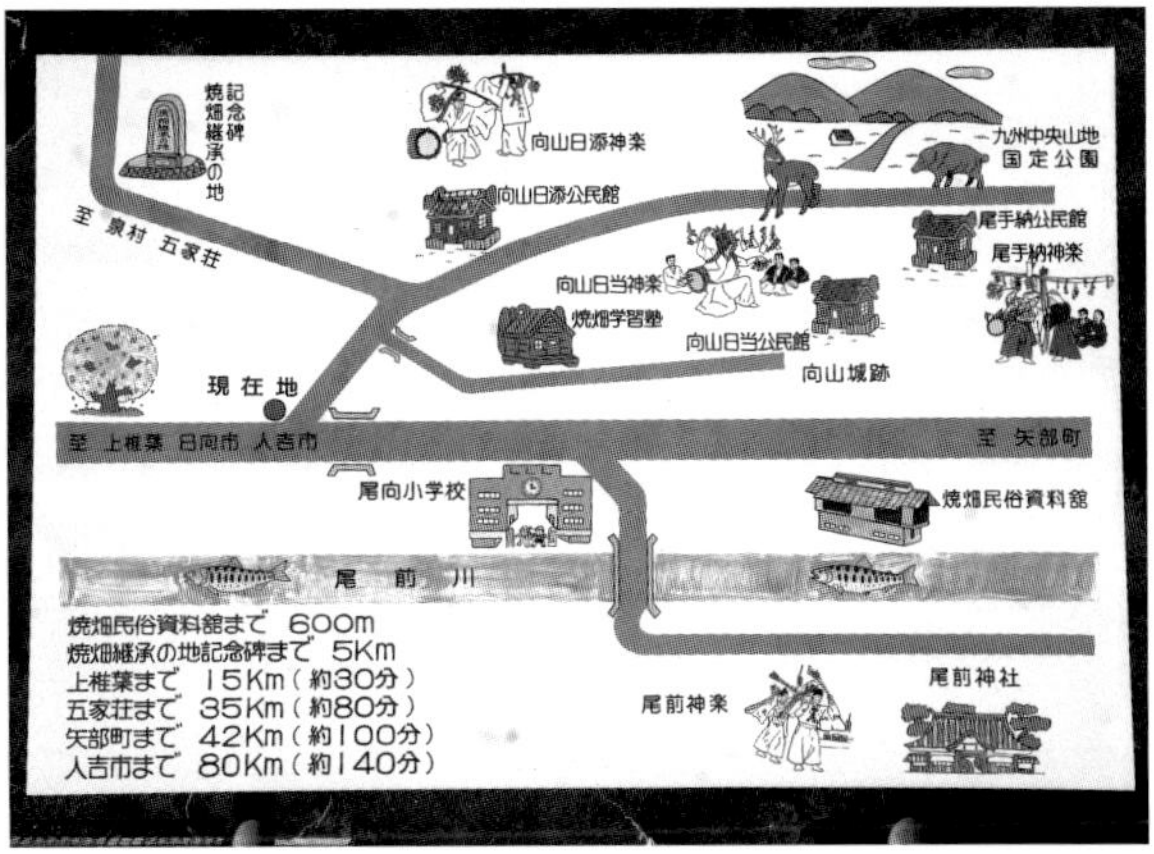

右：尾前の郵便局近くの道路脇に掲げられている尾向地区略図。
左：昔からの道はなくならない（平成29年9月）。

ときは向山日添・向山日当と書き、追手納は地図によっては「尾手納」と書いてあります。

日添＝日添・御輿・小林・小路・長江・称専坊・御村・湯川・
　今川・平畑・引地・萱野。
日当＝日当・管《すげ》の迫《さこ》・尾後ノ崎・灰の川内・倉の迫。
追手納＝追手納のみ。

この小字（集落）は、少し前までそれぞれの地域にまだいくつかありました。古記録などには見られますが、住んでいた人がいなくなって語られることもなくなりました。

村には「うさぎ道」「そま道」と呼ぶ道がありましたし、「ぼんさん道」は今もあります。隣の集落や焼畑などの仕事へ行く道、また寺の住職が供養と布教のために通った道で、ごく新しい道路地図の峠にも「ぼんさん越」の記名があります。

いずれも汗を流して歩いた尾根道や山道、あえぎながら越えた峠ですが、今はこれらの道の下にトンネルが掘られ、整備された道路を気持ちよく車を走らせることができます。といっても、たとえば宮崎市内からだと椎葉村まで二時間以上運転しなければなりません。決して短時間の道のりではありません。

こうしたことから、椎葉村は〝遠い山里〟という印象は今も変わりません。たとえば東京近郊の人が、電車、飛行機、車などを乗り

の集落

尾前上。民宿二軒、耳川に架かる吊橋が右にある（平成29年２月）。

尾前下。「尾前本村」ともいわれる。旅館、民宿もある（平成25年11月）

鶴の平。道沿いの右下は尾向小学校、その上の道は寺床へ通じる（平成29年２月）。

寺床。狩猟伝承を守ってきた猟師の家もある（平成28年８月）。

尾向

日当。棚田のつづく、日あたりのよい山腹にある（平成25年２月）。

日添。1000メートルほどの高所に25戸がある（平成26年10月）。

追手納。平家追討を納めることにしたといういわれがある（平成29年９月）。

水無。水無川中流の丘陵にあり、静かな日々を送る（平成23年10月）。

継いで椎葉村にはいるには一日がかりとなります。

椎葉村へのバスは、JR日豊本線の日向市駅東口から終点の上椎葉まで二時間半。熊本県境にある尾向へは、この上椎葉で村営バスに乗り換えてさらに一時間近くかかります。尾向は秘境といわれる椎葉村内の、さらなる秘境といえる地にあります。

尾向を流れる川

山は川を作り、川は山を作ります。「美々川」とも書いた耳川は、尾向北部の三方山（一五七七メートル）と高岳（一五六三メートル）の中ほどにある矢部越（椎矢峠）の南の山腹に源を発し、支流をのみこんで南下、尾前下の少し南で東に流れて日向市美々津で日向灘にはいります。

昭和初期まで川舟が往き交い、材木の川流しも行なわれていた耳川は、尾前のあたりの流れを「尾前川」といいます。今もなお自然の美しい渓谷がつづき、清流には山女《やまめ》や鮎《あゆ》などが泳いでいます。三月初めに耳川の川漁が解禁になると、福岡県あたりからも釣りを楽しむ人がやってきます。尾前にある十軒の宿の客はほとんど釣り人です。

耳川の流れは昭和三十年（一九五五）五月に完成した上椎葉ダムで変わります。国内で最初のアーチ式ダムは、堤の高さ一一〇

右：尾向の山と川
左：耳川源流の碑。「森と川と海を清らかに豊かに　つなげよう」（平成27年1月）。

アーチ式では日本で最初の上椎葉ダム（昭和44年11月）。

メートル、長さ三四一メートル、有効落差一四四メートル。上椎葉発電所の最大出力は二基の発電機で九万キロワットです。作家の吉川英治が「日向椎葉湖」と名づけたダム湖の面積は約二六六万平方メートルあります。

耳川の水系には昭和初期から水力発電のダムがつぎつぎに設けられ、昭和五十八年（一九八三）までに上椎葉ダムを含めて十三の発電所が造られました。豊かな水量の耳川沿いは谷が深く、ダムを造るのに適していました。上椎葉ダム建設の調査は昭和十六年（一九四一）から始めましたが、最初は何をやっているのかわからないように行なわれたといいます。昭和二十三年十二月に正式に発表があって、二年後に工事にはいりました。戦後の復興の柱に北九州に新しい工場を造ることになり、そこに必要な電気を送るためということでした。

ダム工事が始まると上椎葉には工事の関係者が大勢はいり、銀行が支店を設け、映画館やパチンコ店もできました。茅葺屋根の家は文化住宅に、役場は鉄筋三階建てとなり、中学校には円形のモダンな寄宿舎ができたりして、上椎葉は大きく変わりました。

椎葉村内の電気は地域によって戦前には通じていましたが、尾前に電灯がつくのは昭和三十一年、向山はその翌年、上椎葉発電所の送電が始まってからだといいます。

上椎葉ダムができて二十五年後、耳川上流の尾前川にダムを設け水力発電所を造る話が出ました。それ

を耳にした尾前の人々はこぞって「きれいな流れを守れ」と反対しました。九州電力の担当者から相談された地域の有力者も、住民の意に従って建造の話にはのりませんでした。その結果ダム建設の話は具体化されることはなくなりました。

もし話が進展していたら、上椎葉のように映画館やパチンコ店もできたかもしれません。しかしその一時のにぎわいは、尾前の渓谷や泳ぎまわる川魚を永遠に失い、今のように遠くから釣り客がくることもなくなっていたはずです。

椎葉の地層

尾向のもう一つの流れは「向山川」ともいう水無川です。向山の三石山を水源として東に流れ、尾前で耳川に合流します。水無川というのは途中の約二〇〇メートルが、八月頃から翌年の二月ころまで水のない時期があることからついた川の名です。

九州中部を斜めに横ぎる九州山地には、幅広

右：また釣れた。若い人にも人気の尾前川（耳川）の渓流釣り（平成24年８月）
左：渓谷まつりの水遊びで鮎をつかまえた（平成24年８月）。

く石灰岩層の横たわるところがあります。水無川の地下あたりにもあって、水は地下に潜って空洞を流れるのです。そのため水無しとなりますが、空洞を流れた水は下流で再び川にもどります。

九州山地にある椎葉村の地質の大部分は、花崗岩《かこうがん》や石灰岩《せっかいがん》の多い秩父古生層《ちちぶこせいそう》に属します。「秩父」は埼玉県の秩父地方で、そこで最初に発見された地層です。この古生層に多い石灰岩は、建築用材やセメント製造の原料となるため、秩父地方では早くから採掘されていますが、椎葉村では埋もれたままになっています。なお、その後の研究で秩父地方の古生層の主要部は中生代の地層とされました。

村の大部分を占める秩父古生層の南に、四万十《しまんと》層群と呼ばれる中生層があります。高知県の南西部を流れる四万十川流域の地層で、その地層が椎葉までつづいているのです。耳川や水無川の河原に見る緑色の美しい石は、中生層の岩石のひとつの緑色岩で、尾向はこの岩石のある最西端とされます。

古生層と中生層が重なる地帯には、銅などの鉱物資源が埋蔵されています。椎葉村にも財木《たからぎ》鉱山、不土《ふど》野《の》鉱山、大河内《おおかわち》鉱山などが採掘されましたが、現在までつづいている鉱山はありません。

財木鉱山は江戸時代にも採掘が試みられましたが、本格的な採掘は明治三十四年（一九〇一）からで、最盛期には三百人ほどの鉱夫がいて、傾城《けいせい》小屋もあったといいます。山で精錬した一個が八貫（約三十キロ）の銅塊を、馬の背の両脇に一個ずつ振り分け、財木峠を越えて現在の五ヶ瀬町鞍岡まで運びました。しかし、精錬所の煙で山野の立木が枯れるようになり、家を建てる用材や薪山がなくなると、昭和二十四年（一九四九）に精錬を止め閉山しました。

他の鉱山も長くつづかなかったのは、製品の質、量、それに山を越えて町まで運ばなければならないことなど、採算の難しいことにも理由がありました。冬の椎葉村の山中は思いのほか寒いうえに、山の高いところでは水の便がわるく鉱夫の生活が難しいということもありました。

それでも地元にその恩恵がなかったわけではありません。鉱山に雇われた鉱夫と人夫は家族連れが多

く、子どもも大勢いたので、大河内では小学校の建設の話も出ました。日々の食料品、日用品などもかなり必要で、鉱山のある地元の主婦らは「駄賃稼《だちんかせ》ぎ」といって、自家製の野菜や手作りの豆腐《とうふ》、蒟蒻《こんにゃく》などを背負って売りに行きました。かなり遠くの村の主婦たちも売りにきて、収入を得たといいます。

　鉱山の事業主に村の者がなることはありませんでしたが、それは山林経営でも同じでした。山があり木があり、川があって木流しのできることに目をつけて、経営に乗り出したのは、やはり、よその人でした。それはよいことばかりではなかったものの、さまざまな形で村や村人に恩恵をもたらしたのも確かです。

　私事になりますが、私は尾前川の源流の一つからきれいな水を採取し、「母ちゃん水」の商標で欲しいといってくれる人に分けています。椎葉村の地下に埋もれた石灰岩は、地下に染みこんだ雨水を浄化しておいしい水にするのです。この水は茶を入れるのに最適とされます（『椎葉の地層』尾前賢了記）。

心ひとつにして

　尾向の人々は結束が強いといわれます。心ひとつにしてやることはやるという、よい意味での昔からの姿勢は今もなくなっていません。尾向小学校の行事には、たとえ平日であってもたいてい夫婦で参加します。それぞれ気づいたことをてきぱきと処理して、滞《とどこお》ることなく行事を進めています。ごく自然に協力し合っています。この姿勢は災害のときにもみられ、だれもが心をつないで助けあってきました。

　九州は台風の通り道にあります。平成三年（一九九一）九月三十日の午後十時二十分頃、尾前下の楮株山《こうぞかぶやま》

椎葉の天然水の商標「母ちゃん水」（平成28年４月）。

の南斜面が幅一二〇メートル、高さ一八〇メートルにわたり崩れ、六棟の民家が埋没しました。

台風十九号が二十七日から翌日にかけて九州に襲来《しゅうらい》、強風を伴った雨は三十日までに五〇〇ミリメートルに達しました。それが原因で椎株山の南斜面に地滑りが発生、杉の木約二千本を押し倒して崩落《ほうらく》、六棟の民家を埋めて土砂は尾向小学校の手前の尾前川に達しました。

しかし、この崩落で亡くなった人や怪我人はいませんでした。早くに六世帯と崩落現場に近い二十一世帯の五十六人にも避難勧告《ひなんかんこく》を出し、尾前神社などに早くに避難させました。神社は崩落地に隣接《りんせつ》しますが、

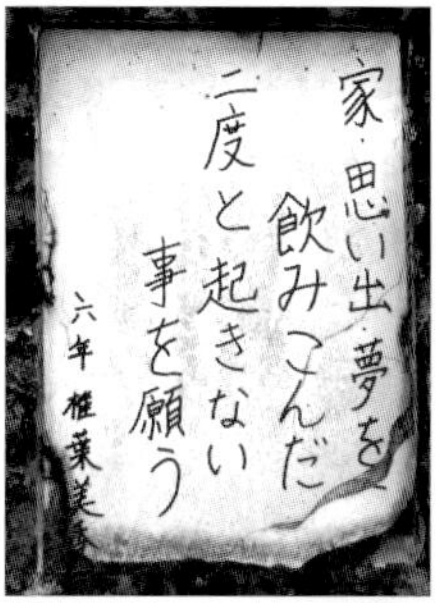

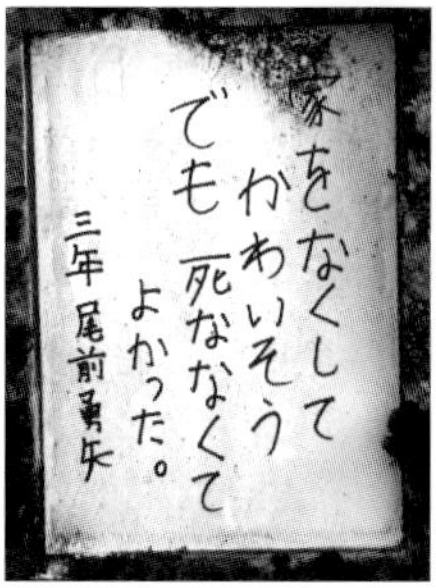

上：石垣と植林で回復している尾前下の崩落地（平成25年11月）。
中右：台風の豪雨で地滑り、崩落した尾前下の椎株山（提供・読売新聞社）。
左二点：尾向小学校の児童が、地滑りへの思いを記した碑の一部。

峰が違うので被害はありませんでした。

九州最初のオフトーク通信導入など、日頃からの防災体制の確立や住民意識の向上により、人身事故を未然に防ぐことができたのです。

これは尾向の人々の日ごろからの、行動を伴う助け合いの姿勢が、災害の危険を知らせる連絡を受けるとすぐ避難し、不幸を生ずることがなかったのです。

尾向小学校の校庭の尾前川沿いに、この地滑りのときの碑があります。地滑りについて児童の思いを記したもので、驚きとともに、みんな無事だったというホッとした気持ちが伝わってきます。

一人の釣り客

尾前川には政財界の黒幕といわれた児玉誉士夫も釣りにきている。戦後のことで、ここをよく知っていた部下の案内だったらしい。尾前下にある岩富旅館を宿に一カ月近く滞在して釣りを楽しみ、魚が釣れるたびに、児玉は岩富旅館の主人に、「はい」とか「ほら」とかいいながらお金をくれたという。色紙にも快く応じてくれた。岩富旅館の舞台のある部屋に他の客が釣った数十点の魚拓とともに、児玉の色紙二点が掲げられている。

児玉誉士夫の名は、昭和五十一年（一九七六）二月に発覚したロッキード事件で首相の田中角栄の逮捕とともに広く知られる。尾前川での釣りは三十歳代後半の児玉だが、清流に釣糸を垂れながら何を考えていたのだろうか。

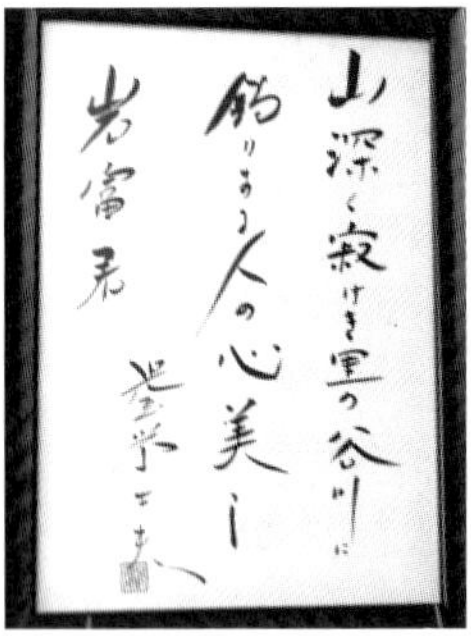

児玉誉士夫氏の色紙

〔二〕尾向の地名のいわれ

「尾前」の諸説

「尾前」という小字名（集落）については、はっきりしたいわれはわかっていません。椎葉村の地名には平家の落人伝説にまつわるものがいくつかあって、後述するように「尾前」もそのひとつに語られていますが、次のような国見岳の説もあります。

上椎葉から耳川沿いの道がもうすぐ尾前下というところに、赤い鳥居が立っています。昭和五十九年（一九八四）に、国見岳の山頂に鎮座する天降日の宮の宮司が建立したもので、耳川側の柱に結んだ説明書に、「国見岳は真の天孫降臨の峯である」と記してあります。尾前下には天の岩戸とされる洞窟もあります。

天孫降臨の地とされる高千穂町の山々は峯が低いので海は見えないが、熊本県境の国見岳からは、東方の日向灘も西方の八代海も見えます。天孫はこうした峯に降臨されたとするもので、この国見岳の前に住むことにした人々は初め「御前」としましたが、それは恐れ多いとして「尾前」と改めたというのです。

耳川文化の会会誌『みみかわ』第七号の「耳川上流とところどころ」

国見岳を天孫降臨の峯とする天降日の宮の鳥居（平成27年2月）。

右：再建されたハイタカ堂（平成30年７月）。
左：再建されたハイタカ堂の内部（平成30年７月）。

に、城和喜が尾前の地名のいわれを書いています。

尾前と向山を分かつ尾根は「腰越の尾根」と呼ばれ、中間には僅かな大地がある。その突端に立てば、尾前向山両集落がほぼ一望の下に見渡せる。

昭和二十年代の頃、この大地のやや南寄りの所に「ハイタカ堂」と呼ばれる祠があった。今は朽ち果てて跡形もなく自然の雑木林に戻っているが、当時は杉並木の中に、栗の老木で造られた数本の鳥居が並び立つ、参道を備えた静かな祠であった。間口二間、奥行き一間半ほどの木造の社には、数多くの絵馬が掛けられ、御幣や御神酒も捧げられて、近くの村人から大事に祀られていた。

名称からして、この祠は「鷂《ハイタカ》」を祀っていたものと思われる。鷂は、大鷹やハヤブサよりも俊敏で、小鴨やオシドリ、ヒバリなどの小型の鳥猟に適したことから、戦国時代、織田信長や豊臣秀吉等の武将が、出陣中で行った鷹狩りには、主にこの鷂を用いたとされる。

椎葉を語る一部の史書には「不土野巣山にて兄鷂巣とも生捕り候」などの記述があり、不土野巣山は金の内山と腹背に隣接していたことから、この巣山で捕れる鷹は、鷂であったことが窺える。

巣山で生捕られた鷂は、一時、塒《とや》で飼育された後、鷹匠もしくは取り次ぎの者に引き渡されたであろう。その引き渡しの場所がこの

祠の所在地点であったと考えられる。
　ゆがけの拳に鷂を据え、ここに立って巣山を望み、その頭の方向を「向山」と呼び、尾の向くところを「尾前」と呼んで、これが各々の地名となったとすれば辻褄が合う。従って「尾前」の地名はここから生まれたといってもおかしくない。

　文中の「ハイタカ堂」のあった「腰越の尾根」とは、昭和三十一年（一九五六）まで尾向小学校があった背後の尾根で、現在はテレビ塔が立っているあたりです。そこから見た頭の側を「向山」、尾の向く方を「尾前」と呼んだのが地名となったというのです。

落人による地名

　尾向小学校の先生たちが、尾向の人々に話を聞いてまとめた『ふるさと尾向』の「地名の由来」に、寿永四年（一一八五）の壇の浦の合戦で源氏に敗れ、椎葉山に逃れてきた平家の人々によってつけられた地名を書いています。それを参考に記します。

　椎葉にきた一行は平重盛《たいらのしげもり》の三男、清経《きよのり》を頭とする人々だった。父親の重盛は左近衛大将《さこんえだいしょう》で内大臣《ないだいじん》をかねた、温厚で忠孝心の深い武人だったとされるが、三男の清経はどんな人だったのだろうか。
　現在の大分県からはいったこの一行は、理解者の家に身をよせるが、源氏の者が様子を見にくるといわれ、落着く間もなく細い山道を南に下ることにした。馬はしばらく利用できたが、椎葉山が近くなる

「腰越の尾根」はテレビ塔のあたりにあった（平成27年３月）。

あたりから道は険しくなり、馬では進めないとあきらめて歩くことにした。鞍《くら》をはずして馬を解放する、その鞍をおいたところが鞍岡（宮崎県五ヶ瀬町）となった。またその少し北部の人たちは馬を見るのが初めてだったので、これは何という動物かと聞かれ、「これは馬だ」と答えて、そこを「馬見原《まみはら》」（熊本県山都町）と名付けた。

五ヶ瀬町と椎葉村の境にそびえる白岩山にたどりついた一行は、山頂に立ってあたりを見まわし、どちらに行こうかと話しあった。地形を見て進みやすい方角、「よし、あの向こうの山へ行こう」といったので、「向山」とした。

向山に向かって山道を歩きつづけた一行は、わずかな平地を見つけて下り（現在の尾前）、そこで再びどちらに行くか話しあった。そして進む方向に目印として狩股《かりまた》の矢を放った。ところが弓の弦が切れて、矢と一緒に飛んで行った。その弦の落ちたところを「弦《つる》の平」（現「鶴の平」）と呼び、川に落ちて流れた狩股の矢が引っかかったところを「矢の股」とした。

その弦と矢を目印に川まできたが、向山へは御前の川を向こう岸に渡らなければならない。そこを「尾前」として、一カ所だけ歩いて渡ることのできた瀬を「水流の平」とした。川を渡ると寺床（地名のいわれなし）に登り、腰越へ進んだ。そこでみた谷が一の谷にそっくりだったので「一の谷」と名付けた。一の谷（兵庫県神戸市）は寿永三年（一一八四）に、源範頼《みなもとののりより》と義経《よしつね》の軍に攻められて平家が敗れた谷である。その谷の名をつけたのはどうしてだろうか。

一行は腰越の尾根の先で休み、ご飯を炊くために米を研いで流した。すると流れの水が白く濁ったので「白水」とした。その流れは「白水の滝」として村の名勝になっている。

その後、一行は二手にわかれ、五人の勇者は日当の尾後ノ崎から尾根伝いに石堂屋（一三三五メートル）を経て山道をたどり、途中で五人が一休みした山を「五勇山」（一六六二メートル）とした。さらに険しい

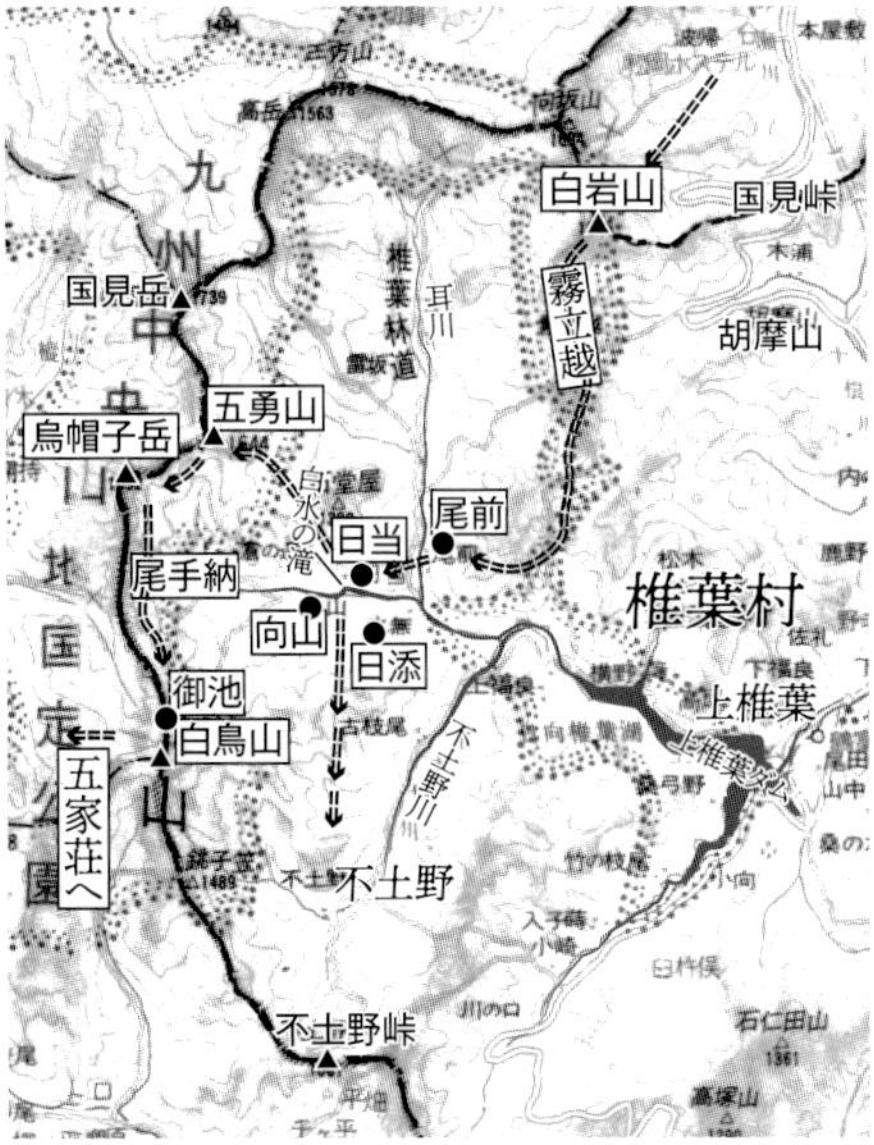

山道を歩きつづけたが、被っている烏帽子がよく木枝に引っかかる。そこで「われわれにもう烏帽子は必要ない」といって烏帽子を捨てた。そこが「烏帽子岳」となった。さらに白鳥山の方へ進んだが、この山の名は、槍の好きな平重盛が槍の飾りに白鳥の羽をつけていたのを思い出して「白鳥山」とした。そして山の九合目あたりにある池のそばに陣屋をおいた。「御池《みいけ》」の名はそのときつけられたのだろうか。

もう一方の人々は日のあたる山（日当）を通り、さらに日のあたらない山（日添）へと進み、一休みしようと輿をおいた。そこを「御輿《みこし》」と名付けた。そこから小林へ進み、金の内に陣屋をかまえた。前も後も谷のところで、前方を「前の谷」、後方を「後の谷」とした。

ある日、見張りの者が山いっぱいにはためく白旗を見つけ、源氏の大軍が迫ってきたと思い、大あわてで報告した。みんな浮き足立って、とにかく御池の一行と合流しようと、竹を杖にして険しい山道を急いだ。

右：米とぎ水を流した伝説のある白水の滝（平成26年３月）。
左：五ケ瀬から椎葉へ。

実はこの白旗は、山いっぱいに咲く山桜や辛夷《こぶし》の花だったという。それと気づかずに御池につくと今後を話し合った。ある者は自刃を決め、ある者はともかく生き延びようと決めた。敵の手にかかるより、ここでいさぎよく自刃しようと決めた者は、竹槍で差し違えたり、御池に飛びこんだりした。そのとき杖にした竹を御池のほとりに突き立てたが、それが根づいて逆さ竹になったという。

平家の血筋を残すために生きるとした者は、峠を越えて肥後《ひご》（熊本県）へ逃げた。そして、葉木《はぎ》・椎原《しいばる》・久連子《くれこ》・仁田尾《にたお》・樅木《もみき》の五つの村に分かれてはいり、まとめて「五家荘」と呼ぶようにした。

「追手納」の地名は、追討を命じられた那須大八郎ら源氏の武将たちが、平家の一族を追って椎葉山の奥深くはいってみると、平家の人々はひっそりと、椎葉山の人々と静かに暮らしていた。それを見て、もうこれ以上追う必要はないとして、追い手を納めたことから生まれたといわれる。なお追手納（尾手納）と日当の地名は、行政上の地名にはない。

以上、落人伝説に伴う椎葉山の地名を紹介しましたが、ところで寛政の三奇人の一人といわれた勤皇家《きんのうか》の高山彦九郎《たかやまひこくろう》は、寛政四年（一七九二）閏二月に椎葉山を通っています。三日間の行程で尾向には訪れていませんが、聞いたのでしょう、辛夷の花を白旗と見たこと、御池の逆さ竹のこと、切腹した平家の士を白鳥大明神に祀ったことなどを『筑紫日記』に書いています。

〔三〕 向山に始まる歴史

三人衆と鷹巣山・御立山

椎葉山の歴史を物語る「椎葉山根元記」と「椎葉山の由來」は、明暦二年（一六五六）に幕府が人吉藩に椎葉山の支配を命じた直後に書かれたとされます。平家の落人伝承に始まり、獺野原《うそのはる》（熊本県多良木町）合戦、鷹巣山《たかのすやま》の指定、向山十三人衆の乱とその鎮定のための上使派遣、人吉藩の相良《さがら》氏による支配の様子、そして椎葉山にはそれまでなかった年貢《ねんぐ》を納めることになった翌々年の、寛延元年（一七四八）の上納分まで記して終わっています。

椎葉山を記録したものには幕府巡見使の報告書、集落の石高《こくだか》などを記した古文書、旅人による歴史や民俗、生業や神楽などを書いたものなどがありますが、ただそれを尾前と向山にかぎって見ると、昭和十年代以前では、旅人が書いたものは残っていません。明治十年（一八七七）二月の西南戦争で、西郷隆盛《さいごうたかもり》が鹿児島にもどるとき尾前を通った形跡があるようですが、確かな記録はありません。尾前と向山の歴史、民俗、神楽などについて書かれるようになるのは昭和五十年代からです。

これは陸の孤島などといわれた椎葉山で、尾前と向山はさらなる陸の孤島のようなところだったからです。旅人が手にする地図からは尾前と向山は消されていたのです。

民俗学を開いた柳田國男は、明治四十一年（一九〇八）七月に椎葉村を訪れて七日間滞在、村長の中瀬淳の案内で村内をまわり、翌年三月に『後狩詞記』を自費出版しました。七月十六日には不土野の旧向山庄屋の家に泊まっていますが、もしその北西の尾前や向山にもきていたら、柳田の椎葉山の印象は少し違ったものになっていたのではないかといわれます。

旅人の訪れは少なかったとはいえ、むろん歴史がないということではありません。それどころか、向山は椎葉山の大事な歴史を語る発端の地です。「向山十三人衆の乱」がありました。

「十三人衆」とは近世初頭の椎葉山の十三カ村の首長です。この十三カ村は、元和五年（一六一九）には二十六カ村、元禄十一年（一六九八）には八十四カ村と文書にあります（現在は八十八集落）。人口が増えるにしたがって、それまで住んでいた村を離れて開拓し、新しく集落を拓いたのです。その集落は現在の小字にあたります。

よそから来た者で椎葉山の人口が増えるのは、江戸時代初期の山村の焼畑には年貢がなかったというのも一つの理由だったと推測されます。椎葉山が年貢地となるのは延享三年（一七四六）で、それから山の人々は重税に苦しむことになります。その様子は古文書からも読み取ることができます。

向山を発端とする「乱」はそれより前の事件で、「十三人衆」とは別に「三人衆」がいました。那須大八郎の系譜とする那須下野守《しもつけのかみ》の十余代目の那須玄蕃《げんば》の四人の男子、四男の九郎右衛門とともに小崎城に入った長男の左近太夫、向山城の二男の弾正《だんじょう》、神門城（後に大河内城）に入った三男の右近将監です。

豊臣秀吉から徳川家康と移り変わる近世初頭の戦乱期に、九州でも島津、大友、伊東らの争いがありました。九州の戦国時代は、天正十五年

弾正の城跡はヘリポートになっている（平成26年３月）。

（一五八七）に島津義弘が秀吉の軍門に下ったことで終わったとされますが、那須系譜を誇る三人衆も椎葉山を守るためにその対応に苦慮しました。

三人衆の中で最も精力的に動いたのは向山城の弾正です。向山城は日当のあたりをよく見渡せる山の上にありました。現在は、平成二十六年（二〇一四）三月十六日に完工した救急患者の搬送用のヘリポートになっています。それまでは田圃でした。

日向の山々には鷹狩《たかが》りに適した優れた鷹がいます。ことに椎葉山とその南の米良山の鷹は東国、西国の武将たちにもよく知られていました。秀吉も耳にしていて、秀吉は軍門に下る前の義弘に書状を送り、日向の鷹巣を確かな者に管理させよと命じています。そのころ義弘は、当時の小崎城の左近将監に扶持（手当）を与えて鷹の管理をさせていました。秀吉はさらに天正十三年（一五八五）には、鷹匠の落合新八郎を椎葉山に遣わしてそれを確かめさせようとしました。『球磨十郡誌』からそのときの様子を要約すると、

> 椎葉山のほとんどの者は尻込みして出ようとしなかったが、一人、弾正だけが罷り出て新八郎を自宅に招いて接待し、他の十三人衆に護衛を命じた。喜んだ新八郎は弾正に何か希望はないかと問うた。それに対して弾正は、「吾等は長く椎葉山を領しているが、何等の証拠もないので太閤殿下の御朱印を頂戴したい。もし許されるなら縁戚の那須左近、那須紀伊および某（弾正）の三人にて山を領するように願い奉る。さすれば鷹巣山を守り奉らん」といった。それを聞いた新八郎は、帰ると朱印状を受けて弾正に送り届けた。

鷹巣山の一つだった日添の金の内山周辺（平成28年10月）。

確かな年代の記載はありませんが、このころに定められた七カ所の鷹巣山が「椎葉山根元記」に記されています。

萩裏山（合戦原）、黒原山（尾崎）、辻山（間柏原《まかやばる》）、三重山（仲塔）、宮山（上福良）、金の内山（向山日添）、巣山（不土野）

日添の「金の内山」は、日添の白鳥山（一六三八メートル）から時雨岳（一五四六メートル）の一帯だったとされます。

この鷹巣山かどうか、慶長六年（一六〇一）三月二十八日に、前年の関ヶ原の合戦で豊臣方を破った家康も、三人衆に鷹巣山の朱印状を与えています。このときの三人衆は向山の弾正とその子の久太郎、小崎の左近太夫、大河内の紀伊です。この三人衆がたまたま家康に献上した鷹が格別見事な逸品だったことから、山見分使が派遣されて鷹巣山と御立山十二カ所、それに御立添山六カ所が指定されました。立山は一般の人の狩猟と伐木を禁じた山で、殿様たちが狩りをした山です。御立山と御立添山は、十三カ村のいくつかの山が指定されましたが、現在の向山と尾前にはありませんでした。

悲劇の千人ざらえ

鷹巣山と御立山、御立添山の指定によって、椎葉山のかなりの部分が立入禁止となりました。生活の源である山にはいれないということは、生きる道を閉ざされたにも等しく、その怒りは、朱印状を手に次第に管理と支配権を強くしていく三人衆、ことに弾正亡き後を継いだ（生前踏襲の説もある）久太郎に向けられました。十二人衆（三人衆の他の二人はこれに入らない）は折あらばその権力を打ち砕こうと機会をうかがっていました。

そんなとき、人吉藩の家老の犬童清兵衛に嫁いでいた久太郎の妹の露袈裟《つゆけさ》が、不義を理由に帰されることになりました。十二人衆はこれを機に向山城の久太郎を襲撃しました。しかし、久太郎はそれを事前に察知していたようで、足軽一人、仲間二人を伴って肥後《ひご》（熊本県）に逃れ、江戸幕府に訴えました。慶長年代（一五九六～一六一四）中期のころとされます。

幕府は訴えを受けて、延岡城主の高橋元種に警護を命じました。高橋は鉄砲三百挺の兵を向山城に派遣してようやくことを鎮めました。その様子を見届けて向山城に帰った久太郎は、鷹巣山などの管理は自分一人に任されたとして前にも増して横暴を発揮します。見かねた十二人衆は元和二年（一六一六）再び向山城を襲い、久太郎と家人を殺害しました。このとき小崎から学問などを学びにきていた専千代も巻添えとなり、わずか十二歳で命を絶たれました。

専千代は小崎城主・那須主膳の子です。主膳の父は左近太夫で、その父の死後に城主となっていました。十二人衆とそれに同調する者たちが動き出したとき、主膳は城門に出てきて、久太郎のところへ修業に行っているわが子の命乞いをしました。しかし、専千代は久太郎のそばにいて出てこなかったために、やむなく討つしかなかったと伝えられます。

わが子を失った主膳は憤懣《ふんまん》やる方なく、密《ひそ》かに祖父の玄蕃と江戸に

手前の丘に歴史を刻んだ小崎城があった（平成29年９月）。

上り、元和四年（一六一八）十一月に幕府に嘆願書《たんがんしょ》を出しました。「椎葉山根元記」にその全文が記されていて、専千代は「鉄砲にあたり即死」とあります。

二代将軍秀忠の世になっていた幕府は、嘆願書を受け入れて処理することにしました。『徳川実記』に、元和五年（一六一九）七月二十八日に、阿部四郎五郎正之と大久保四郎左衛門に椎葉山の凶徒を鎮めるよう命じたとあります。江戸から遠い山村の同族間のような紛争に、将軍が自ら指揮して追討使を派遣するのです。これは人吉藩の相良《さがら》長毎《ながつね》の注進と、椎葉山あたりの事情に詳しい旗本の阿部正之の意見を容れたものでした。

天正十六年（一五八八）の豊臣秀吉の全国一斉の刀狩りも、天正・文禄の検地も行なわれなかった椎葉山では、苗字を名乗り帯刀する者が少なくなく、鉄砲を持つことも認められていました。これには前歴が武家という百姓が多かったこともありましたが、野獣に襲われたときの備えもありました。そうしたことから幕府が言う椎葉山の凶徒とは、十二人衆も同調者も、竹槍や鎌、斧といった百姓が手にする武器ではなく、刀・槍・鉄砲や鎧兜《よろいかぶと》に身を固めた武士姿の集団であり、それ故に徹底した討伐を必要と感じ取ったのではないかとされます。

阿部と大久保は八月一日に京の伏見城を発ち、同七日に豊後《ぶんご》（大分県）鶴崎に着くと、椎葉山の十五歳から六十歳までの者はことごとく集まるようにという呼出状を送りました。だが何らの応答も得られませんでした。

二人の上使はそれから一週間かけて八月十四日に人吉城にはいり、再び招致状を出しました。それを見て心の動いたらしい椎葉山の三十人余が八月十八日に人吉城にやってきました。それを搦捕《からめと》らえて厳しく追及し、そのうちの十九人を凶徒《きょうと》の一味としてその夜に首を刎《は》ねました。

上使と相良長毎らは八月二十三日に人吉城を出て椎葉山に入り、二十六カ村の男女千人余を捕らえ、そのうち凶徒と断定した一四〇人の首を刎ねました。夫やわが子が殺されるのを見ていた女たち二十人が自ら命を絶ちました。女たちは民家の梁《はり》に縄をかけて集団で首を吊りましたが、その死体の重みで梁がしなったという話もあります。

向山が発端の地のこの事件は「椎葉山の千人ざらえ」として語り継がれています。尾前下のある家の墓に刻まれている尾前源吾は、処刑をまぬがれて生き残り、人吉藩から法度《はっと》、掟書《おきてがき》、また重罪人の罪状などを記してかかげる高札《こうさつ》の係を命じられたといいます。他にも命拾いをした人はいたのでしょうか。

不土野にある昔日の姿を残す向山庄屋。右はその一家の墓苑（平成29年）。

江戸時代の暮らし

椎葉山はこの十三人衆の乱後に幕領となり、幕府は阿蘇神社の阿蘇家に管理させます。だが長くはつづきませんでした。阿蘇家は椎葉山の管理にさほど熱意を示さず、新たに置いた五人の乙名《おとな》（百姓の代表）にもめごとなどの采配をまかせました。しかし、その解決ができないと、乙名は江戸に上って幕府に指示をあおぎました。それがしばしばだったので、幕府の役人たちは「山中の六ヶ敷事《むつかしき》」として煙たがり、阿蘇家はそれに手をやいたようで管理を辞退します。

椎葉山と国境を接し、先の十三人衆の乱に深く関わった人吉藩の相良氏は、乱の後も椎葉山の動きを常に注視していて、何かあると幕府にことごとく報告していました。そうしたことから、幕府は明暦二年（一六五六）に相良氏に支配を命じます。それによって椎葉山はそれまでの土豪による支配から、近世の幕藩体制に組み込まれます。

山畑に堆肥を運んでいる。
椎葉村大河内長野（昭和44年12月）。

しかし、十三人衆の子孫の実力は保持されていて、その家筋が庄屋、横目、小役人、組頭の村役にあたったとされます。

庄屋＝民政全般の事務にあたり、年貢《ねんぐ》の割付《わりつけ》とその取立て、藩への収納がもっとも大事な仕事だった。年貢に関する多くの古文書がその責任の重さを物語っている。椎葉山の庄屋は大河内、下福良、松尾、向山にあったが、支配の村数（現在の小字）が多く、しかもその範囲が広かったので他所の大庄屋に匹敵した。

向山庄屋は不土野川の上流にあって、その家屋敷はほとんど当時のままに残っている。屋敷のかたわらに代々の墓と風雪に耐えてきた太い二本の五葉松がある。この元庄屋は日添の称専寺の裏手にあったといわれる。不土野にありながら向山庄屋と呼ぶのは、不土野村は明治九年（一八七六）以前は向山村と呼ばれていたからである。

横目＝悪いことをした者を逮捕するなど、犯罪に関する一切の権限を持った検察官。椎葉山の八十四カ村を二分し、向山と下福良の五十カ村を古枝尾横目、大河内と松尾の三十四カ村を大河内横目が管轄した。

小役人＝年貢を課して徴収《ちょうしゅう》するのが主な任務で、庄屋を助けて民政の実務を負った。椎葉山の八十四カ村に四十八人いたが、二、三人の小役人がいる村もあり、一人もいない村もあった。向山には十一カ村のうち五カ村に十三人の小役人がいた。

組頭＝豊臣秀吉が設けた五人組の制を徳川幕府が引き継いだが、その責任者である。小役人のいない村ではこの組頭が代理をつとめた。

これら庄屋、横目、小役人には苗字がありました。古文書の記載に苗字のない百姓は「百姓幸七」などと区別していますが、日々の生活の上では区別、すなわち差別はなかったといいます。

人吉藩の相良氏が椎葉山を支配するようになって百年ほど後になりますが、幕領になってもそのままだった百姓の帯刀を、幕府は寛延四年（一七五一）と宝暦三年（一七五三）の二度にわたり、禁じるように人吉藩に厳達しています。だが人吉藩はそれを強行することをためらい、幕府といくどかやり取りをして、これまでどおりということで決着しています。

それから約二十年後の安永三年（一七七四）の椎葉山の三歳以上は四四八三人、うち郷士が三三〇二人（男一六九九人、女一六〇三人）、百姓一一五四人（男六一五人、女五三九人）、出家、社人、盲人は二七人とあります。郷士は自作農で苗字を持つ武士待遇、百姓は土地を持つ者と小作農とされます。武士待遇の多いのは八四年後の安政五年（一八五八）でも変わっていません。その年の総人数四二九〇人のうち、侍三一六五人、百姓一〇七七人、寺、社人、盲人は四八人です。この〝百姓侍〟の多さからは、幕府の厳達に対し「これまでどおり」とした人吉藩の、そうするしかなかった対応がうかがえます。

なお、自作農、小作農といっても稲作の田ではなく畑、それも稗、粟、蕎麦を主とした焼畑の農耕です。次は椎葉山の延享三年（一七四六）の検地による田畑と、それから一三一年後の明治十年（一八七七）の田畑などです。

	田	畑	焼畑	家数	人数
延享三年	二反〇畝六歩	二九町一反〇畝〇歩	記載なし	九七二軒	四二八一人
明治十年	四八町二反六畝二一歩	二三六町三反七畝六歩	四九二町二反〇畝〇歩	九一六軒	五五六一人

一三一年間に田は二四一倍、畑は八倍になっています。家数は五六軒減っていますが人数は一二八〇人

増えています。増減の理由はわかりません。

増えた田から米がどれだけ収穫されたのでしょうか。延享三年（一七四六）の記載に、検地の巡見使の問いに答えて、「田作りしても実ること稀なり」「霧深いため藁《わら》は黒く短い」とあり、どうにか藁細工のできる程度の稲藁だったようです。食料は主に稗・粟・蕎麦・大豆・小豆などの焼畑作物で、これだけでは足《た》らないので、芋の茎、大根の葉、葛根などを保存しておいて足しにしているとあります。

検地による作物の収量を米に換算し、村ごとに石高で表しその石高を各家に割りあてて年貢としましたが、幕領は金納だったので銀で納めなければなりませんでした。換金作物の少ない椎葉山の人々にとってそれは大変なことでした。椎茸もありましたが、主に山茶を売ってその代金を充てました。納める銀の総額は六貫六百匁ほど、石高で約百十石になります。

九州山地では焼畑をすると茶の木が自生します。作物を植えるために茶の木は取り除きましたが、作付けを止めた焼畑跡に茶の木がびっしりというのも珍しくありません。この自生の茶は良質でおいしく、宇治茶（京都府）にはこの山茶がはいっているという話もあります。延享三年の検地の報告に、「一、茶　七万五千五百拾六斤程　壹ヶ年費用之外ハ　他領江商売ニ出申候」とあります。茶の代金は塩や魚、衣類を買う生活費としても必要でした。茶の収穫時期になると、老人か

右：平地の畑で栽培の糯粟《もちあわ》。鹿児島県枕崎市（昭和54年7月）。
左：焼畑の大根栽培の後に自然に生えた山茶。西米良村（『宮崎県史』）。

稲を山の上の家に背負って運ぶ（高千穂町　昭和44年11月）。

ら子どもまで一家総出で茶摘みに出ました。

茶について話をつづけると、明治以降、宮崎県は産業の一つとして製茶を奨励し、椎葉村にも製茶場ができました。戦後は村の復興と人々の生活安定を図るために茶、椎茸、畜産を取り上げ、昭和二十四年（一九四九）にまず尾前・尾八重・小崎の三カ所に製茶工場を建設。成果をふまえ、その三年後までに村内に全部で十一の工場を設け、公民館分館が運営にあたりました。それが昭和二十九年の台風と降雨で四工場が流失、一工場が全壊。翌年も二つの台風が来襲し、農作物ばかりか農業施設も被害を受け、製茶も停滞を余儀なくされました。さらに昭和三十年代になると食糧事情がよくなって焼畑が少なくなり、しかも焼畑跡に杉や檜を植林するようになって、自生の茶の木による製茶は次第に難しくなり、公民館分館による工場運営から製茶は個人経営に移されました。

延享三年の検地に戻りますが、次は向山十一カ村のうちの尾前と向山二村の報告です。

向山庄屋掛り		**家数**	**人数**	**畑**
尾前村	二石八升一合四勺	六九	三五八	一町六反余
向山村	一石一斗一升四合二勺	三四	一三一	一町余

牛は尾前村に二頭、向山村に三頭いたが両村に田はなく、焼畑の作物による査定でしょう。延享三年のときの焼畑査定の一反あたりの収量はわかりませんが、たとえばこの石高を米と想定すると、尾前村の二

石八升一合四勺は、ほぼ二人の大人が一年に食べる米の量ということになります。大人が一年に食べる米の量は米俵で二俵半、一石といわれました。向山村は一人分です。むろんこれは年貢を決めるための数なので、これだけしか収穫がなかったということではありません。

地租の他に次の租税がありました。鉄砲役の他は幕府領に特有の税で、高掛り三役といいました。

鉄砲役＝狩猟の免許税のようなもので、鉄砲一挺に銀一匁と茶年貢がありました。

六尺給米＝台所で働く人夫に支給するための賦課。享保六年（一七二一）以降は高百石に米二斗。

御伝馬宿入用＝五街道の費用にあてた交通、通信費の類で、高百石に米六升。

御蔵前入用＝田租を納めるときの費用にあてたもの。高百石に銀一五匁。

第二章
道と交流
——峠を越えて

牛の背の両側に叺《かます》をつけて運ぶ（高千穂町　昭和44年11月）。

〔一〕　山の道を往き交う

険しい「往還」と「里道」

遠方へつづく道を街道《かいどう》、近まわりを往還《おうかん》ともいいますが、上り下りの多い山道ばかりの椎葉山では、集落や仕事場へ通じる道を「往還」とも「里道」ともいいました。これには「うさぎ道」「そま道」「坊さん道」などがありました。

猪や鹿などが通る道は決まっていて、それを「けもの道」とも「うじ」ともいいますが、椎葉山では「うさぎ道」といって、その獣が通る道を人が歩いて隣の集落に行き、焼畑や山林の作業の通いにも利用しました。さらに少しずつ広げて馬や牛が通れるようにしました。「そま道」は山奥から材木や木炭などを出すための道で、「坊さん道」は寺の住職が布教のために開いた道、あるいは葬式や行事のとき、坊さんを迎えるために人々が通って踏み開いた道です。

椎葉山にある六寺の開基創建は、戦国時代の天正年間（一五七三～九二）から元禄年間（一六八八～一七〇四）の徳川時代にかけてのことで、坊さん道もそのころからでしょうか。近年発行の県別マップに、向山から熊本県の五家荘への峠に「ぼんさん越」とあります。五家荘には久連子にしか寺がなく、宗派のこともあって、向山の寺の檀家が多かったともいわれ、おのずと坊さんがよく通ったわけで、「ぼんさん越」はその名残でしょう。

「里道」には優しい響きがありますが、「隣半里　そこ一里」の椎葉山内の道はほとんど山越えで、峠は

二十二もあります。椎葉久著『椎葉問わず語りの記』（鉱脈社）に、「一応、名前がついているものだけあげても八つを数える」と、つぎの峠道があげられています。

桂・葛峠＝松尾―鹿野遊

松本越＝尾八重―鹿野遊

おとう峠＝不土野―尾八重

中山峠＝栂尾―間柏原

尾崎峠＝栂尾―桑木原

大河内・樋の口峠＝大河内―栂尾

小崎・不土野峠＝小崎―不土野

飯干峠＝大河内―小崎

このうち中山・尾崎・大河内・飯干の峠は、車道ができるまでは、週末に中学生が往来しました。上椎葉にある中学校の寄宿舎から土曜日に家に帰り、日曜日にもどったのです。今は親が車で金曜日の夕方に迎えに行き、月曜日の朝早く中学校に送っています。なお、不土野峠は古く「球磨峠」といい、戦後に「不土野峠」になりました。

右：五ヶ瀬町本屋敷の山道。馬も通ったのだろう（昭和44年11月）。
左：山道で出会った修行者（昭和44年11月）。

不土野峠に建つ「県境不土野峠」の碑（平成29年11月）。

明治初期に書かれた『日向地誌』に、椎葉山内の村の間や隣村、隣県への往還と越が記されています。その中の不土野村の越を要約して記します。

矢部越＝尾前より北に四里ほど上がると頂上、越えると肥後（熊本県）になり、さらに四里ほど下ると山麓になる。この上り下り八里の間には人家も休憩所もまったくない、険しく寂しい山道だった。

五家越＝向山より西北に三里ほど上がると頂上で、過ぎると肥後の五家荘になる。やはり人家のない道がつづいていた。

江代越＝野岳越ともいい、不土野村より南に一里ほど上がると頂上、そこから一里ほど下ると肥後の江代村（現水上村）で、同村の古屋敷によく行った。

尾戸越＝不土野村の古枝尾から東南に二十五、六町（一町は約一一〇メートル）上ると頂上で、さらに二十五、六町下ると上福良（村内）で、険しい坂道である。

川沿いや渓谷、尾根伝いの道は広くても一メートルほどで、谷に下って架かる丸太橋や吊り橋を渡ってまた上るという道がつづき、物資は人の背か、馬や牛で運ぶ「駄賃付け」でした。

四つの口

この物資の移送は椎葉山と他村との交流にもなりましたが、その交流の道は四つの口がありました。

神門口＝椎葉村東隣の南郷村神門（現美郷町）への道。

馬見原口＝熊本県馬見原村（現山都町）への道。

右：茅葺屋根の民家も残っていた五ヶ瀬町本屋敷。（昭和44年11月）
左：古屋敷から椎葉村方向の山（平成29年11月）。

球磨口＝熊本県の球磨地方へ、江代村（現水上村）を主に、人吉までの道。

米良口＝椎葉村南隣の西米良村から妻（西都市）への道。

たとえば下福良村の下椎葉、野老ヶ八重《のろがはえ》、鹿野遊《かなすび》、仲塔から馬見原口を行くには、仲塔西の胡麻山《ごまやま》峠を越えて熊本県鞍岡村（現五ヶ瀬町）に出て、さらに北上して馬見原に向かいました。

椎葉村は昭和二十四年（一九四九）四月一日から東臼杵郡になりますが、それまでは西臼杵郡で、戦時中の徴兵検査は馬見原口を経て郡役所のある三田井（現高千穂町）まで行かなければなりませんでした。検査を受ける若者は検査期日の二日前に、役場の兵事主任と青年指導員に引率されて歩いて村を出発、胡麻山峠を越えて馬見原で一泊して三田井へ向かいました。帰りはその逆をたどり、往復で五日間の旅程でした。

これは、昭和十七年（一九四二）七月一日に郡役所に代わって地方事務所が設けられ、それにともなって徴兵検査場も富島町（現日向市）となり、日程も二日半か三日になりました。

また尾前・向山では、醤油と酒はよくこの馬見原口を利用して搬入しました。村内の瀧から霧立越、杉越を通り、鞍岡村波帰《はき》を経て同村本屋敷に行って仕入れました。ときには馬見原まで行くこともありました。尾前から本屋敷まで六里、歩いて六時間かかりました。

駄《だ》賃《ちん》付《つ》けの道と荷

駄賃付けは、村の産物を馬や牛の背につけて近隣の村へ運んで売り、帰りに村人に頼まれた物品を買いそろえてもどる運賃稼ぎの仕事で、四つの口はその道でもありました。

椎葉山で駄賃付けがいつごろからあったのかはわかりませんが、延享三年（一七四六）の内藤家文書に、「上下松尾に二十疋の馬が飼われていて、神門との駄賃付けの往来があるが、他にはない」と記されています。

椎葉村の駄賃付けの最盛期は、昭和初期から「百万円道路」が開通する同八年までとされます。この時期、紀州（和歌山県）から数人の炭焼きが村の山にはいって木炭を焼きました。その木炭などを運んだもので、球磨口の拠点の不土野峠を下って平地になるところにある江代村古屋敷（現水上村）は、毎日、数十頭の馬と馬方、問屋や行商人ら大勢の人が往き交って、今の静けさからは想像もできないほど大変なにぎわいだったといいます。

駄賃付けによる木炭の搬出は終えますが、炭焼きがなくなったわけではありません。それどころか椎葉村は昭和十年（一九三五）に木炭の生産量が県下第一となります。第二の東郷村（現美郷町）の三〇九七トンに対して椎葉村は八〇五四トンです。木炭は燃料や暖房用として家庭の必需品でしたが、戦争になると軍需工業用が増え、また不足するガソリンの代わりに自動車は木炭ガスを使うようになりました。それは昭和二十五年ころまでつづきました。

積まれた木炭。市や町へ出荷する（西米良村　昭和48年12月）。

前にもどると、神門口の駄賃付けは、『百万円道路』の開通で上椎葉にトラックがはいるようになってなくなりましたが、他の三つの口を利用する駄賃付けは減りはしたものの終戦までつづきました。また主道路から枝道にはいり、集落から集落への駄賃付けは、道が整備される昭和三十年代まで見られました。駄賃付けをした人はもういなくなり、その体験を聞くことはできませんが、『思い出の里　奥椎葉』の著者の椎葉花は、子どものころ故郷の不土野で見た駄賃付けのことを書いています。


祖母が「たばこや」をしており、駄菓子やちょっとした雑貨を商っていた。

その祖母の店やで、弟と私は毎日朝から遊んだ。五、六歳の頃、たばこやの片隅で、私はよく、下の道を通る駄賃馬と馬方さんの列を見ていることがあった。赤っぽい馬、黒い馬、茶色の馬、珍しい白っぽい馬、この白馬の馬方さんは「しんぞうさん」と、その人の名も覚えた、しんぞうさんは背が高く、顔の細い人だった。「ツーキドン」という家の人だそうな……。

馬はみな少し小振りで、長めの前髪の下には大抵白い流れ星があり、長い顔の馬の目は意外にみな優しかった。

若い馬方さんたちは、腰に小さな革の鞄を下げ、片方の腰には板の鞘がついた腰鋸を下げていた。それが歩く時、ブラブラ振れて「かっこいい」し、年配の馬方さんはドーランを下げ、それもよく揺れた。

若い女性の馬方さんもよく見かけた。女性は大抵、絣《かすり》の半纏《はんてん》に赤い裾よけ、真新しいタオルを首にかけていた。そのころの若い女性の髪型は、長い髪を三つ編みにし、それをぐるぐる巻で、ぼんのくぼに止めていた。

店の前まで普通に歩いてきた駄賃馬が、店の上手のオバネ（坂の突起）に差しかかると、カッカッとひずめの鉄の音も高く、板や木炭の荷をギイギイきしませて登る。馬方さんも「ハイッ、ハイッ」と声を

中馬絵馬。長野県松本市・保福寺（安政３年〈1856〉）。

鋭くして、荷物や馬の足元に気を配っていく。
そこは祖父が建てたお大師堂の下で、ほんの一跨《また》ぎなのに物凄く固い岩のある難所。なんだか私もつい、ハラハラするのだった。

「板や木炭の荷」とあります。尾前の板製品は馬で江代村の古屋敷（現水上村）に運び、そこから馬車で人吉駅に送ったのです。

駄賃付けの馬は「だくあし」が重宝がられました。馬は「側対歩」といって、対角の足が同時に動く四調子の歩きをします。ただ、それだと上下の振動が大きく、馬の背につけた荷が崩れるおそれがあります。だくあしは同じ側の前と後の足を同時に前に出すもので、左右の揺れはあるものの上下の振動がごく少なくなるので荷崩れを起こすことはありません。そのためわざわざ馬喰《ばくろう》に頼んでだくあしの訓練をしてもらいました。この訓練を「いごきいれ」、訓練をしてくれる馬喰を「いごきいれどん」といいました。

『椎葉村史』に、駄賃付けをした二人の体験手記が掲載されています。一人は、神門口を往復した人です。出身地はわかりませんが、体験は大正時代と推測し、要約して記します。

私が駄賃付けを始めたのは十五歳のとき。当時は他に収入の道がなかったので、生活のためにきつい仕事も我慢してやらなければなりませんでした。まず父親について行って、やり方をしこまれました。暗いうちに起こされて、目をこすりながら朝飯を食べ終えると、炭俵（九貫俵）を馬に二俵つけ、一俵

神門から椎葉村方向の山を見る（平成29年11月）。

は父が背負い、提灯《ちょうちん》で道を照らしながら峠へと登りました。他の仲間も一緒で、一里ほど登った笹の峠に着く頃に夜が明けます。そこで人も馬も一息入れていると、上下松尾の八重、小原、水越の仲間が登ってきて連れ合うこともありました。

そこからは尾根伝いの平坦な道になるので、少し楽になりました。一里ほど進むと「水のもと」と呼んだ清水の湧き出るところがあり、人も馬ものどをうるおします。峠道のその尊いオアシスからさらに一里ほど行くと高鼻で、その突端から神門の町が眺められ、もうしばらくの辛抱《しんぼう》だと元気づけられます。ただ神門の町は深い霧に包まれていることが多く、まれにしか見えませんでした。それでもその雲海の素晴らしい光景は、今でも忘れることができません。

高鼻からは急な下り坂になり、一里ほどで川上迫、そこから神門までの一里は、のちに自動車が通るようになる広い馬車道で、父の背の炭俵を馬につけ替えました。父の背中は汗で湯気が立つほどでした。

神門に着くのは十一時頃、五里の道を五、六時間かけての歩きでした。炭俵をおろして駄賃をもらうと休憩、一番大切な愛馬を馬つなぎ場に入れ、買ったおから（豆腐かす）を餌に混ぜて与えると、馬は鼻を鳴らしながら食べました。

食堂にはいっておかずを注文し、持ってきたメンパ（弁当箱）を開くと、家ではいつもは食べられない米の飯がびっしり、メンパが割れるほど詰まっていて、空腹も手伝ってそのおいしいこと……。

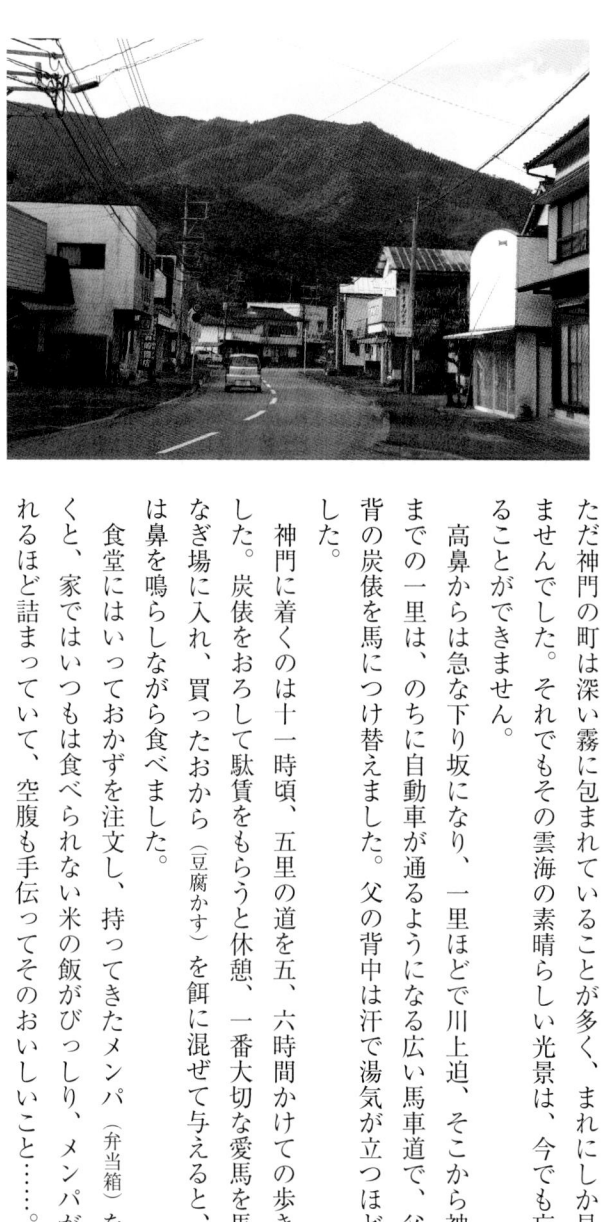

駄賃付け唄（道中歌）

おどま十三から駄賃付け習うたよ　馬の手綱で　日をおくるよ
おどま駄賃付け　駄賃さえあればよ　親子三人口ゃ　寝てくらすよ
朝も早よから　峠に登りよ　朝の日を待つ　様を待つよ
日にち毎日峠に登りよ　お日の出を待つ　入りを待つよ
夜明け方にと　吹きくる風はよ　おれの様女を　吹き分ける
様はおるかよ　わしゃ　ここ通るよ　声で聞き知れ　寄りゃならぬ
駒よ　暗いぞ　足場はよいか　鈴を音おとについて来いよ
（アーホーイホイトー　ハーシッカリ　シッカリ）

「長寿の水」。不土野峠の少し手前にある（平成29年11月）。

でもゆっくりしている間はなく、休憩もそこそこに帰り支度にかかり、家族や村の人たちから頼まれた品物を一、二時間かけて買い集めます。なにしろ三日に一回か、天候や仕事の都合によっては十日も来られない日がつづくので、村の人たちも待っています。

帰りの出発は早くて一時、遅いと二時過ぎになりました。日の長い夏にはまだ陽のあるうちに帰り着きましたが、冬は笹の峠あたりから暗くなることがあり、家族が松明をとぼして途中まで迎えにきてくれることもありました。馴れてからは一人で通うことができました。道路が抜けてからは峠越えの駄賃付けはなくなりましたが、岩屋戸までの駄賃付けは終戦までつづきました。

この駄賃付けでの搬送の荷物は、次のようなものでした。

行き荷＝木炭、楮皮《こうぞかわ》、のり樽（うつぎの皮）、茶

もどり荷＝焼酎瓶（日の本四〇度一斗五升入り）、その他いろいろ
駄賃＝木炭一俵五〇銭、焼酎瓶一円、楮皮、のり樽、茶などは約一円
（※昭和初期と推測される諸物価＝焼酎一斗五升入り一五円、茶一升二五銭、浴衣一反八〇銭〜一円、おから二銭、食堂＝おかずと飯一〇銭、蹄鉄四脚分で一円五〇銭）

駄賃は行き荷、もどり荷を合わせて二円ぐらい、今に換算すれば二万円の日役です。

尾向でも駄賃付けの体験者は多かったのですが、いずれも亡くなって、もう話を聞くことができません。

昭和五年（一九三〇）生まれの尾前文雄に、馬一頭に米をつけ、毎朝、夜明けを待って歩き始めて上椎葉まで運んだこと、北の本屋敷や南の古屋敷へもよく行ったという話を聞いたことがあります。歩きながら「草切唄」などをよく歌った、以前は尾前の入口のところで仔馬の競市《せりいち》が行なわれた、ということでした。そこは今はドライブインになっています。

『椎葉村史』に掲載のもう一人は尾前の人です。

私は十五、六歳の頃から駄賃付けを始めました。その頃は馬一頭が七十円から百円、強い馬になると百二十円もしましたので、めったに買うことができませんでした。それで人間以上に馬を大事にしていました。私は熊本県の古屋敷通いが主でしたが、時には西臼杵の鞍岡村の本屋敷まで行くこともありました。道の方はおよそ次のようでした。

・尾前――古枝尾――不土野――不土野峠――平畑――白水――古屋敷　計五里

再現した駄賃付け。岩手県遠野市（提供・遠野市立博物館）。

・尾前――瀧――霧立越――杉越――波帰――本屋敷　計六里

木炭四俵（一俵六貫）を馬につけ、尾前を暗い中（四時頃）に出て、不土野に着く頃が夜明けでした。そこから不土野峠までの一里の坂道は、人も馬も大変な難儀でした。不土野峠からは下り坂でしたので少し楽でしたが、古屋敷に着いた時（十時頃）にはへとへとになっていました。

炭をおろし、馬つなぎ場に馬をつないでハミを食わせ、昼には少し早かったけれど昼飯にしました。人々から頼まれた買物をして、十一時に出発しないと、陽のある中には帰りつかなかったからです。

峠道は冬は手がこごえ、夏は汗で全身がびしょぬれのようになっていました。それでも頑張らないと生活ができませんでした。

駄賃は炭四俵で一円二十銭、もどり荷の焼酎瓶（一斗五升入り）は一本一円でいい駄賃でしたが、焼物のハンドウ瓶にはいっていたので物に当たると割れるおそれがありました。もし運わるく割った場合は、自分で負担しなければならなかったのでいやがっていました。

たまには木材（製品）もつけましたが、これは峠までで、それから先は木馬《きんま》（荷を木ぞりに積み、木枝を並べた道を滑りおろす）で運んでいました。材料によっては三～四円にもなる時があり、いい日役になりました。

酒と醤油は鞍岡産の方が品がよかったので、霧立越で運びましたが、遠い上に道がわるかったのでめったに行かず、泊まりがけになることが多かったようです。

私はこのようにして、若い時代を生きぬいてきました。

〔二〕 幸をもたらす道路――「百万円道路」

住友家と椎葉村

昭和八年（一九三三）十月の「百万円道路」の開通、七年後の米の配給制度、昭和三十年（一九五五）五月に完成の上椎葉ダムは、椎葉村変貌の三大要因とされます。百万円道路は、村から港のある細島（日向市）まで車で走れるようになったもので、村の夜明けといってもよいできごとでした。

陸の孤島の椎葉山は、落人には隠れ里として最適だったとしても、数百年が過ぎて明治時代になると、村人のだれもが陸の孤島ゆえの不便、不自由から抜け出なくてはならないと思うようになります。それには平野部の町や村へ通じる道路が必要でした。

椎葉へ通ずる道路建設については明治後半から大正にかけて、宮崎県もとりくんできましたが、さまざまな理由で計画段階で止まってきていました。その壁を破ったのが、大正八年（一九一九）六月に村内での林業経営を契約、翌大正九年七月に耳川の水利権を得ていた大阪市の住友吉左衛門、すなわち住友家と椎葉村との関わりです。

この契約と水利権は、椎葉村振興のために大正七年十月に村が林業のできる山地を宮崎県に寄付、それを受けて県が住友家と村の交渉の仲介をして契約したものでした。

大正十四年十月に、十九代県知事の時永浦三は椎葉と諸塚村を視察しました。椎葉村の二日目の宿所の松尾字岩屋戸の松岡家に、九州送電株式会社（現九州電力）と日本チッソ（現旭化成）の重役がやってきてそれぞれ計画書を提示、知事との直接交渉が行なわれました。

九州送電は住友家の委託を受けていたので、交渉は当然ながら住友家の意図をくんだものでした。それによると、椎葉山で伐採された木材は耳川上流は川流し、平地にはいる和田（現美郷町）から美々津（現日向市）までは舟筏《ふないかだ》によりましたが、九州送電はこの川運に代わる道路を開設すると説明、すでに細島（日向市）から和田までは馬車道ができているので、和田から椎葉村の下椎葉までの道路を作るというものでした。知事はこれに同意したので日本チッソも同意しました。

住友家が耳川の水利権者になったのは、耳川に発電所を作るためでした。だが木材の川流しが行なわれていたのでは発電所を造ることができません。道路開設の提案は木材の川流しをなくして発電所を造るためでした。

その工事は昭和三年（一九二八）一月から始まり、十月にかけて西郷村（現美郷町）内の約五キロの道路を造り終えました。この道路の工事が終わると、住友家は自ら道路工事をするのを止めて、県の工事として施行してもらいたいので、そのための工事と監督費として一〇〇万円を寄付すると申し出ました。県はこれを受け入れて昭和五年に着工を予定しました。だがまた問題が起きます。当初の計画では道路の幅員は二間でしたが、県はこれを二間半（約五・四メートル）に拡張すると椎葉村に示しました。それに対して村は昭和五年三月に知事へ意見書を提出します。それを要約すると、「村は幅員が二間の条件で道路敷地の無償寄付を申し出た。変更によって工費が増加する上に、昭和六年の完成が延期される。そのため村内からの木材の流下搬出ができなくなり、村の経済は甚大な打撃を受ける」。

和田（美郷町）を流れる椎葉山からつづく耳川（平成29年4月）。

意見書を受けて、知事（二十三代）は同年九月に椎葉・諸塚村を視察して、椎葉村へ通じる道路の着工を昭和六年四月二十八日としました。しかし、四月になっても着工されず、同年六月十四日に新任の知事（二十四代）が再び両村を視察、椎葉村は次のような陳情書を提出して道路の早い完成を願いました。

・椎葉村ハ全国有数ノ大村デアルガ、交通不便ナル為ニ村民ハ疲弊シ租税ノ滞納ガ多ク行政上困惑シテイル状態デアリマス。

・椎葉村ハ県内有数ノ林業地デアルト信ジマス。コレ等ノ林産物資ヲ搬出シ、村ノ経済発展ヲ図ル為ニ道路ノ開通ヲ要望シテ止ミマセン。

・県ハ椎葉細島線ヲ数年ノ内ニ開通セントシテ、既に諸塚村ヲ経テ耳川ヲ遡行シツツアリマス（塚原、古園間既ニ着工サレテイマス）。依テコレガ促成ニ御努力ヲ払ワレンコトヲ懇請致シマス。

「百万円道路」の開通

すでに着工の塚原―古園間は諸塚村、古園から椎葉村の岩屋戸間は昭和六年九月十日に、つづく岩屋戸から下椎葉間は翌年の二月二十八日に着工しました。初めの計画になかった下椎葉から上椎葉間は、県が十万円を追加して施行、通称「百万円道路」は昭和八年十月に完成しました。

大阪毎日新聞はこの道路について取材をして、昭和八年六月十六日から五回にわたり、大阪毎日新聞の西部毎日宮崎版に書いています。

天下の富豪住友家がポンと投げ出した一百万円也の寄付金で、昭和三年着工した県道椎葉細島港線、俗にいう百万円道路は目下着工中の那須橋の工事を残して全部完成した。かくて中古以来の謎と伝説と宝庫とを秘めている日向のチベット椎葉村の神秘の扉は開かれた。記者は新しく文明の光に浴したこれらの地方を紹介すべく栗の花咲く、この処女道を訪れた。

あたらしく出来たいわゆる百万円道路は東臼杵郡西郷村古川から西臼杵郡椎葉村の村役場所在地上椎葉にいたる十一里の県道で、昭和三年着工以来満五か年を費やしただけに県下第一を誇る立派な道路で、新道には坂というものは一つもなく、砥《といし》のように平坦な道が耳川の流れに沿うて新緑の山際にまるで博多帯をしめたようにどこまでも続いている。

これで漸く人一人が通り得る旧道が、山の嶺から谷に下り丸木橋を渡って、また山の頂上に登っているのと比較すると全く隔世の思いがする。（中略）

ところで今度出来た道路は一九三三年の最新式ともいうべき道路で、橋は全てが鉄筋コンクリートまたは鉄橋で架せられ、現代科学の粋を尽しているだけ、その美観と堅牢とはかういう山間の道としては全国にも稀なほどのものである。だからこの新旧両道を比べて見ると誠に興の多い色々なことを考えさせられる。それだけにこの道路の開通は、この山村に悲喜色々な出来事を産みだしている。

久遠の夢をつき破るかのように、自動車の警笛が谷々に響きわたり、峰々にこだまするようになった。大正十二年末、日豊線の開通によって、県北各町村の経済圏が広がる中において、ひとり取り残されていた椎葉、諸塚の両村も、漸くその仲間入りを果たした。この期を界にして村の経済、産業、文化、政治などの全面にわたり躍進が開始され、ために村民の生活に一大変革が生じた。まさに椎葉の夜明けの到来である。

この百万円道路の開通で、それまでの馬の背や人の背による運送はトラックにかわります。運送距離の短縮と一度に運ぶことのできる量が増大、昭和十年（一九三五）に木炭の生産量が県下一になるのもこの恩恵でした。

それまで近隣でごく安く取引されていた椎茸《しいたけ》、茶、生栗《なまぐり》、楮《こうぞ》、三椏《みつまた》、木材などもこの道路を経て港のある細島に搬出、そこから船で阪神方面の市場に送られるようになって高値を呼ぶようになりました。たとえば、一貫目が十円ほどだった生栗《なまぐり》は特四十三円、上三十三円、並十五円、平均三十円です。これは村人の生活を潤《うるお》し、岩屋戸、下椎葉、上椎葉には商店が並ぶようになり、生活用品が以前より安く、欲しいものがすぐ手にはいるようになりました。

こうして松尾地区からの神門口や小崎地区からの球磨口を通じての交易は、一部を残して途絶えました。だが尾向のある不土野地区からの球磨口の交易はつづきました。この地区から自動車で上椎葉へ走れるようになるのは戦後、上椎葉ダムの建設による村道の整備まで待たなければなりませんでした。尾向のある不土野地区はそれまで昔のままの生活が色濃く残りました。

不土野峠を越える、球磨口の山道の距離と曲がりは駄賃付けの当時とあまり変わりませんが、舗装されて車で快適に走ることができます。尾向や不土野の人たちは今もこの道を通り、上椎葉より品数の豊富な湯前方面（熊本県）によく買物に行くといいます。

不土野峠。下ると椎葉村不土野（平成29年11月）。

［聞き書き］市蔵さん郵便配達

尾前下字鶴の平に住む、大正七年（一九一八）十一月十日生まれの尾前市蔵さんは、父親にいわれて十六歳の昭和八年（一九三三）から昭和十三年（一九三八）の二十一歳まで郵便配達をした。不土野簡易郵便局が鶴の平に開局する前で、上椎葉の本局から自転車で届く郵便物を、配達区域の尾前、寺床、小原の家々に配った。給料は月に十六〜十八円、最初の給料で尾前の店で黒砂糖を買い、母へのみやげとした。

別に十日から二週間ぐらいの間隔で、尾前から北に約十三キロメートルほどある水力発電所に行った。大正八年に尾前の三方界の山林にはいった日肥林業の製材工場と、そこで働く人の家に送電していたもので、当然、電灯がついていた。松明を照明にしていた尾向の人にとって、訪れて初めて見る電灯への驚きは大きく、よく話の種になった。

六〇〇〇ヘクタールの三方界の周囲には一〇〇〇メートル以上の山々がそびえ、良材が密生していた。

手紙は発電所を管理する長友夫婦に一括して渡し、市蔵さんはそこからもどった。製材工場で働く人への手紙はたいてい二、三通、差出人は宮崎県以外が多かった。その手紙を長友夫婦が持って行ったのか、それとも工場のだれかが発電所まで受取りにきたのか、そのあたりのことは確認していない。

発電所の北七・八キロメートルに第二製材工場、それよりさらに北へ約一・五キロメートルの「三軒屋」と呼んだところに一五、六戸の家があって、そこには第二製材工場で働く人が住んでいたようである（『椎葉村史』に山林内に一三五戸の人夫小屋があったとある）。

三軒屋ではおじさんとおばさんが働いていて、そこで昼飯をご馳走になった。おばさんは父の姉か妹だった。市蔵さんは五男、四男は戦死、三男は球磨で大きな店をやっていた。

三軒屋の北六キロメートルに第一製材工場があって、二つの工場の製品は、約三〇キロメートルの索道によって熊本県の方に運ばれた。索道には電力トロッコもあった。

市蔵さんは一度、第一製材工場の見学に行った。でも作業中で誰とも話をすることはできなかった。帰り道で急に心配になったのは掛棚である。崩れた道に掛けた棚状の渡しで、その下は深い谷、足を踏み外したらもう助からない。

ずっと後になって山林内には小学校があったのでは、といわれたことがある。人夫小屋には家族もいたようだから、小学生もいて小学校もあったかもしれない。

二十一歳に兵役、その終了後に蒙古で警察官になり、終戦で帰国後、再び郵便局に十二年間つとめた。

（椎葉利光記）

尾前市蔵さん（平成26年12月）。

〔三〕 旅人と交流の記録

椎葉山を訪れた旅人

寛政四年（一七九二）閏二月にやってきた高山彦九郎は、椎葉山内を歩いた三日間のことを『筑紫日記』に書いている。明治四十一年（一九〇八）七月十三日から一週間滞在した三十四歳の柳田國男は、翌年二月に民俗誌としては最初の『後狩詞記』を自費出版した。

楢木範行は、昭和八年（一九三三）八月発行の『旅と伝説』に「椎葉紀行」を書いている。昭和十五年（一九四〇）三月に米良山から椎葉村にまわった宮本常一は、柳田國男に狩の話などをした当時の村長中瀬淳家に泊まり、柳田がきたときのことを聞いている。野間吉夫は昭和十年代から同四十年代まで五回も訪れて、昭和四十五年（一九七〇）に『椎葉の山民』を出した。野間はその『椎葉の山民』の中で民俗学の先輩として柳田國男、楢木範行とともに早川孝太郎の名をあげている。

愛知県長篠村（現新城市）生まれの早川は、東京に出て画家を目指していたが、柳田が編集・発行していた『郷土研究』に「三州長篠より」（大正四年二月号）を投稿したことがきっかけとなり、柳田から民間伝承、後の民俗学の教えを受ける。

柳田の紹介による澁澤敬三の支援によって、早川は昭和五年に前後編合わせて一七四四頁の大著『花祭』を世に送った。花祭は生地の北の奥三河（北設楽郡北東部）で当時二十一カ所の集落で行なわれていた霜月の祭りで、『花祭』は民俗学では最初のモノグラフ誌とされる。だが澁澤は花祭を伝える人々の生活などの研究が欠けていると指摘、その研究の基礎を学ばさせるために、早川を昭和八年十一月から九州帝国大学の農業経済研究室に留学させた。

早川は昭和十一年（一九三六）二月まで九州で過ごし、その間に多くの人に出会い、また九州の各地を歩いた。沖縄からさらに台湾へも足を運んでいる。昭和九年三月には福岡市にいた漁業史研究の櫻田勝徳と、標高一三五〇メートルといわれる横尾峠を越えて椎葉村にはいった。後にそのことを柳田に話すと、「難儀な道を殊更に選んで馬鹿なことをしたものだ」といわれたという。

黒木盛衛書簡

早川と櫻田は十根川・上椎葉・小崎・尾八重・上福良・桑弓野・嶽ノ枝尾・大河内などの集落を歩きまわり、話を聞いている。中瀬淳にも会っているが、野間が「当時の黒木盛衛村長と昵懇になり」と書いているように、黒木と文通がつづいた。早川は昭和六年から、民俗に関する問状を各地の民俗研究者や知人に出しているが、黒木には村長を辞した昭和十二年から送り、黒木からの九通の返書がある。

問状の昭和十二年から同十五年までの主項目は、田植・食生活・雲南様《うんなんさま》・一人役とキジ、私あめ、稗、大豆・しとぎで、横線の項目を黒木に送っている。このうち早川の問状が残っているのは食生活・一人役とキジ、大豆の三通だけで、たとえば黒木の最初の返書の焼畑のことは、どの問状なのか確認できない。あるいは焼畑は椎葉村に限った問だったのかもしれない。

早川は各地から寄せられた返書を執筆した民俗論考に生かしている。次に黒木の返書を記載し、それを参考とした早川孝太郎の論考を添える。

昭和十二年二月二十七日消印　封書

拝啓　益々御清適奉賀候　御書面ノ御回答別紙ニテ御送附申上候　御気ニ叶ハサル場合ハ何回ニテモ御問合被下度　小生昨年四月軽キ脳溢血ニ罹リ静養ノ為メ村長退職　目下自宅ニテ悠々自適ノ状態ニテ今日ハ餘程軽快ニ相成申候　幸に御安神被下度

二月二十七日

延岡ノ旅舎ニテ

黒木盛衛

早川孝太郎様

御回答要旨

一、焼畑二年目ニ耕ス時　特別ノ方法ナキヤ

別ニ特別ニ耕耘ノ方法ナシ　一ツノ畑ニハ二三十人ニテ耕スコトアリ　大抵一所ニ並ビテ耕作ス　始メニ並列スルモ仕事ノ遅速及上手下手ノ区別ニ依リ遂ニハ抜ガケスル事アリ　共同ニテ為ス場合モアリ　二人以上ニテ共同耕作スルヲなかま又ハもやいト称ス

一人ノ分担ニ何ト云ウ特別名称ナシ　アノ峰ヨリアノ迫迄ヲ君ガ受持テ　アノ石ヨリアノ木迄僕ガ耕サウ位の事ナリ二年目ノ焼畑ハ大抵旧ノ四月頃耕スニ依リ雑草発生シ居リシ　先ヅ所要ノ種子（二年目ノ作物は粟又ハ稗粟混リ）を蒔キ鍬ニテ夫ヲ打起スモノナリ

屋根葺ニハ普請（フシン）組合アリ　十戸以上三十戸位ニテ組合ヲ組ミ、カヤ切ヨリ　カヤ運搬、屋根フキ迄一切組合ニテ成就ス　仕事ハ組合ノ談合ニテ分担スルコトアリ　例会ハ屋根フキ準備行為ニ何人　カヅラタテニ何人　縄ナイニ何人ト云フガ如シ

一体仕事ヲ交換シテ為スコトヲかてりト称シ　今日ハ甲ノ家ヨリ三人　乙ノ田植ニ出動シ明日以後乙

ノ要望ニ依リ右ノ三人分ヲ仕事ニテ返済スルヲ　かてりト申シマス

一、麻作ニ就テ

麻作ハ漸次減少シツヽアリ　現今ニテハ僅カニ其面影ヲ止ムル位ナリ　神ヲ祭ルトカ特ニ家ノ附近ニ作ルトカ御來書ノ如キ行為ハ一切無之候

一、道造リ柴苅等

道造リ及修繕（主ニ修繕）ニハ部落ノ男女十五才ヨリ五十才迄全部動員シテ春秋二回数日間奉仕ス

道ニ出ル仕事ヲ役目ト称ス

柴苅ニ出ル事ヲかりだし切又ハ肥草切ト称シ　いしぶ又ハいぶト云ヘル名称ナシ

一、仕事ノ事

仕事ノ進行ノコトヲはかト云フ　例ヘバ今日ノ仕事ハ屈強ノ青年達ナリシ故ニはかどったトカ　はかガイッタ等ト云ヒ　又今日ハ人夫ガ女バカリダカラ仕事ガはかドラナカツタト称スルガ如シ

◇「稗と民俗」（全集第十巻）に、椎葉村では焼畑をヤボといい、オキヤボ（クタシヤボとも）、ナデキヤボ、キツカヤボ、カラメヤボなどに区別する、と書いている。

昭和十二年八月四日消印　封書

拝復　益々御清穆奉賀候偖テ今回御紹會ノ要件左ニ御答申上候

記

一、他人ヲ交ヘズ一家内ダケデスル仕事ハ當地方ニテハ「まつぼり仕事」又ハ「ちぶんにやる」ト云フ

二、二人以上　多人数揃ツテスル仕事ハ「はかま仕事」又は「共同仕事」ト云フ

三、他人に内密ニコッソリ旨ヒ物ヲ食ベル名称「内緒で食ふ」「まつぼりで食ふ」「こっそり食ふ」「ひみつで食ふ」等ト云フ
四、一人ポッチノコトヲ「たゞひとり」又ハ「たったひとり」ト云フ
五、群ヲ離レタ鳥ヲ「はさけられた鳥」「はさけられた猿」ト云フ
一、飼犬ヲ呼ブトキハ「こーこー」ト呼ビ又ハ竹ニテ作リタル笛（タカウソト云フ）ニテ「ぴょらぴょら」ト吹イテ呼ブ
二、カメト云フ犬ナシ
三、飼猫ヲ呼ブトキハ「さーさーさー」又ハ「まいまいまい」ト云フ
四、飼主ノ無イ猫ヲ「さんげー猫」ト云ヒ　又ハ犬猫ヲ罵ル言葉ニ「うーな」「こらがき」等ト称ス
五、キジ猫が澤山居リマスモ色ハ灰色ノ地色ニ黒モノ嶋毛ヲ有スルモノ　又ハ淡褐色ノ地色ニ黒縞ヲ有スルモノ多シ
六、猫ヲ飼フ家ハ部落デ戸数ニ対シ二五％乃至三五％位デス
七、作物ヲ荒ス鳥獣ヲ追フノニ　大聲ニテ「ほーほ」ト叱ル　又作物ヲ荒スコトヲ鳥獣ガ「わやくした」ト云フ

◇「まつぼり仕事」について、「農村社会における部落と家」（全集第五巻）に記載。
◇飼猫を呼ぶとき、キジ猫について、「猫を繞る問題一、二」（全集第四巻）に記載。
◇早川は昭和十二年六月の手帳に、「キジを牛馬又は猫を呼ぶ事から考ふるに、桃太郎の雉子は或は猫とか馬牛ではなからうか」と記している。小動物の中で常に仲間はずれにされている猫について、キジの視点から問にしたものらしい。

昭和十二年八月二十二日　封書（ナシの（　）内は問の要旨）

拝復　御尊書拝見　農村事項ニ付種々御調査ノ由為国家大慶ニ奉存候

別紙御回答申上候

拝具

追テ何デモ無御遠慮御照會下サイ　又モ一少シ詳細ヲ御要望ナレバ其旨御附記アリタイ　簡潔ヲ御好ミト想像シ常ニ簡明ニ認メ居リマス

回答

一　食物関係

一　山菜ノ中ニテ美味ナルモノ及調理法

山菜ハ澤山アリマス　其中デ美味ナルモノハ人ニ依リ差違アルベシ　普通　くさぎな、うど、だら等デアリマス　くさぎなハ其ノ若葉ヲ摘み採シ沸騰セシ熱湯ニテユデ　更に流レ川ニ三時間位竹籠等ニ入レ浸シ苦味ヲ去リ　之ヲ鍋ニ入レ、イリコ、醤油、砂糖等ニテ煮テ食ス（煮〆）

うどトだらハ春新芽ヲ採取シテ熱湯ニ五六分間入レ　取出シ皮ヲ剝ギ酢味噌ニテ食ス

二　ナシ（月内に特に海産物を食べる日）

三　ナシ（海産物だけの料理、海草を炊きこんだ飯）

四　海産物ハ行商人ガ持参セルモノヲ現金ニテ買入ル

五　海魚ハ鰯、鯖、イカ、鯨、鰤、鰹節、トビ魚、イリコ等

六　山盛ノ飯ニハ山盛ト云フ外別ニ名称ナシ　現在ハ神佛ニ供養スル外來客ニハ出サヌ

七　米飯ニハ米マ、ト称スル外別名ナシ（白マ、ト云フ所アリ随分大食家ハアレドモ之ニ関スル診談ナシ

八　團子ノ原料ハ米、小麦、キビ、トウキビ、ソバ、粉等ニシテ旧盆、五節句、彼岸、先祖日等ニ神佛ニ供シ又隣人ニ分配ス

二　農業関係

一　苗代ノ肥料トシテ昔モ今モたづ（木ノ名称）ノ若葉、草木灰ヲ用ユなへしろ、のどこ、等ノ名称アリ

二　苗代ヲ設ケズニ實播ニスル者ナシ

三　鰻ニ関スル件

一　鰻ニ別名ナシ　小サキモノニモ別に変リタル名ナシ　鰻ノ子位ノ名アリ　鰻ノ主ガ居ルト云フ淵ハアリマス

以上

◇鰻と雲南神との関係について「農と祭」（全集第八巻）に書いているが、椎葉村の記載はない。

昭和十二年十一月十六日　葉書

一、椎葉ニテハ部落ノ一番有力者ヲ、現在デハ、エラモノ、大将等ト呼ビ又ハ、ヤリテ等トモ云フ　昔は庄屋ト云へり

二、ドシト云フ

三、爐辺ニ猫ヲ入レテ暖ヲトラシム箱ハ僅カニ椎葉村内五六戸位アラシ　猫箱又ハ単ニ箱ト云フ　繋の縄ハナシ　形ハ一定シ居ラズ　八寸ニ一尺五寸位ノ長方形　深サ六七寸ニシテ中ニ古綿、衣類布等ヲ入レアリ

右及回答候也

宮崎縣西臼杵郡椎葉村

◇猫箱について、「農家と猫」（全集第四巻）に記載。

黒木盛衛

昭和十二年十二月二十五日　葉書

拝復　弥々御健勝奉賀　御問合ノ件左記ノ通り御答申らく

一、部落ノ協議會ニ戸主、主婦、青年、處女、婦人、等各種類別ニ集マリテ協議スル事ハ有之へ共　以上
全体又ハ成年男女混合シテ協議セシ前例ナシ

二、一家内他人ヲ混ヘズ親子ノミノ家族ヲ当村部落ニテハつゞむきの親子ト云フ

附　親ハ子ヲ呼ブニわが共、われ共　子が親ヲ呼ブニハと、（父）か、（母）ト呼ブ

以上

黒木盛衛

◇つゞむきの親子については、「農村社会における部落と家」（全集第五巻）に記載。

昭和十四年五月十三日　封書

拝復　益々御清穆奉賀　陳ヨリ御照會ヲ預リ候　稗ノ栽培貯蔵方等ハ大要左記通リニ

一、稗ハ植付ケルモノニ非ズ総テ實蒔ニ

一、稗ハ餘リ品種ナシ　成熟一期ノ早中晩位ノモノニ

一、稗ノ貯蔵方法ハ少量モノハ穂ノミヲ小刀類ニテ切取リ、俵ニ入レテ稗倉ニ格納ス　其多量ナルモノハ

小刀ニテ切取リタル穂ヲ其儘稗倉ノ天井ヨリ下ノ板敷ニ踏ミ込ムモノナリ　依テ下ノ部分ヘ何十年ヲ経過シタルモノアリ

一、利用法ハ椎葉村ハ田畑少ナキ為メ飯ニ炊キテ人類ノ食用ニ供ス　稀ニ鳥ノ餌料トスル所アルモ之ハ九牛ノ一毛ニ過ギズ至ツテ僅ナリ　飯ニスル場合ハ米、小豆、麦、等ヲ混ゼテ炊ク

一、稗ハ穂ヲ取リ後、稈ヲ刈リ取ル場合モアリ、又ハ其儘刈取リテ数ヶ所ニ積ミ置キ（雨害ヲ避ケ）農閑ノ節穂ヲ切取ルモノトノ二方法アリ。其割合ハ前者三後者七位ノ割合ナリ

一、刈取リタル穂ハ多ク小積ニシテ置キ　農閑ノ期節迄待チ小刀ニテ穂ヲ切取ルモノ多シ　稀ニ竿ニカクルモノアリ一少部分ナリ

一、稗作ハ前年秋ノ頃山ヲ切リ木ノ幹枝葉等ヲ可成均等ニ廣ゲ（灰ヲ肥料トナス為メ）翌年四月下旬又ハ五月上旬之ヲ焼キ　更ニ稗種子ヲ蒔キ一回又ハ二回除草ヲナシ秋成就ヲ待チ前期ノ通リ収穫スルモノニシテ甚ダ簡単ナル作物ナリ

一、椎葉村モ現在ハ稗ヲ作ルモノハ一局部ニ制限セラレ甚ダ少ナシ。之ヲ精白スルニハ竹ニテ組合セタルあまト称スルモノニ稗ノ穂ヲ入レテ焚火ニテ乾燥シ　臼ニ入レテ之ヲ搗キ精白ス　其臼ニ入レテ搗ク場合　若キ男女集マリ歌ヲ唱ヘ其歌ニ合ワセテ稗ヲ搗ク。本村ニ従来傳統的ノ稗搗節之レナリ　其二三ヲ記ス

稗搗節

○和様平家の公達流れ　オドマ追討ノ那須ノ末
○那須大八鶴富棄て　椎葉立つときや血の涙
○庭の山椒の木鳴る鈴かけて　鈴の鳴る時や出ておじゃれ
○鈴の鳴る時や何と云ふて出ましょ　駒に水やろと云ふて出ましふ

○辛苦病むよりや野に出て見やれ　野には野菊の花盛り
○椎葉名所の数ある中に　日本一なる杉もある
○稗は搗ひても來るこた來るが　暫し待ちやれ遅ふ御座る
○なんぼ搗ひてもこの稗やむけぬ　どこの御蔵の下積か
大体以上ニテ要領ハ尽シタルト思ハレマス　尚御不審不満ノ点アラバ何時ニテモ御　下サイ

拝具

五月十三日

黒木盛衛

早川孝太郎殿

◇「稗と民俗」（全集第十巻）に椎葉村の稗の品種について簡単にふれ、稗を思うものとして黒木の稗搗節を揚げている。

昭和十五年七月十一日　葉書

拝復　益々御清穆奉賀候陳ハ當地附近ノシトギハ團子ト餅ノ中間物ニシテ生ノ侭ニテ蒸シタリ　又ハ煮タリスルモノニアラズ　白米、玉蜀黍、キビ、生ノ精白、若干ニ適當ノ水ヲ入レテ　臼ニ入レテ搗キ◯ノ形ニ手ニテ握リ堅タメ三四十分間ヲ経過スレバ　シトギハ漸ク固マリ團子カ餅カノ如キ軟カノモノトナル之ヲ盆又ハ紙ニ乗セテ神仏ニ供ス　猟師ガ獲物アリタル時　山ノ神ニ供スルコトアリ　家屋ノ葺キ上ゲタル場合等家ノ神ニ供シテ家ノ繁昌ヲ祈ル事等アリ
貴意ニ叶フヤ知ラザレトモ有ノ侭報知申上候

敬具

本月末カ來月上旬ニ上京御伺シ椎葉ノ話等御耳ニ達シ度ク存居候

七月十一日

黒木盛衛

◇黒木の上京のことは早川の日記に見当たらない。早川はこの月は旅に出ている日が多いので、あるいは行き違いがあったのかもしれない。

昭和十五年八月二十日　封書

シトギニ就テ

一、私ノ地方ニ神佛ヲ祭ルトキシトギト呼ブモノヲ作ルコトガアリマス
一、私ノ地方枡目ニ制限ハアリマセン　白米又ハ玉蜀黍等デ作リ適當量神前ニ供スルノデアリマス
一、粢ハ神社ノ例祭ノトキ又ハ家ノ葺替ヲナシタルトキ　或ハ猟ニ出テ猪鹿ノ獲レタルトキ祭ルトキニ作リマス

八月二十日

宮崎権西臼杵郡椎葉村

黒木盛衛

昭和十五年十月二十二日　封書

大豆ニ就テ

一、以前ニ焼畑ニ作リタルニヨリ大分収穫シタルモノナルガ近年焼畑減少ニ依リ収穫減少　四五十年前ニハ十五俵位穫リタルモノガ今ハ僅かニ一俵ニ過ギス
二、農家テハ味噌醤油ノ原料ハ自家生産ノ大豆ニテ間ニ合セルモノ四割位他ノ六割ハ他ヨリ買入
三、ナシ（歳の暮、節分、正月に豆や豆稈を使う事）

四、大豆テ造ル食物ハ豆腐煮豆砂糖ヲ混ゼテキナコ等ナリ　特ニ正月ナドノ料理ニ用ユルコトハアリマセヌ

五、ナシ（大豆畑の方言）

六、ナシ（病気の祈願に神佛に大豆を供える事）

七、ナシ（大豆を弁当にする事）

八、ナシ（大豆に関する俚諺か歌を知りませんか）

九、品種ニハ在來種多ク近年三サヲ大豆ヲ耕作スルモノアリ

黒木盛衛

◇大豆について『日本民族の食糧生活と大豆』（全集第十巻）に書いているが、椎葉村の記載はない。

椎葉村聞書

早川孝太郎は椎葉村で聞いたことをごく簡単に、箇条書で次のように記している（全集第十巻）。

オトコザワ　門松柱なり。門神柱に当たるもの。

ゴセヤキ　祭りの舞いを行なうこと。以前は那須兵部左衛門一家で勤めしが、今は各戸に行なう。その家をゴヘイで飾り、若者が舞うなり。

ザヤド（座宿）　頭屋なり。また、マツリヤドともいう。

バッチョガサ　上図に示す。

カマンセド　竈《かまど》の後なり。

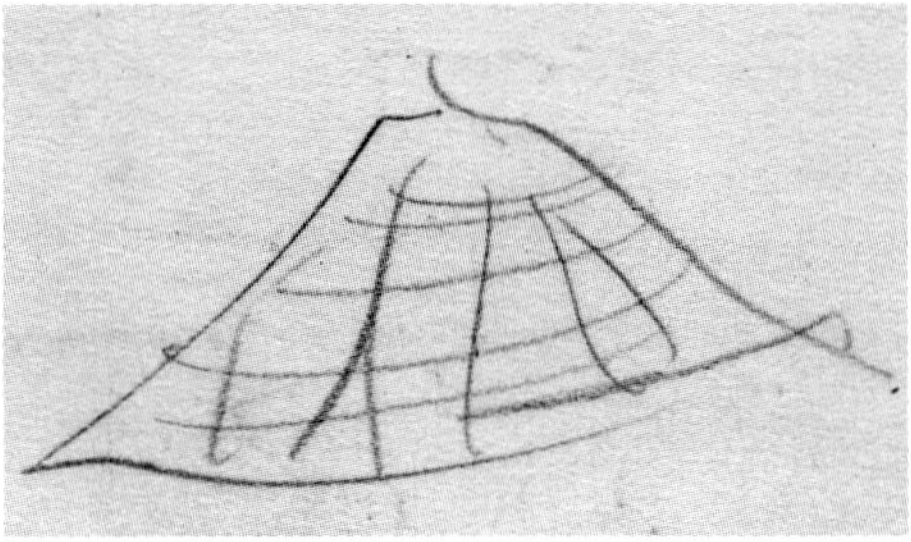

バッチョ笠

ソノ　畑をいう。ソノ木などいう。

アテとムキ　アテは北、ムキは南なり。

ダツ　炭俵をいう。

コモガキ　炭俵を編む器具なり。これにて菰も編むなり。信州（松本）などにて馬、ウシなどというものと同じなり。

カルイノー　かるい（負い）縄なり。コーノートともいう。

ボクリ　手製下駄なり。

マエクモ　きぬがさなり。祭りのときのもの。天蓋なり。

キツケ　焼畑のうち、いわゆるオキヤボに立ててある木をいう。キツカとも。

サクバゴヤ　山小屋ともいう。夏期の焼畑作業にはいり居る建物なり。ここに起居もするなり。なおサクバコヤの中には起居の装置なきもあり。高塚山に登る中腹にありしものなどそれにて、茅にて屋根を葺き、中には粟、稗の稈と、別に茶を煮る装置のみあり。

ハマズナ　椎葉村大河内城の大藪にある家の姓なり。

モマ　ももんがあ、なり。この獣比較的多く棲息せり。狩人などこれを捕らえて薬種として売るなり。

トマ　いたち、なり。

フロ　風呂なり。一般に入浴を好まず、年内に一、二回ぐらい程度に沐浴せぬものが多数あり。したがって現在も大河内のうち、風呂桶を所持せぬ家庭、約半数ないし四分ぐらいあり。

サキッチョ　焼畑（ヤボ）の標示なり。これをなしおけば、その用役権を示すなり。二、三本を伐り倒し、そこに別の材を立て、それに鉈目を入れておく。普通三つ入れるといえども、別の様式もあるべし。なお焼畑にあらずして、刈敷山の採取権標示には、茅を結びおき、または茅を刈り、小束にして、予

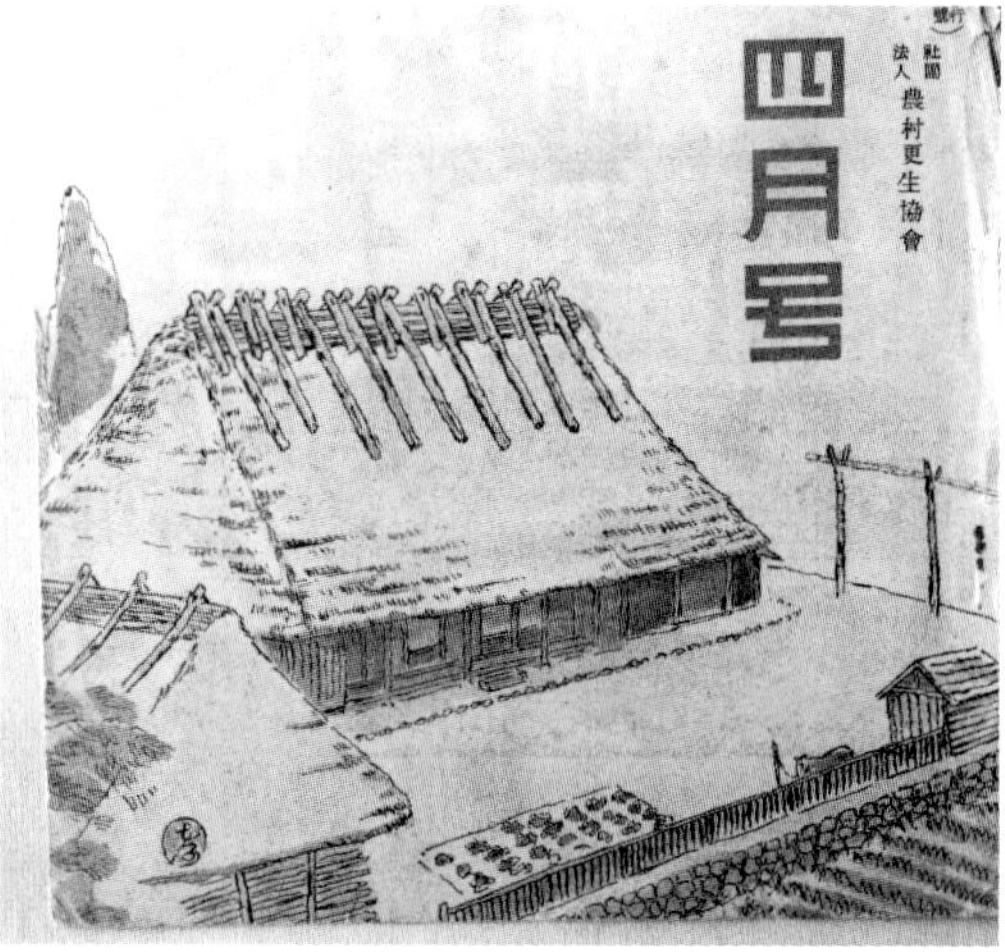

右：早川孝太郎が『村』の表紙に描いた鶴富屋敷（昭和13年4月号）。
左：タチアゲをつけた猟師。（撮影・野間吉夫　昭和30年代）

定地の四方に立てるもあり、これも同様に呼べど、別の呼称もあるやもしれず。

シデオリ　シオリなり。山中にてうしろよりくる者に行先を知らすために、枝を折っておく（大河内）。

カヤミノ　裏が網のもの。

コボウシオドリ　十六人うち四名女装。（以下、上椎葉本村）

カドメ　略式をいう。婚礼をカドメにやるなど。

ハルマイト　椎葉村にてマトイが盛んにて、これに沢山の金をかける。一本一矢一銭かけ、また五銭ぐらいかけるもあり。

『村』の表紙から

早川は農村更生協会と鯉淵学園が発行した『村』に表紙を描いている。そのうちの椎葉村のものを紹介する。

九州の屋根ともいうべき宮崎県西臼杵郡（以前は西臼杵郡であった）椎葉村地方の農家で、昔の郷士階級の家である。この地方の家の特色は、何といっても屋根の形で、棟木の特に長いのが異色である。これを一般にチギともいうが、別にウシともいう。建築もまた見事で、おそらく飛騨白川、越中の五箇山などの建築に対立する豪華なもので、縁側と座敷の間に板戸が立ち、近ごろはこれが漸次障子に変わりつつある。入口の土間をドジ、寄付きの土間をウチネ、次がツボネ、デイ、コザの順で奥に伸びているが、デイのない家はツボネから直接コザにつづいている。デイ（出居）は、表から縁側に上り敷居を跨ぐと、そこをシタデといい、上手との間に盲長押があり、これを境に対応することとなっている。

早川孝太郎が『村』の表紙に描いた猟師
（95頁の写真のうしろ姿。昭和22年）

今月は家をよして風俗にしてみた。宮崎県東臼杵郡椎葉村の山仕事（主として狩人）の人たちの装束である。特色は何といっても腰から下の部分で、これはこのごろ女の人たちに流行のモンペのもっとも原始的なものである。名称はタチアゲといい、材料は鹿のなめし皮である。この図は後ろ向きのためよく判らぬが、腰の部分で充分想像がつくように、一般のズボンのごとくに筒形ではなく、前面だけを保護するようにできている。すなわち二枚の鹿皮を前腰に結びつけ、膝とくるぶしの部分で緊縛する。したがって前面から望むといわゆる裁着《たっつけ》と見まがうが後部には何もない。このやや進化したと思われるのが岩手県岩手地方にあるカダグシ（片腰）モッペで、それは膝から下だけが筒になっている。三河の山村などではその種の形式のものを、もっぱらフンドシナシといっている。背に負うたのはカルイで、和製のリュックサック、その下に下がった毛皮はシツカワ（尻皮）で木曽辺りではもっぱら腰皮の名で呼び、一種の移動ざぶとんである。近頃は登山家などが模倣して洋服につけているのをよく見かける。

（「旅人と交流の記録」須藤功記）

第三章
木材と狩猟
――暮らしをたてる

日肥林業の木馬。提供・尾前善則

〔一〕　山の支配と所有

山林をめぐって

平家《へいけ》の落人《おちうど》にしても後の落武者《おちむしゃ》にしても、椎葉山では焼畑さえすればどうにか生きていける、という思いがあったはずです。その焼畑をする山に自由に出入りできなくなったら、いうまでもなく暮らしが難しくなります。第一章でふれた、椎葉山が幕府領となるきっかけとなった元和二年（一六一六）の向山の乱は、三人衆が山の支配権を強くして、山への出入りを制限したことへの人々の怒りでした。

「千人ざらえ」で乱を鎮めて幕府領にした椎葉山を、幕府は明暦二年（一六五六）に肥後《ひご》（熊本県）人吉藩の相良氏に支配を命じました。幕府領下では、村人の共有地は認められていたし、共有地以外の山での杣《そま》取《と》りも、願いで認められていました。杣取りは山の樹木を伐り出すことですが、椎葉山では伐り出した跡を焼畑にしました。それを相良氏は閉ざしたのです。そのため、新たに山を拓いて火を入れることができなくなりました。それでは暮らしに困るので役人が杣山願書を出すと、人吉藩はそれを利用して椎葉山の支配強化をねらい、幕府への取次ぎをなかなかしませんでした。

そのあたりのことを幕府がわかっていたのかどうか、ともかく幕府はたびたび材木商に椎葉山の材木の伐出しを請負わせています。樹齢数百年の大木が、椎葉山が幕府領になった頃には山中のいたるところにありました。幕府は延宝六年（一六七八）に、江戸の両国橋の架け替えの材として、松尾字市山の槙材《まきざい》の伐《き》り出し方を両国の材木商太田屋与六に請け負わせました。太田屋は越前国《えちぜんのくに》（福井県）から大勢の杣師を引き連れて入山し、伐採して一部は山から出しましたが、あまりに山が深くしかも難所が多いため、請負を途中で放棄しました。『人吉市史』にこの後始末が書いてあります。

幕府から搬出の手伝いを命じられた当藩は、侍数人と出夫数百人により、美々川、蚊口川の両津（河口）から太船十一艘で、天和二年（一六八二）八月、江戸へ運送した。

幕府はこの後も、元禄から宝永年間（一六八八〜一七一一）にかけて、大坂の湊屋助右衛門に運上を取って約十年にわたる杣山を許しました。こうしたことから、椎葉山の人々も材木伐り出しの願いを人吉藩を通じて度々出しました。だが人吉藩はいろいろな理由をつけて、幕府に取り次ぎませんでした。宝永二年（一七〇五）にも、椎葉山の庄屋と横目の連名で願書を出しています。内藤家文書に収録されているその願書は次のような主旨です。

椎葉山中は近年、人口も増加して今までの焼畑山の範囲ではとうてい生活することが難しいので、焼畑山を広げさせて頂きたい。現在、湊屋が運上杣山にはいっているが、この杣山以外に散木山があるのでこれを山中の者に伐らせて頂ければ、材木代金は山中全員に配分することによって大変な潤いになる。また跡地を焼畑として利用していきたい。

散木《さんぼく》は材木として役に立たない木をいいますが、人吉藩は宝永三年三月にこの願いを取り上げました。このとき願い出た山は、野老ヶ八重、下福良、嶽ノ枝尾、小崎、尾八重、尾前六カ村内の十九カ所で、松・樅《もみ》・栂《つが》など合計五五三〇本でした。

これに対して丸一年後の宝永四年（一七〇七）三月に、幕府勘定所より人吉藩に、「願出通り運上無しの散木杣山を、当亥年より卯年まで五カ年間許可する」との通知がありました。

こうして十九カ所の散木杣山の全部を立木のまま売り払うことに決まり、人吉藩の立会いで入札しましたが、小崎村の二カ所の山は請負がなく、三人の材木商が残り十七カ所の山を請負い、その二年後の六月から仕事にかかり、山にはいって伐採を始めました。でもいろいろな問題が出ました。

一、山が広範囲に散在していること。
一、一山二十本、三十本だけという山もあって、余計な手間がかかること。
一、古木、老木で、うと木、きず木が非常に多い。
一、予想以上の難所で、期間内に出材が無理なこと。

こうしたことで結局、下福良村の山之平山と野老ヶ八重村の苺谷山《いちごたにやま》の二カ所だけで杣取りがなされ、残りの山は返上するしかありませんでした。それでもこのときの益金《えききん》の一〇貫四七五匁は、山内の人々全員に次のように分配されました。

一、庄屋、横目どもに、一人前六十三匁ずつ
一、小役人どもに、一人前十二匁九分ずつ
一、総人数に、一人前二匁三分ずつ

長年かけてようやく許可を取りつけた杣山でしたが、残念ながら宝永八年（一七一一）二月にその全てを

返上しました。人吉藩は山内の役人を呼び出して、「拝領山であり簡単に返上することは許されない」と厳しく申し渡し、今後はこのような願出は一切しないという証文を提出させました。

　こうして椎葉山の人々の散木杣山の伐採は終わりましたが、幕府の指示による材木商の運上杣山はこの後もつづきました。享保二十年（一七三五）から延享二年（一七四五）まで、江戸町人の栃木平四郎らによる十年にわたる伐り出しがあり、さらに宝暦七年（一七五七）から天明六年（一七八六）にかけて、延岡の商人石見屋清兵衛は通算五回、伐り出しをしています。こうして椎葉山の山林は用材の供給源の役割を果たしてきましたが、山に住む人々への山の恩恵は限られていました。

黒木兄弟供養塔

　散木杣山の返上後の椎葉山の人々の生活はどうだったのでしょうか。大河内字川の口の道沿いに建つ、黒木兄弟供養塔の説明文に、そのころの生活を読み取ることができます。

兄弟殉難の地

黒木六郎左衛門
右田大六

享保十六年（一七三一）七月十九日、川の口村の入口から右の方人家二十間手前のこの場所で、人吉の検使役人および山役人立会いの下で、黒木兄弟の仕置が型通りに行なわれ、死体は願出によって、一族の者に引渡された。場所が人吉城下ではなく、在所の川の口が選ばれたのは住民への見せしめのためであった。

「黒木兄弟殉職の碑」（平成29年９月）。

この後、兄弟の父所右衛門は扶持米取り上げ、男子四人はそれぞれ尾崎、尾前、五ヶ所、岩井戸の遠地に、八月六日を限って所移しという厳しい処分であった。

当時の椎葉山の生活は焼畑産の稗、粟等の雑穀に依存し、不作の年には飢え死にも出る貧しさで、黒木兄弟はこの窮状をみるに忍びず同志十九人に呼びかけ、連盟で人吉藩に杣山願を出した。この訴願は享保十一年（一七二六）に始まり、同十二、十五、十六年と続いた。その目的とするところは立木の払下げをうけて、その伐採、材出し運搬等の一切を村民の手で賄い、残った収益を分配して村民の生活を潤そうというものである。藩では対応に苦慮したあげく、連盟の訴えは徒党を結ぶもので、天下の大法に背く、かつ、訴状の中には虚偽の申立てがあるとして、関係者全員を城下に呼び厳しい吟味の後、強引に供述書に捺印させ、これらの供述書が証拠になって黒木兄弟は邪悪非道の罪に問われて死罪となったものである。この時、兄六郎左衛門六十一歳、弟大六五十一歳、六郎左衛門は余人はともかく、自分自らも、人吉役人にはめられて、偽者にされてしまって面目もない。父祖三代七十年の横目役を全うすることが出来ず、心残りであると述懐している。

前例のない、重い仕置きであっただけに、住民の動揺が心配されたが表立った動きはなかった。死罪者であるから墓を造ることはさすがに憚られたが、死体の埋まった場所は誰が供えるのか花立で埋まり、命日の七月十九日は二百五十余年を経た今日もお参りの人が跡をたたないという。

人は死して名を残すというべきであろう。

昭和五十九年三月一日

（宮崎県文化財保護審議委員　野口逸三郎氏）

黒木兄弟の願出が次第に強い文面になったのと、これが山内に広がる恐れもあったことから、人吉藩は見せしめのために重い仕置きを、城下ではなく兄弟の在所で行なったのです。六郎左衛門は苗字取り揚げの上に打首、弟の大六は切腹でした。

幕府評定所は最終的には藩の「伺之通り」としましたが、過酷《かこく》すぎるという見方もあったようで、相良領内の先例を何度も調べさせています。罪人の子どもを処分することについては、公儀では死罪人でも子どもについては「御構無」というような付箋をつけています。

処刑のために城下から川の口に向かう、二人の囚人籠《しゅうじんかご》を護衛する行列は七十人余の物々しさ、沿道の村々から駆り出された人足は二百十余人になりました。処刑の日、村民に呼びかけて、山の雑木林の中から処刑の様子を見るように命じましたが、だれ一人として見ようとはしませんでした。一方、兄弟を城下から護送したあとを追って、藩は処刑を見合わせるように伝令を発したものの、その伝令の到着が一瞬遅れて事は終わっていました。処刑に関わった役人の一行が引き上げる日は、ものすごい風雨に落雷があった、とも伝わっています。

「巡見使」の報告書

黒木兄弟の事件は、椎葉山の人々にはそれまでなかった年貢を納めることになる十五年前のことです。年貢を納めることになって三年目の生活の様子は、巡見使の報告書に見られます。

江戸幕府は鎌倉幕府の「巡検使」を「巡見使」と改め、元和三年（一六一七）から三年ごとに諸国につかわして、その国の政治の良否や民間の様子などを視察報告させました。椎葉山には正徳三年（一七一三）を最初に、同六年、年貢を納めることになる延享三年（一七四六）、寛延二年（一七四九）、宝暦十一年（一七六一）にはいりました。延享三年には年貢の査定のためか丹念に検地を行なっています。

寛延二年には五月十二日から十二月二十八日まで、七カ月余を費やして山内八十四カ村の調査を行ないました。次はその報告書「椎葉山内農業稼方其外品々書付」のまえがきの要約です。

このたび私は、藩の見分役として椎葉山内の本村はもちろん枝村に至るまで、庄屋、横目、小役人、そのほか村々の者の案内で、すみずみまで実地に見分をすませ、さらにところどころでは、直接尋ねて実状も調査した。そもそも椎葉山中は、昔から年貢のない地域で、やっと寅年になって、屋敷まわりの畑などにわずかばかりの年貢を課せられて納めるようになった土地柄である。それゆえ前々の無年貢時代の習慣がしみついていてなかなか直らず、耕作にも精がはいらないように見受けられ、収益をあげる方法にもうとく、万事につけ不行届きのことが多いので、左に箇条書きにして村々の百姓に申し渡すこととする。

箇条書は二十七項目、短文も長文もある中から一部を要約して次に記します。なお調査した八十四カ村には当然、尾前村や向山村を含む向山庄屋掛りの十一カ村も含まれています。ただし、村名はどの条にも書いていません。文中の「本畑」は平地の畑と同じように畝立てもする畑（常畑）を指しますが、焼畑が主力だった椎葉山では、この本畑はきわめて少なかったにもかかわらず、箇条書にはこの本畑についての記述が多くなっています。それはまえがきに書いている、「収益をあげる方法もうとく」の改善を促すためだったのでしょう。

一、寅年（延享三年＝一七四六）の改めのとき作物の種を蒔いた以後、手入れをしないようで草の茂った本畑が少なくない。手入れをして作物を育てれば、食物の不足を助け、焼畑も少しですむはずだ。

一、畑の畝は南北へ長くすると、日がよくあたるので冬、春の冷気、霜、雪などによる作物の傷みが少ない。

一、山内に平場はなく、大方は斜面である。その斜面に焼畑をするために伐り倒した木などを石垣のように積み重ね、間に土をかき入れると平場の耕地になる。耕作もしやすく、大雨でも土が流されることがない。

一、畑の石を拾い捨て、客土することで根を深く張るので作物のできがよくなる。

一、山内に肥料への心得がないようだが、食品のゴミや草木、粟稗の殻などに小便や下水を混ぜて作り、畑に入れるべし。

一、土の深いところは土をよく砕いて植えると、大根は二倍よくできる。悪地にできる蕎麦は土をそれほど深く耕す必要はない。

一、山内に茶の木が多い。本畑のものは畑を広くするために他に移すべきだが、本畑のまわりに植え直すと風除けになる。

一、本畑の中にある墓はどこか見立てて寄せ墓にするべきだ（今も椎葉では屋敷内、家の並びに立つ墓が多い）。

一、近年、本畑を潰して家屋敷にする不埒な者がいる。他国では許されないことなので、家屋敷は別にするように。

一、焼畑をする場所はこれまで立木の大細に頓着なく、火を入れていた。これからは樅《もみ》、栂《つが》、槻《けやき》、松、柏《かしわ》、桂《かつら》など目通りが二尺以上の木のある場所は焼畑にしてはならない。幹のまわりが三尺になるには四、五十年はかかるが、それを一両年の利徳のため焼き枯らすのは許し難い。

一、山内では唐芋を多く作っている。唐芋は他の作物のできない畑、屋敷の隅、空地などでもできる。唐芋を植える土地には、冬の間に下肥や牛馬の糞を入れておくとよい。

一、山内では生活の足しになるはずのものが、空しく捨てられたりしている。

一、柿の木が多くある。聞いてみると子どもや老人の菓子にしているという。これを近辺の城下市町で売れば生活の助けになるはずだ。
一、蕨根《わらびね》を掘って粉にして食の足しにしている。粉を採ったあとの殻は捨てているが、その殻で蕨縄をなって売れば生活の助けになる。
一、山内に多くみられる漆《うるし》の実は、外の作物よりは高く売れるはずなので、さらに植えるとよい。
一、椿の実も売れば生活の足しになる。
一、「自然薯《じねんじょ》」ともいっている山芋は薬になる。食べるだけでなく、寒中に皮をむいて厚く切り、陰干しにして城下市町の薬屋に売り、その代金で他の雑穀を買い山芋の代わりの食材を用意する。
一、この他、柏の実、搗栗、松脂《まつやに》、桜の皮、竹の皮なども売れば足しになる。薬になる草木もまだ数種あるので、少しでも売った方がよい。
一、近年、材木を伐り運ぶ山師が山内にはいっている。山内の者はその見習いとして雇われるべし。最初のうちは余り役にたたないので賃銭はないが、働き次第で払われる。
一、日々の食事は、粟稗が採れるとそればかり食べて、なくなると春の麦ができるまで難儀している。百合根・蕨、大根や蕪《かぶ》は刻み干し、それらの葉を干して蓄えておくべきだ。
一、山内の者共トキ（齋）といって一年に延べ二カ月ほども休み、集まって杯を交わしているが、これは止めるべきだ（齋は神祭りのための休息日で飲酒のともなう、神に豊作と毎日が平穏であることを願う大事な日である）。
一、長く無年貢だった山内は寅年（延享三年）から上納するようになった。その税率は同じような山村の十分の一にもならない低いものだが、いつまでもこのままではないので、百姓の勤めを怠らず、しっかり納めるように。
一、山内に田はわずかしかないが、川や水場がそばにある本畑や朝夕の洗濯の使い水を入れたりして田を拓くべし。その田での稲のできがわるくても、その藁で草履《ぞうり》や草鞋《わらじ》を作ることができる。

一、年の始めから年貢上納を心掛け、椎茸《しいたけ》や茶などを売ったら代価の半分は年貢として使わないようにする。
一、長わずらいや奉公に出て耕作ができず、小作人に渡している土地は荒れが目立つので、ゆとりのある者に一時あずけて耕作してもらうように。
一、苗字帯刀の侍分の者が多いが、山内で耕作をしているときは百姓と心得るように。
一、これらのことは五人組帳前書に記し、村役人に渡しておいた。山内の者の農業などの働きはよくないように見えたが、これを読めば農業の仕方など改善され、生活の助けになるはずだ。

報告書の執筆者は巡見使を案内して行動を共にした、人吉藩の相良氏の家臣と推測されるといいます。年貢を納めるようになって三年目のこの家臣の報告書は、年貢を強く意識していたことが、それぞれの項目にうかがえます。畑作をしっかりやるようにといい、食材の木の実、根菜類にもふれ、山師の下で働くようにとも書いています。

田のわずかな椎葉山の年貢は、米ではなく銀納、すなわちお金で納めました。自給自足の生活で買物をするのはまれ、お金の必要があまりなかった人々にとって、他国にくらべて納める額は少ないといっても、そのお金を用意するのは容易ではありませんでした。茶や椎茸を売ってその代金をあてましたが、どうしても不足した家では、娘を奉公に出して手当を先もらいすることもありました。

人吉藩はそれがわかっていたようで、山内の神官に銀を融資し、それを人々に貸し付けて年貢の取立てを計ったようです。その借用証文がたくさん残っています。証文は借用銀が返済されたらもどすものですが、それが残っているのは返済が終わらないまま、人吉藩の慈悲《じひ》によって貸付けが没にされたのではないかとされます。

なお「椎葉山内農業稼方其外品々書付」は『日本農書全集』（農文協刊）に収載されています。昭和九年（一九三四）三月中旬に椎葉村を訪れた民俗学者の早川孝太郎はこの記録を筆記し、「椎葉山農業稼ギ並ニ其他品書付」としてタイプ印刷、その了に「宮崎縣西臼杵郡椎葉村大字大河内　椎葉徳次郎氏藏」と記しています。

新たな時代の山

明治になって生活は変わりました。それまでの米を主とした年貢が、土地に課税して金納になったのもその一つです。椎葉山では年貢を納めるようになる延享三年（一七四六）から金納でしたが、諸藩の年貢が主に米だったのは、藩内の土地は藩主のものとされていたことによるもので、それが明治四年（一八七一）の廃藩置県後に、土地の私有と併せて土地の永代売買禁止が解かれ、土地に課税されるようになります。

明治六年（一八七三）七月二十八日に布告された「地租改正条例」により、土地の所有者に所有権証書の「地券」が土地の種目別、一筆ごとに交付されて土地への課税が始まりました。この地租改正の要点は次の三点です。

一、法定の課税を土地価格に応じて課税する。
一、現物納（米）から金納とする。
一、地租を土地価格の三パーセント（明治十年に二・五パーセントに軽減）とし、豊凶による増減は行なわない。

これを実行するために土地を正確に測量し、所有者、地番、地目地積、地価を「地券大帳」に記載、その台帳によって地券を発行してそれによって課税するとしました。測量は村人の義務としましたが、もとより測量技術などまったくない村人にそれは無理なことでした。測量などの遅れとは別に、地租改正に反対する農民一揆も各地で起きました。明治十年（一八七七）一月四日に出た地租の軽減処置もこの一揆の成果でした。こうした地租改正は、土地の個人分割、すなわち私有をよりはっきりさせました。明治後期の宮崎県林野基本調査に次のようにあります。

（前略）其ノ運ビニ至ラス各大字持トナシ部落民共同使用スル所トナリ各自争ッテ焼畑ヲ行ヒ明治二十二年民有林ヲ悉ク焼畑ニ地目変換ヲナシ、尚ホ盛ニ焼畑ヲ慣行シタル結果、森林大ニ荒廃ニ傾キタルヲ以テ明治三十一年ヨリ各自ニ保護管理ヲナシ濫伐ヲ防ガント欲シ現在其ノ分割ヲナシツツアリ

［要約］それまでは願いを出し、それに許可がおりるまで自由にはいれなかった山が集落の共同使用となった。するとだれもが争って焼畑を行ない、明治二十二年（一八八九）までに民有林を焼畑の地と変換した。さらに焼畑をつづけたために森林が荒れるようになったので、同三十一年より各自に保護管理をさせるために、山の分割を進めている。

椎葉村では、この明治三十一年に大字松尾が分割を始め、以後、他地区も作業にはいりました。宮崎県林野基本調査によると、明治四十五年の椎葉村山林総面積は五万一一五三町歩、うち個人有林面積は一万七四二八町歩です。

明治三十一年から十五年の間に、三五パーセントの個人所有権が決まったようです。その他の約一万四〇〇〇町歩が共有林、また「部落有地」という、所有権の決まっていない門徒や総大将、大字持ちが約二万町歩ありました。この部落有地は大正時代にほとんどの所有権、地上権が確定しました。個人所有になるのですが、そこを焼畑にすると地租改正によってその土地に課税されます。山村から次第に焼畑がなくなるのは、この課税も一つの理由だったのではないかといわれます。

道路整備悲願のなかで

椎葉山ではこの所有権、地上権の確定に別の経緯がありました。大正時代の初期、村の山で伐採された木材は主に川流し、その他の産物の多くは馬の背で峠を越えました。そして他町村や近隣の県の車馬道まで運び、馬車送りをして市場に出すか、周辺の商店で売ったり、生活用品と交換したりしました。

その頃の椎葉にはまだ山道しかありませんでした。南郷村神門(現美郷町)、西米良村村所、高千穂町、五ヶ瀬町鞍岡、熊本県湯山・古屋敷(現水上村)などは、明治時代後半にすでに馬車営業が行なわれていました。だが椎葉と港のある細島(日向市)間の県道は西郷村和田(美郷町)まで開設の後、中断されたままでした。馬車道のないのはそのまま立ち遅れを意味していたので、車道の開設は椎葉村民の悲願であり、村政をあずかる者の大使命でした。第二章でふれた「百万円道路」にからんだことになりますが、村長と村会議員は機会あるたびに県に陳情し要望を繰り返したものの、財政上から状況は一向に進展しません。これを打開するために考え出されたのが次の二つの施策です。

一、県の積極的開発姿勢を定着させるために、県有林用地の無償提供

一、資本導入のための、大資本家への林地の斡旋

この遂行のために下福良部落有地より七〇〇町歩、不土野部落有地より三〇〇町歩を県に寄付することを大正七年(一九一八)十月の村議会で可決しました。寄付の面積は台帳面に一〇八町五反三畝三歩、実面一〇二五町歩、「寄付付帯条件」は七項目あって、三と四には次のようにあります。

三、地元村民ニ於テ希望スルトキハ造林上支障ナキ範囲内ニ於テ無料ヲ以テ三ヶ年以内ノ焼畑ヲ行ナハシムルモノトス

四、喬林作業地内ニ於ケル椎茸原木及重要樹木ハ森林経営上支障ナキ程度ニ於テ村ニ無償交付スルモノ

トス

寄付しても焼畑はつづけさせるし、必要な樹木は村に無償で交付という、村人への配慮をしています。村から林地の寄付を受けた宮崎県は、大阪の大資本家で山林部門を持つ住友吉左衛門との斡旋を仲介し、資本投下の交渉が開始されました。住友吉左衛門は発電を目的として耳川の水利権を県に申請、県はこれを許可する方針だったので、道路開設が急を要することになります。村は大正八年（一九一九）に部落有地を改編します。

イ、一部は関係地区の住民に無償贈与する。

ロ、一部は立木処分収益の四分の三を関係地区民に配当し土地は村有地とする。

部落有地を村有に統一して、住友資本が行なう林業経営に貸し付けることにしたのです。

貸付けの契約交渉は数回にわたって行なわれました。契約内容を現時点で見ると、住友の一方的な有利ばかりが目につくといいます。たとえば地上権の存続期間は住友の意思で無限に延長できる、いうならば地上権というより私有権に近いものでした。しかし当時の椎葉村のおかれた条件下であれば、やむを得なかったともされます。

この部落有林の統一や地上権設定契約に不満を持つ村人もいました。大字不土野の反対運動は激しく、江戸時代の百姓一揆のようだったと伝えられています。尾前では同地区内の部落有地は地区の者の共有地であると訴訟を起こしています。大正十年六月の「内務部林務課演説書」に、

大字不土野ハ或ハ県郡出張員ニ暴行ヲ加ヘ或ハ弁護士ニ依頼シテ共有権確認ノ訴訟ヲ提起スル等、絶対ニ統一ニ反対シ為ニ本事業進捗ヲ阻害スルコト大ナルハ甚ダ遺憾トスル所ナリ

とあり、多くの人がムシロ旗を立て、鉈、鎌、竹槍などを持って集合し抵抗をつづけたため、村は統一事業を一時中断したともいわれます。

そうした紛争もありましたが、大正十五年（一九二六）八月に村議会において「大字不土野部落有地統一議案」が可決され、翌昭和二年（一九二七）十二月に住友が地上権設定登記をして、この件は終止符を打ちました。

こうした経緯の上に、上椎葉・細島の道路工事が昭和三年着手され、昭和八年にいわゆる「百万円道路」が完成するのです。細島まで馬車で行けるようになって、〝椎葉の夜明け〟といわれました。だがそれでも住友との不平等な契約に対する、村人の不満がまったくなくなったわけではなく、その不満が消えるのは戦後になってからです。

昭和二十九年の国の保安林整備臨時借置法によって、村の山林が国有林へ買収の対象になり、住友との地上権設定契約地にも関係することから、地上権の解除について村議会でも論議されることになりました。村は大阪の住友林業本社と交渉を重ね、両者の合意によって不土野地区の契約地が同三十年に国有林に売却され、三年後には通称苺谷《いちごだに》山林、高尾谷山林が地上権の解除で村に返されました。その中にあった住友の社有林も併せて村が取得することになったのです。

苺谷山林は村営の間柏原発電所の水源地、高尾谷山林は上椎葉簡易水道の水源地で、どちらも村には大事な山林です。

〔二〕 山の仕事

木を伐るサキヤマ師

かつては山内のいたるところに良材のとれる樹林がありました。大量にまとまっていたのは松尾村の「論山」、仲塔村の「木浦山」、尾前村の「小笹山」と「上の小屋山」などで、このうち「論山」「小笹山」「上の小屋山」は、現在は国有林となっています。

江戸時代には他国の者が椎葉の山にはいり、木を伐り運び出しました。これら一連の山仕事をする者を「杣師」とも「山師」ともいいました。

山仕事は伐採、削り、山出し、川流しなどいくつかの分業になっています。それぞれにその仕事の名称があり、指揮監督をするセンドウ（杣頭）がいて、その下に五、六人、仕事によって十数人の「山子」と呼ぶ部下がいました。椎葉山の者が雇われるとしたらこの山子です。

山仕事は伐採の規模、山の地形と場所、運搬法などで異なりますが、大まかな過程は、①山見分 ②下払い・除伐 ③枝打ち ④伐採 ⑤玉伐り ⑥集材 ⑦運材＝山出し（牛馬曳き・川流し・木馬曳きなど） ⑧製品化 ⑨用途の選別となっていました。

木や竹には伐る時期があり、椎葉山では「木六」「竹八」「葛十」と言って、六、八、十は月を表し、この月から正月頃までを適期としました。この時期を外して伐ると、虫がついたりして木材の質を著しく悪くするといいます。

この適期に大木を伐り倒すのをサキヤマ、その仕事をする者をサキヤマ師（元山師）といいました。今はチェンソーを使いますが、鋸《のこぎり》とヨキ（斧）で大木を倒していた時代には、伐る樹種や幹の太さによって鋸を選び、樹種に合わせて目立てをしました。また、針葉樹や柔らかな木の場合は刃先を鋭利に、広葉樹はことに念を入れて、一日に二・三回も目立てをしました。樫《かし》などの堅い木は刃先が飛ぶので控え目にしました。

伐り倒しの準備が整うと、椎葉山では「打ちこみ」といって、木にヨキを打ちこむ前に、売り主、買い主、山師らが御神酒を山の神に捧げて作業の安全を祈願し、直会《なおらい》をして翌日から伐採《ばっさい》を始めました。

木のまわりの足場を整備して倒す方向を決めると、「受け口」として、倒す方向の木の根元をモトギリヨキ（元伐り斧）で幹の三分の一ほどに伐りこみ、木が倒れるとき芯《しん》が抜けないように木の中心部をヨキかメドノコ（細身の鋸）で伐りました。

芯伐りがすむと、受け口の反対側の「追い口」を鋸で伐ります。伐り進むうちに木の重みで締められ鋸が引けないようになります。そこで追い口にヤ（くさび）を打ちこんで広げ、鋸の動きを助けます。ヤは木の傾きに逆らって倒木するとき、倒す方向を修正するときにも使いました。

欅《けやき》などの銘木《めいぼく》を倒すときは鋸は使わず、ヨキで幹を三方から伐りこんで中の芯を伐る、「三つ紐伐り」という方法で伐り倒しました。芯を伐ると空洞ができますが、そこを火で焼き縮めて倒されたときの衝撃による割れを防ぎました。

伐り倒す方向は地形や木の傾きによって判断します。広葉樹は谷側に枝を張り、幹も谷側に傾斜しているものが多いので、ほとんど谷に向けて伐り倒します。これをノラシ木といい、谷まで一気に落として搬出の手間を省くのです。枝や幹の上部は折れますが、材木となる幹には影響がありません。途中の立ち木に引っかかったら枝を伐り落として幹下にコロ（丸太）を敷き、最後にトマリ枝（引っかかっている枝）を斧で

米良山中の巨木

明治二十一年（一八八八）生まれの那須芳馬氏（西米良村大字板谷の人）が小さい頃は、マツ、ケヤキ、カシなどの巨木が米良の全山をおおっていたという。

明治二十五年ごろ大阪の人が木を買いにきたが、太い木に驚いて手が出なかった。これらの巨木がどんどん伐られるようになったのは、明治末から大正期になってからだという。

那須さんと同年の上米良忠畩氏とが交々記憶をたどりながら話すところによると、明治二十五、六年ごろの木代は一肩という単位であった。一肩は五寸（約十五センチメートル）角、二間（約三・六メートル）の長さの材木で、値段は三銭だった。当時の米良の山からは一本三円から五円もする材木が伐り出されていたといわれるから、それを換算すると一本三円の材木の場合は一〇〇肩ほどになる。材木の単位はその後、石《こく》に変るが、一石が三肩ちょっとになるから、石数にして三十石ほどの計算になる。普通われわれは杉の場合、一石の材がとれるようになるのに二十年から三十年かかるとみている、カシやケヤキで三十石の材がとれたとなると、想像できないほどの大きな木もあったのである。

そのころ、あまり大木すぎて、伐ったものの処理ができなかった木から後に四尺角、長さ四間の角材がとれたという。一・二メートル四方で、長さ七・三メートルの角材がとれたわけである。そんな大木があちこちに立っていたようだが、人々はそれを伐り倒すこともできなければ、また倒したところで始末に困った。

※文・高松圭吉『あるくみるきく』（日本観光文化研究刊）二〇〇号「日向国・米良山の生活史」より。米良山の北にある椎葉村でも、山の巨木のことは同じだったと思われる。

伐り、谷に落とします。

真っ直ぐに伸びている杉は、幹上を尾根に向けて倒すようにしますが、垂直ではなく尾根に対して斜めか横に倒します。他の杉があるのと、傾斜が急だと倒れた杉がずり落ちて、それに巻き込まれる危険があります。こうして、谷に落とすにしても斜面に倒すにしても、次の作業への配慮を忘れませんでした。

昭和の初期あたりまでは、木材は松の天然材を主に樅《もみ》・栂《つが》、それに欅《けやき》などの銘木でした。黒松は皮が厚くしかも幹は固く脂《やに》が多い。赤松は皮が薄く幹は固いがやはり脂は多い。半黒は皮はそう厚くないが、幹は柔らかく脂も黒松や赤松と比べると少ない。その脂で鋸が動かなくなると、石油（灯油）を入れた瓶に松葉を差しこみ、ついた石油を鋸にたらし、鋸を引けるようにして作業をつづけました。

そうして伐りこみが進んで立木の梢《こずえ》がカサカサと揺れ、伐り口が開き始めたらすばやく安全な場所に移動し、「なおるぞー」と大声で叫びます。「なおる（直る）」とは木が倒れて横になるという意味で、まわりに危険を知らせると同時に〝山の神〟に対する礼儀で、必ず合図をする習わしでした。

倒した木の枝は伐り落としますが、早く枯れる（水分を抜く）ように全部は落としません。倒してから二、三カ月ほどはそのままおいて、枯れて軽くなったところで運び出します。杉は二分の一から三分の一に檜《ひのき》は二割ほど軽くなります。それを用途により二・三・四間などの長さに玉伐りしました。

削《はっ》りと山出し

伐り倒して玉伐りした木材は、里の集木場か港まで運びおろさなければなりません。「山出し」といい、索道（ロープウェー）も自動車もなく、林道もまだ整備されていなかった時代にはこれも大変な仕事でした。昭和初期に椎葉の山にも木馬がはいるまでは人力で曳く、牛馬で運ぶ、シュラ（修羅）、川流し（筏流し）などの方法を、山の地形と運ぶ最終地までの距離によって選びました。

いずれの方法も人力だけが頼りですから、まず考えたのは木を少しでも軽くすることでした。そのためにハツリ（削り）といって幹の四面を荒く削り、木口《こぐち》の角を落とします。ハツリヨキ（大斧）を使ってこの作業をする者を「ハツリ師」といいました。

ハツリ師は削るところに墨入れした木の上に乗り、大斧を勢いよく振って削りました。大斧を振りおろすとき目印にしたのは足の第一指です。滑ることもある不安定な木の上の作業なので、足に大怪我をすることもありましたが、ハツリ師の間では「足の親指を切り落として一人前」といわれたものです。

ハツリは樹種や木の長さ、太さによって作業日数は違いました。たとえば四・三メートルほどに玉伐りした松を、木口の角の径を一メートルほどに削るにはおよそ二日半かかったといいます。

またハツリは運びの利便だけではなく、造材のためでもありました。宮崎県内では明治後期から木材を機械鋸で挽《ひ》いて板にする製材所が各地にできますが、それまではコビキ（木挽）といってコビキ師が木材を鋸で挽いて板にしました。ハツリ角材にするのはそのコビキのためでもありました。椎葉村では鋸鍛冶《のこぎりかじ》による木挽鋸《こびきのこ》の鍛造が昭和三十年代まで行なわれていました。銘木は機械ではなく、手鋸で挽くのを大事にしていたからです。

なお、宮崎県南の飫肥《おび》（日南市）の杉は〝弁甲材《べんこうざい》なら飫肥の杉〟として、江戸時代から広く知られています。油脂分が多いため水に強く、弾力性に富むなど造船材（弁甲材）に適しています。飫肥杉は集材された平地でも造材のために削りました。日南市油津では、木造船が造られなくなってからも、造材を輸出するために、ハツリ師が材を削っているのを近年まで見ることができました。

ハツリをした木材や玉伐りした丸木の山出しを請け負ったのは「コバ山師」で、センドウ（杣頭）を中心に五、六人の山子が働きました。まず木材を山中のどこまでおろすかということを判断して、足場のわるいところでは、トビグチ（鳶口）やマンリキ（万力）などを使い、山中の平なところまで人力で曳きおろし、その先のわりとゆるやかな斜面は馬で、急斜面は牛に曳かせて、里か川流しをする川のそばまで運びました。椎葉山ではこうした牛馬による搬出をコバズリ、県南の山では曳かせる牛をベンコウ牛（弁甲牛）といいました。

シュラ（修羅）は、丸太で組んだ滑り台に丸木をのせて、谷川の近くまで滑り落とす方法です。ただ山の上から長い距離を一気に落とすと、滑る速い勢いのまま並べた丸太にぶつかって木口が割れたり、次々と滑ってくる材木同士が強くこすれあって木材を傷めます。そのため段落を設けてそこに土面をおきました。一段シュラから勢いよく滑り落ちてきた木材はその土面で一旦止まりますが、斜面はそのままなので木材は残っている勢いで二段シュラ（受けシュラともいう）に転がって、再び勢いよく滑り落ちます。シュラは斜面の角度と距離によって一段シュラから三段シュラまでありました。

川流しと木馬

谷川のそばに集積した木材は、「川流し」で里の集木場や港まで運びました。川流しは耳川では昭和初期までつづきました。どの川にも共通していた難は、奥地は流れが細く水量が少なかったことです。そのため谷川の両岸が狭くなった、しっかりした岩石のあるところに堰《せき》を造って水を溜め、堰を崩して溜まった水で一気に流しました。堰を「鉄砲堰」といい、洪水のような勢いの流れに乗せて木材を送るのをナガシヤマ、セキナガシ、テッポウナガシなどといいました。

堰は両岸の間に木材を横に積み重ね、隙間に岩や朽ち木から採ってきた苔《こけ》や枝葉などを詰めて水漏れを防ぎました。水位が上がるとさらに木材を重ねて苔を詰めます。これを繰り返して三メートルほどの高さにします。その高さになったら堰の下方に木材を浮かべ、雨などで増水したら止め材をはずして堰を崩します。木材を積み重ねた堰を崩すのは大変なようですが、一本の木材を外すと同時に堰が切れるように仕組まれていました。そうして木材が勢いよく流れ出す壮観は、「丁場杣頭」と呼ばれた堰を築いた山師の腕の見せどころでした。

この技術は紀州（和歌山県）、土佐（高知県）、豊後（大分県）の山師によって椎葉山にもたらされました。かなりの日数と労力、そして費用のかかる仕事で、一回の流しを「一川」といって約五千石を流しました。この一川ごとに「大杣頭」が一人いて、目的地に着いた木材を陸揚げして依頼主の親方に引き渡すまで、川流し一切の責任を負いました。

大杣頭の下に川の先端を流して行く「木鼻杣頭」、中ほどを行く「中杣頭」、最後尾を受け持つ

上：天龍川のアバ。静岡県浜松市天龍区佐久間町（大正時代　提供・平賀孝晴）。
下：天龍川の筏流し。静岡県浜松市天龍区佐久間町（昭和初期　提供・平賀孝晴）。

「木尻杣頭」がいて、大杣頭を補佐しました。二人の杣頭にはそれぞれ十人から三十人の人夫がいて、一つの川に百人を超すこともありました。

川流しをしているときの大杣頭は、紋付き羽織《はおり》にモンペに似た袴《はかま》のカルサンをはき、ツルという運材具を一丁かつぎ、人夫二人をつれて作業現場の川を上下して各杣頭に指示を出したり人夫の働き具合を監督しました。この大杣頭は、川流しの長年の経験と勘《かん》をそなえ、荒くれ山師どもを統括する腕力と度胸に重ねて、親方の儲け具合を頭におく経済観念、そして何より人夫たちから尊敬される人格を持ち合わせていなければなりませんでした。

耳川の木材の集積地は美々津港（日向市）でした。そこに向かって約五千石の木材が流れる川下の木鼻杣頭と、最後尾の川上の木尻杣頭との距離は約六キロもありました。大杣頭は輩下《はいか》の杣頭や人夫の人数とその質、あつかう木材の量、質、川の水量、先に出発している業者があればそれとの距離なども含めて、あらゆる角度から検討し、美々津港への到着を旧暦三月中（現行暦の四月ごろ）として出発日を決めました。旧暦三月中を過ぎると大雨などで川が増水し、木材が海に流れ出てしまう恐れがあり、これは厳しく守られました。

川流しでは鉄砲堰とは別に川幅が広くなる下流にアバを設けました。両岸の立木に綱を張り、その綱に丸太を結びつけて流れてきた木材がかかるようにします。木材が勝手に流れてしまわないようにするためで、数キロごとに何カ所か作り、一番下のアバで、椎葉山ではモチといった筏《いかだ》を組んで流しました。

筏を組んで木材を流すのは全国各地の川で見られました。静岡県の天龍川では石積みのアバを設け、そこで止まった木材を数本ずつ土場まで流し、そこで筏を組みます。まだダムのなかったころの天龍川は急流が多く、一台の筏に三人が乗って岩などにぶつからないようにします。天龍川にはその様子を見おろす観覧席のような場所までありました。

耳川の川沿いの集落には人夫の泊まる「川流し宿」があり、親方が雇ったカシキ（まかない婦）が朝晩の食事と昼の弁当を作りました。人夫の寝具類は各自の手持ちでしたから、木材の流れと共に数日ごとに宿替えをします。いかにもいかつい感じの男たちが、寝具類や身のまわり品を背負って移る宿替えは、何とも異様な趣《おもむき》だったといいます。

宿のまかないはいたって粗末なもので、朝晩は一汁一菜、昼の弁当のおかずも漬物（梅干）と生味噌《なまみそ》ぐらいで、晩酌の焼酎などは自弁でした。木材が早く流れ、作業が思いのほか進んだときなどには杣頭から振舞酒がありました。

一日の働く時間は不規則で長く、「朝は朝星、昼は梅干、夜は夜星」といいました。朝は各自が弁当を持って出ますが、現場に着くと、人夫の中の数名の「弁当かるい、火焚き役」がみんなの弁当を背負って移動し、その日の場所を見計らって昼食の準備をします。まず大きな平石を拾ってきて、その上で火を起こして焼石を作ります。それから各自の弁当から生味噌を取り出し、川海苔《のり》やまわりで採った山菜を混ぜて焼石の上において焼味噌にします。昼食のおかずになるこの焼味噌はすごく美味かったので、人夫たちの楽しみの一つになっていました。人夫の中には大食漢もいました。この者の弁当箱は他の人夫より大きく「計り飯」といわれ、労賃の中から別に食費が差し引かれました。

川流しは天候に左右されます。旱魃《かんばつ》の年には流れが遅くなって大損をしたり、逆に大雨で一挙に木材の流れが進んで、親方や大杣頭が大儲けをしたりしました。また途中まで順調だったのに、到着寸前に大雨となって木材の大半が海に流出したりと、川流しは一喜一憂の仕事でした。

木材が他の業者と混合しても見分けられるように、一本ごとに元口と末口にキジルシ（刻印）を打ちました。その木材を半年ほどかけて流し、美々津港で川から揚げます。そこに千石船がやってきて木材を積みこみ大阪方面へ運んで行ったのです。

木馬《きんま》運搬

こうした耳川の川流し・筏流しは、昭和初期から木馬による運搬が盛んになるにつれて次第に廃《すた》れていきました。木馬は赤樫《あかかし》などで作る木ゾリで、大きさは山道の幅や造る人によって少し異なり、全長二・五から三メートル、幅が四十センチ前後ありました。それに何本の木材を載せるのかというのも山によってちがいましたが、二トン（八石）前後の重量は普通でした。

この木馬を、「木馬道」という、鉄道の枕木のように並べた丸木の上を人力で曳いて下りました。曲がりの多い山の斜面を少し平にして敷いた木馬道には、ところどころ山の斜面から張り出した形で丸太を架け、その上に丸太を並べた木馬道もあって、足の直下は目もくらむような深い谷でした。

傾斜の急なところではハジキと呼ぶ、ブレーキとなる丸太に結んだ紐を引いて動きを制御し、ゆるやかな登りでは滑りがよくなるように、竹筒に入れた菜種油を丸太に差しました。こうして十分に注意していても、制動を失って山子が木馬もろとも谷へ転落することもありました。

無事に集材場に着いて木材を木馬から下ろすと、材を固定したカスガイやロープを持ち、重さが六十キロほどの木馬を背負い、下ってきた木馬道を今度は歩いて登ります。これを一日に何回か繰り返しました。木馬の後、県内の山では林道インクラインやトロッコなど、敷設《ふせつ》した線路をワイヤーで上げ下げしたり動力車で曳いたりしましたが、椎葉の山では見られなかったようです。

大塚林業と日肥林業

椎葉の山には住友の資本が大きく関係していますが、住友林業の前、大正四年（一九一五）に愛媛県川之江村（現四国中央市）の大塚林業がはいっています。北部の胡摩山《ごまやま》に拠点をおいて財木山・木浦山などの木を伐って搬出しました。大塚林業は木浦谷に設けた動力水車（水力タービン）による帯鋸・丸鋸で製材して、約四十キロ先の諸塚村恵後の崎まで箱樋《はことい》で送り、そこから川船で美々津港へ積み出しました。

箱樋は板製の大きな雨樋のようなもので、谷のところどころで水を補給して造材を流し、終点でよく乾燥させてから川船に積みました。これは村の林業界に革命をもたらしました。この大規模な大塚林業の経営は、原木材を伐りつくした大正末期に終わりましたが、宮崎県古公文書には大正十四年（一九二五）ころに大塚製材所で働く者は二三八人とあり、家族を含めるとかなりの人が山中で生活していました。

大塚林業にやや遅れて大正八年に、日肥林業が尾前の三方界山林に進出しました。耳川源流のまわりで大国見、小国見、五勇、高岳、三方、向坂、白岩など一五〇〇メートルを超える山がそびえ、水量も豊かで水力発電を動力源に第一、第二の製材工場で挽《ひ》いた製品を、約三十キロの索道で熊本県矢部町内大臣（現山都町）へ出しました。この山林には大正十五年十月の調査で、松類が二三六町歩と広葉樹が三六八三町歩ありました。

日肥林業がはいるまで、人跡未踏だった三方界山林には人夫小屋一三五戸が並び、それぞれに電灯がついていました。地上権設定が大正八年から十五年だったのと、めぼしい立木を伐りつくしたことから日華事変（昭和十二年）を境に工場を閉じ、人夫も去りました。

その後、椎葉山に大手の大きな製材工場が数カ所並ぶのは、昭和二十六年（一九五一）から三十年にかけての上椎葉ダム建設のときで、当然ながら工事が終わると操業も停止されました。

材木を流した箱樋の終点だった諸塚村字恵後の崎（平成29年7月）。

〔三〕 感謝して獲る山の獣

「のさらん福」

現在の椎葉の山は造林による杉・檜などの針葉樹が多いのですが、冬なお緑の葉の茂る一帯もあります。照葉樹林といわれる椎《しい》や樫《かし》、樟《くす》など常緑樹の森です。森には栗の木や山桜の落葉樹もかなり混じっていて、春、緑の森を引き立てるように咲く山桜は実に美しい。江戸時代の椎葉の山を含むまわりの村の山々のほとんどは、この落葉樹もある照葉樹林でした。

ブナ科には椎・樫などの常緑樹と、楢《なら》・柏《かしわ》・櫟《いちい》などの落葉樹がありますが、どちらも「どんぐり」と呼ぶ実をつけ、栗の木には「栗」がなります。これらの木の実は人も食べますが、山の獣にも大事な餌ですから、この木の実の豊富な照葉樹林地帯は獣には棲みよいはずで、猪・鹿・羚羊《かもしか》・野兎・猿・貂《てん》・鼬《いたち》・むささび・狸《たぬき》・穴熊などが今も棲息《せいそく》します。

これらの獣の肉は焼畑で暮らす人々を助けました。稗や粟だけでは不足する蛋白質を補い、山の人々を剛健で健康な体にしました。獣にとっては許し難いことでしょうが、あるいはこの獣のいることが焼畑での暮

話をする尾前善則（平成25年11月）。

らしを成り立たせた、といってもよいかもしれません。
猟師は山の暮らしに大切で必要な糧《かて》、肉として獣を獲りました。そうしたことがわかっている、すなわち狩猟儀礼を伝承する九州最後の猟師とされる寺床の尾前善則は、狩猟の話でよく「のさらん福は願い申さん」といっています。「のさらん」は授けられない、「福」は尾前善則の場合は猪と鹿で、山の神が授けてくれないからといって願いはしない、山の神が授けてくれた獲物で十分、という意味です。

尾前善則は昭和四年（一九二九）に、代々が猟師だった家の長男として生まれました。

猟を語る尾前善則（その一）

私は小学校三年生のころから、冬休みになると父の手伝いとして、弁当を持って毎日のように山にはいった。おのずと猟への関心が強くなり、小学校五年生の頃から鉄砲を持ち歩いて鳥を獲った。

川漁でもすご腕だった父は私が十四歳のとき病気で亡くなった。それまでに猟とは、自然とは、また、生きるとはどんな意味があるのかということを、猟に向かう細い山道を歩きながら教えてくれた。

私は二十四歳の昭和二十七年（一九五二）に正式に猟師となり、弟と一緒に猟を始めた。そして猪を獲ったときは近所の人を家に招いて山の神を祀り、酒を出して祝ってもらった。それから五十五年ほど猟をつづけ、椎葉の山を歩きまわって猪と鹿を獲った。兎や狸などの小物は獲らなかった。

なぜ二十四歳まで猟師にならなかったのか。それは父の鉄砲が戦時中に供出させられて家に鉄砲がなく、

参拝をかかさない樫の木に祀る山の神（平成29年11月）。

戦後はなかなか手に入らなかったからである。それまでは幼い頃から飼っていた猟犬と一緒に年寄りの猟師について行き、犬が猪と格闘するのを見て楽しんだ。ともかく、猟師になるまでの待ち遠しい気持ちの大変だったことは忘れられない。

現在の猟期は十一月十五日から翌年の三月十五日まで。私はこの猟期にはいると、山に行く日も行かない日も、朝起きたらかならず庭に出て東の方を向いて拍手《かしわで》を打って頭を下げる。次いで氏神と山の神に参り、家にはいって仏壇に手を合わせる。気持ちを落ち着かせて一日が無事であるように、山にはいる日は猟のあることを併せて願い、新たに御幣を切って山の神と傍らのコウザキに供える。山の神は裏山の直径二メートルはあろうかと思われる樫の木に祀ってある。猟期が始まったら、私は山の神に、「全国の猟師が無事にこの狩猟期間を過ごしますように」と願い祈ってから山にはいった。

コウザキは猟犬の霊を祀るもので、尾前上と下に一軒ずつある尾前の草分けの家では昔から氏神として祀った。二軒は尾前の神楽や臼太鼓踊りでも大事な役を持っている。

山の神の家来である犬を猟師は大事にする。可愛がるということでもあるが、頭をなでてやったり、毛並みを手入れしてやったりということではない。小さいときから家の中にも玄関にも入れない。犬小屋は造るがコンクリートは使わず自然の土の上で過ごさせる。コンクリートの上で育てた犬はダメ、猪と格闘できるような犬にしなければならない。和犬は傷ついてもハヅクといって勢いよく猪に挑むが、ビーグルやセパードは一度傷つくと尻ごみしてしまう。

猪と格闘している犬がどうしても勝てそうもないとき、あるいは犬が猪を追い出してすぐ目の前にきたときは鉄砲で猪を撃つが、犬が猪と格闘をしているのを見るのが、いわば私の趣味のようなものだった。格闘に負けて死んだ猟犬は山中に棚を設け、その上に死体をのせ、石を枕に頭を北に向けて風葬《ふうそう》にする。土中には埋めない。そうすることでコウザキになるとされる。

猟師として自然を知る。その第一は地名をしっかり頭に入れることである。谷筋の名、地域の俗称、目印の岩の愛称、道が狭まる場所など、一緒の猟師に獲物のいるところや狩りの待機の場所を説明するためにも必要である。年寄りから昔はここに大きな家があって田と畑があすこと向こうにあった。また今はこうなっているが、以前はここにこんな木があって「〇〇」と呼んでいた、などということを聞くことも、自然に結びついて役立つ場合が多い。

これも自然といえないこともないが、私はサカメグリを守ってきた。家の大黒柱のところに磁石をおいて、この日はいる山の方位を見て、それが十二の干支の寅の方向だったら、干支を逆にたどった酉の方角には、干支が一巡りする十二日間は行かない。そちらに獲物が逃げこんだり、大きな猪がいるとわかっても行かない。わけは何なのか、ともかくそれが猟師のしきたりであり作法だった。禁を犯してはいったら……、いや、それはしたことがないのでわからない。

猟を始めるとき、私は次の「諏訪の祓」を唱え、山の神に獣を獲る許しを請うてから山にはいった。

「そもそも諏訪大明神と申するは、弥陀の三尊にてましります。ゆうおう元年庚戌の年、東山ぜんしょうぜが嶽より天くだらせ給うては、千人の狩子を揃え、千頭の鹿を射止め、ふいかま、ないかま、はやいかまとて御手に持ち、右にはかまの大明神、左には山宮大明神、身をつく杖は残りきて、雨は降りくる高天原を通りきて、諏訪の原で会うぞ嬉しや、南無阿弥陀仏」

獲物は山のいたるところに潜んでいるが、それを尾根や谷などで区切ってカクラと呼ぶ猟場の一つとする。気をつけるのはその日の猟場を相談するとき。「〇〇カクラへ行く」と言ってはならない。言うと獲物がみな逃げてしまう。猟をするカクラを「内カクラ」、そのまわりを「外カクラ」といって区別しているところもある。それは内カクラで撃った猪が倒れずに外カクラに走りこんだ場合、そこで猟をする猟師と話し合う必要があるので、境をはっきりさせておかなければならないからだと聞いている。

猪が身を潜めるカモ（宮崎県西都市銀鏡　昭和58年9月）。

狩言葉の一つになるが猟場では方角をカマデ、カマサキという。草刈り鎌は右手で握るので右の方角を「鎌手」、その鎌の刃先は左向になるので左の方角を「鎌先」というのである。

猟は犬連れの一人か何人かの狩組でする。私はたいてい弟と二人でカクラにはいった。狩組ではまずトギリといって、猪の足跡を見て猪がどの方向に潜むかを予想するが、私と弟が犬を三匹ずつ連れてはいるときはトギリをしなかった。私はカマデの方から、弟はカマサキからはいり、今どこにいるか声で連絡を取り合った。餌を探して歩いている猪もいるが、湿地や草むら、カモと呼ぶ寝ぐらに潜んでいる猪もいる。その猪を起こしてからどのくらい経ったから今はどのあたりにいるはずということと一緒に、その猪を追っている先頭の犬の連絡がある。その先頭の犬によってどのくらいでこっちにくるか時間がおおよそわかる。これが犬を使う猟の秘伝で、よい猟犬とはこのあたりをいう。

犬が「キャンキャン」と鳴いているときは、犬と猪とまだ離れているが、引き付けるような声になったら、そこまではもうそれほど歩かなくてもよい。一〇〇メートルぐらいのところで犬は猪を追い詰めていて、猟師のくるのを待っている。そんなよい犬は何十万円でもわけてやらない。そうした犬を自分たちで育てていたから、犬は買ったことも売ったこともない。

尾前の狩組はたいてい二、三人、多くて五、六人で組んだ。まず朝早くその日のカクラに行ってトギリをする。足跡が新しいか、どの方角につづいているかで猪や鹿の動きと潜んでいるところを予想するのである。近隣の町村の狩組には「狩奉行」あるいは「狩行事」という役の者がいたようだが、この村では聞かない。

椎葉村ではトギリの情報でカクラにはいると、年寄りの猟師が犬を使って猪を追い出すセコと、逃げ上ってくる猪を待ち伏せて撃つマブシの役を決める。マブシは猪が通るであろうウジと呼ぶけもの道などで待つが、マブシの者は煙草を吸ったり大きな声を出してはならない。猪の鼻は臭いに敏感で煙草の臭いがすると逃げる方向を変えてしまう。

また猟にはいったら猟師の名を呼んではならない。山の神がその名を覚えていて、撃った弾をはずしてしまうという。だから猪や鹿の動きの連絡はタカウソでやった。篠竹や桐の木に穴を開けて作った笛で、この桐の笛はきれいに響くよ。

タカウソは初め「ピー」と吹き、それが何回ならだれ宛と決めてある。次いで「よーい、よーい」と吹き、それが聞こえたら相手から「ヨーイ」と返ってくる。それでいる方向とそこまでのだいたいの距離がわかる。このタカウソの後は無線、今はスマホで立っている場所の風景つきで連絡するらしい。

私はタカウソとして三十番の銃の薬莢《やっきょう》、真鍮《しんちゅう》ケースをもっぱら使った。これもよく鳴った。猪は二十四番、二十番、十六番といった大口径の銃で撃つのが普通だったから、三十番で猪は死ぬのかという猟師もいたが、大砲で撃ってもあたらなければ猪は倒れない。

今はみんな自動の連発銃を持っているが、不思議である。獲物を見てから銃に弾をこめる余裕、それだけの技量と腕を持って狩りをしたが、私たちもあたらないときは、あたらない。追われて目にも止まらぬ速さで逃げる猪を撃つわけだから。それが「のさらん福は願い申さん」なのだ。獲れなくても楽しんで幸い、獲れたら獲れたで幸いということだ。だから一度も危ない目に遭っていないし、事故も起こしていない。それだからやっぱり獲物が見えてから弾をつめ、確認して撃ってもよいわけだ。それが今は変わってきている。

※補足 (『宮崎県史　資料編　民俗1』「椎葉山の狩り」より)

以前は猟期が九月十五日から四月十五日までだったので、狩人はその技量を十分に磨くことができた。(中略)「シシは低く、シカは高く撃て」といわれる。実射ではタテニワ (犬が猪と争って向き合っている) の撃ち方、トビシシ・ノボリジシ・クダリシシの撃ち方がある。ホエニワのとき、つまり犬がよってたかって猪を囲もうとして、追いつめている状況では、的確な状況判断のもとに狙うと、二十間以内ならば撃ち損じるようなことはない。

猪は十間から十五間のうちはどのような地勢であれ、山中・渓谷であっても猪自身が異状を知っている。それは匂いに敏感であるためだという。銃で狙うどの獣でも同じだが、弾が心臓に命中するのがよい。左右の肩口ならばそれでもよい。尾前では「イイギャアボネノキャアハズレ (前肩狙え脚はずれ)」などと初心者に教える。ノボリジシならば上手から、猪のズルズルマキ (頭部) をヤサキ・ハナヅツ (銃口) をためて狙う。ニツケン (両眼の間) から撃ちこむと致命傷となる。クダリジシならば上手から肘を固めて尻から撃つ。これをオイヤという。トビシシだとその速さを計算して撃つ。「一目一引」といい、見た瞬間に発砲しなければあたらない。猪・鹿の骨盤を撃ち抜くのもよい。ホサバラを撃ったり、アバラの上を撃ち抜いたりすると手負いとなり、ナナクラ・ナナオバネを遁走するといって捕獲は難しくなる。

猟を語る尾前善則 (その二)

命中して猪が倒れた。だがその猪にいきなり素手でふれてはならない。それは父から厳しくいわれた。ファアフリ (尻尾) を切り取るときは、ヤマザシ (刃物) で猪の頭から尾へ三度なでながら、次の唱えをする。「今日の聞神ゲクニュウの神、天に一神、山の神の御前で、かぶふたおしむけおしゆるギャアテ、成仏させ申すぞや、南無阿弥陀仏、南無阿弥陀仏」

牛でも馬でも蠅や虻などがたかると尻尾で追い払うので尻尾を「蠅振り」といい、椎葉弁でフャアフリとなった。軸に斜めに切り取るフャアフリは、椎葉山の狩組では猪を仕留めた者に渡すことになっている。猪を追い詰めたときなど猟犬はこのフャアフリに噛みついたりするので、無くなっている老猪もある。私の猟では十頭のうち五頭くらいはフャアフリと耳がなかった。

たとえば、一人で山にはいって猪を仕留めたが、大きくて一人で運びおろせないので手伝いを頼みに山を下る。そのときうっかりフャアフリを切らずにおいた。そこをたまたま通った別の猟師が切り取ると、猪はその別の猟師のものになってしまう。フャアフリは自分が獲ったという証拠なのだ。

仕留めた現場で解体するときは、フャアフリを切り取ってからヤタテをした。

「どうもありがとうございました。山の神様、コウザキ様にヤタテを撃って上げ申す」

そういいながら空砲を一発か二発、若いときは大きな猪が獲れると何発でも撃った。またコウザキを氏神とする尾前上と下の草分けの家の上の方で猟をして帰ったときは、上のコウザキの前で、「上のコウザキにヤタテ撃ってあげ申す。火の車にお上がりになってたもり申せ。よく聞いてたもうれ、また獲れるように」といってそこでもヤタテをした。下の方から帰るときは下のコウザキで同じように唱えてヤタテを撃った。そして解体して持ち帰った心臓と肝臓と肺臓の半分を家に差し出すと、家の人がコウザキに供えてくれたので、自分は直接コウザキに行かなくてもよかった。

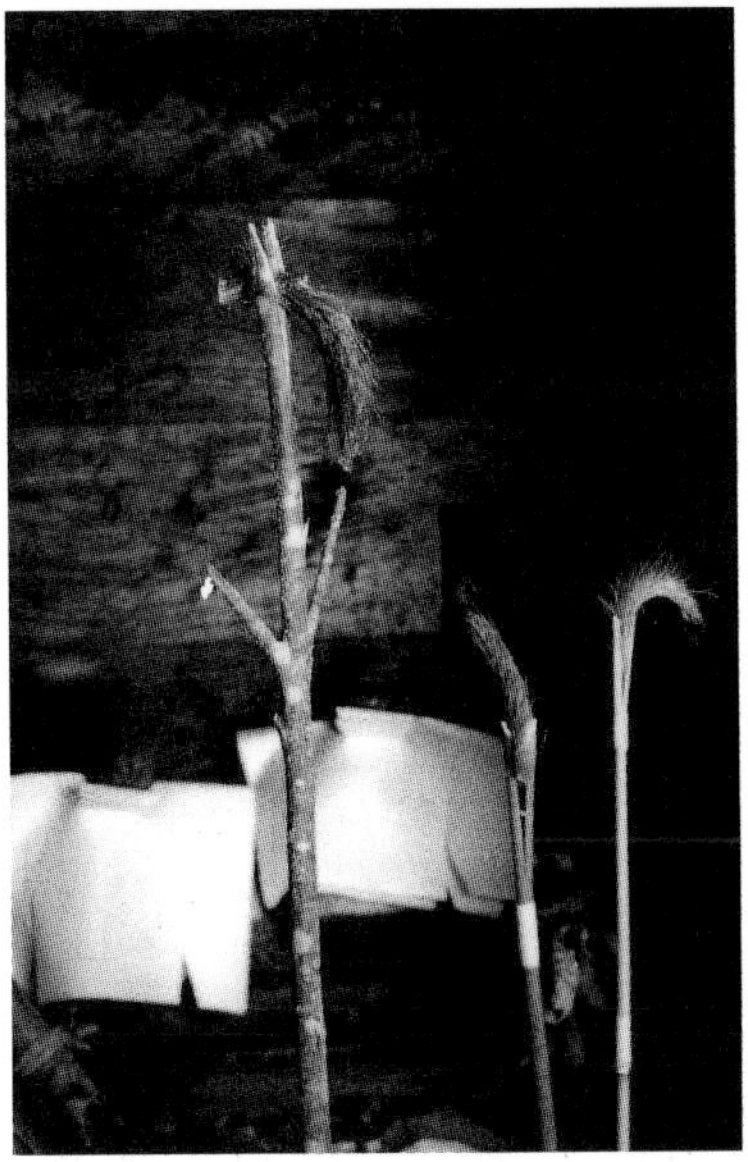

山の神に奉納した猪の尻尾（熊本県錦町　昭和56年1月）。

猪がヌタウチするニタ（昭和55年2月）。

またこの心臓・肝臓・肺臓を小さく切り、篠竹を二股に割ってそれに切った肉片を刺して私の家の山の神に、「山の神様、どうもありがとうございました。小猟師のマツリテを差し上げます」、あるいは「大きな獲物を授けて下さいまして、どうもありがとうございます」といって供えた。山から帰る途中にある山の神やシバ神には、猪の場合は首の後ろの毛を、鹿の場合は尻の白い毛を切り取って、竹や木枝を割ってはさみ、「ありがとうございました」と心をこめて捧げた。シバ神は昔の人が何らかの災難で亡くなったところで、その人を祀ってある。

ところでヤタテを撃つとこだまして、「ああ、今日も善則がまた猪を獲った」といって、まだ電灯のないころはモエサシといった提灯を振りながら迎えにきてくれた。それがあちこちからやってくる。大勢みんないろいろなものを持ってきてくれたので、それを猪の肉と一緒に料理して夜通しの宴となった。

猪は寄生するダニなどほてる体を冷やすために、ニタ（湿地）でニタウチをする。ニタで体を転がすもので、以前はそのニタにくる猪を狙うニタマチと呼ぶ猟があった。ヨマチともいい、暗くなってから木の上で猪のくるのを待って撃つ猟だったが、鉄砲を夜に撃つのが禁止され、この猟はなくなった。

私が猟師を辞める少し前からは、日中もヤタテを撃つのは難しくなったので、だれが猪を獲ったかはわからないようになった。猪がよく獲れたのは昭和三十二年（一九五七）と翌年あたり、狩猟期間に弟と二人で猪と鹿を併せて八十二頭も獲った。だからヤタテも夜通しの宴もそれこそしばしばだった。

話は前後するが、ヤタテをすると猪の毛を焼いて、豚のようになった猪の頭を北の方に向けて解体する。

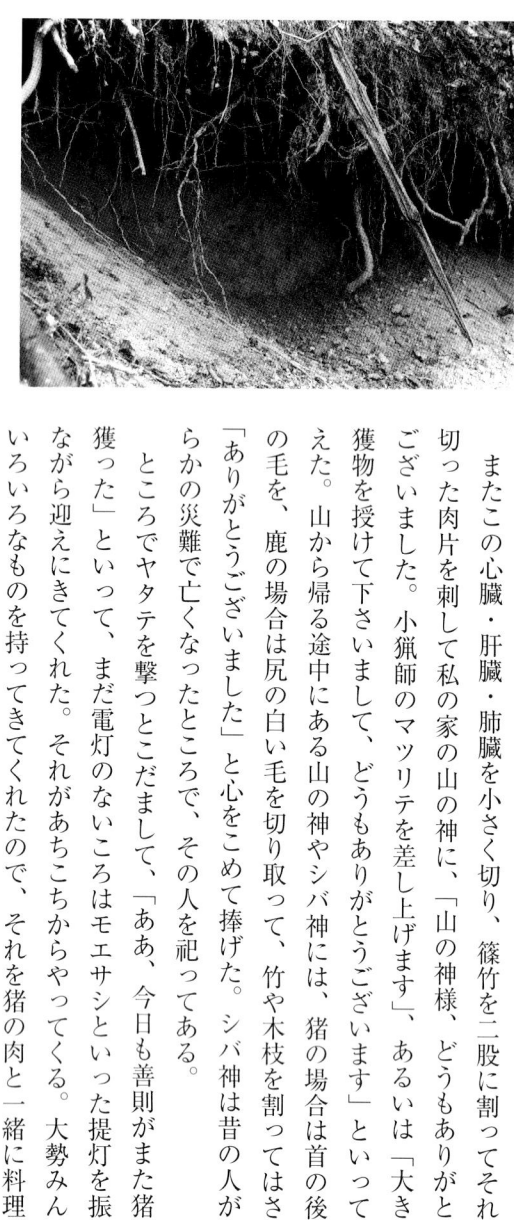

腹部を切り開いて内臓を取り出す。まず胃袋の横にある赤紫のサンジンという脾臓を少し切り取り、「東のサンジンに上げ申す」といって東の方へ、次いで「西のサンジンに上げ申す」といって西の方角にも投げる。サンジンは「山神」で東西の山の神に捧げた。

それから全身のさばきになる。切り取った一塊の肉をタマスといい、タマスは猟師と犬に平等に配分する。狩組五人と犬が五匹だと十のタマス、それにイダマスといって猪を射止めた者と、頑張った勢子へのセコダマスで十二に、さらにそこに村人が五人きたら十七になる。

イダマスはウチダマスともいい、猪の耳を後ろに倒し、その先端からヤマサシ（刃物）を三転ばしして切り取る。全身の肉の三分の一近くを頭つきで与えた。

仕留めた猪を山からおろし、オタドコと呼ぶ決まった家の庭で解体するときは、まず三角形に切った尻の部分と、骨付きの肉を盆にのせてオタドコの主婦に上げた。これは昭和三十年（一九五五）頃まで行なわれた。大根とか焼酎とかを持ってやってきてくれた村人へはハザシといって、ほんのしるしだけのタマスだった。

アラは一般には丸のままの獲物をいうが、私たちは内臓を抜いたあとをいった。また私も鉛の弾は自分で作ったが、猪の体内に鉛の弾があったらそれを取り出して、新しい弾丸を鋳るときそれに加えた。たいていの猟師がやっていたが、これをシャチダマと呼ぶことはなかった。

気をつけなければならないのは猫である。鉛弾を造るところを見ている猫は、弾が一つできるたびにフナユルギ（頭をこっくりとさげる）をして弾を数えている。そのときは猫に見られないようにして鉄の隠し弾を一つ造る。こんな話がある。山で得体の知れぬ大きなモノに出会った。それに向かって何度も撃ったが、あたってても倒れない。しかも向かってきたので隠し弾を撃ったら倒れた。家に帰ると木戸口から血がつづいてずっと垂れている。それは弾造りを見ていた自家の猫で、猫は見ていた弾の数だけ鍋の蓋を使って避け、終わったと思って蓋をはずしたところを隠し弾にあたった。

　解体した骨には肉がついている。その肉つきの骨を大きな鉄鍋に沸かした熱湯に入れ、煮上がったら笊《ざる》などに入れてまわし、順番に骨にかじりついた。といって骨を食べるのではなく、ついている肉を食べるのだ。ところが煮方が浅いと口で骨から肉をはがすのが難しい。だからみんな小刀を持ってきていた。これをホネヒキといい、一番初めに口にするのは山の神、でもこの場合の山の神は家内である。

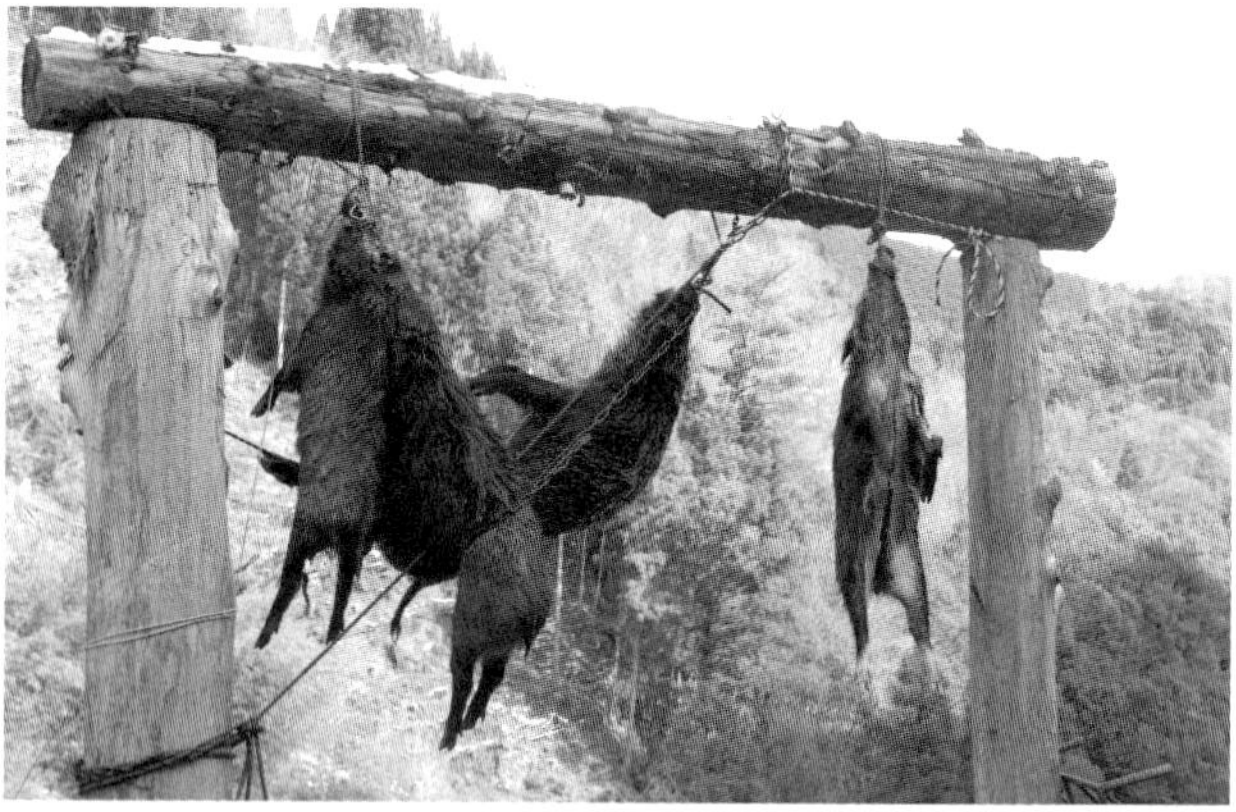

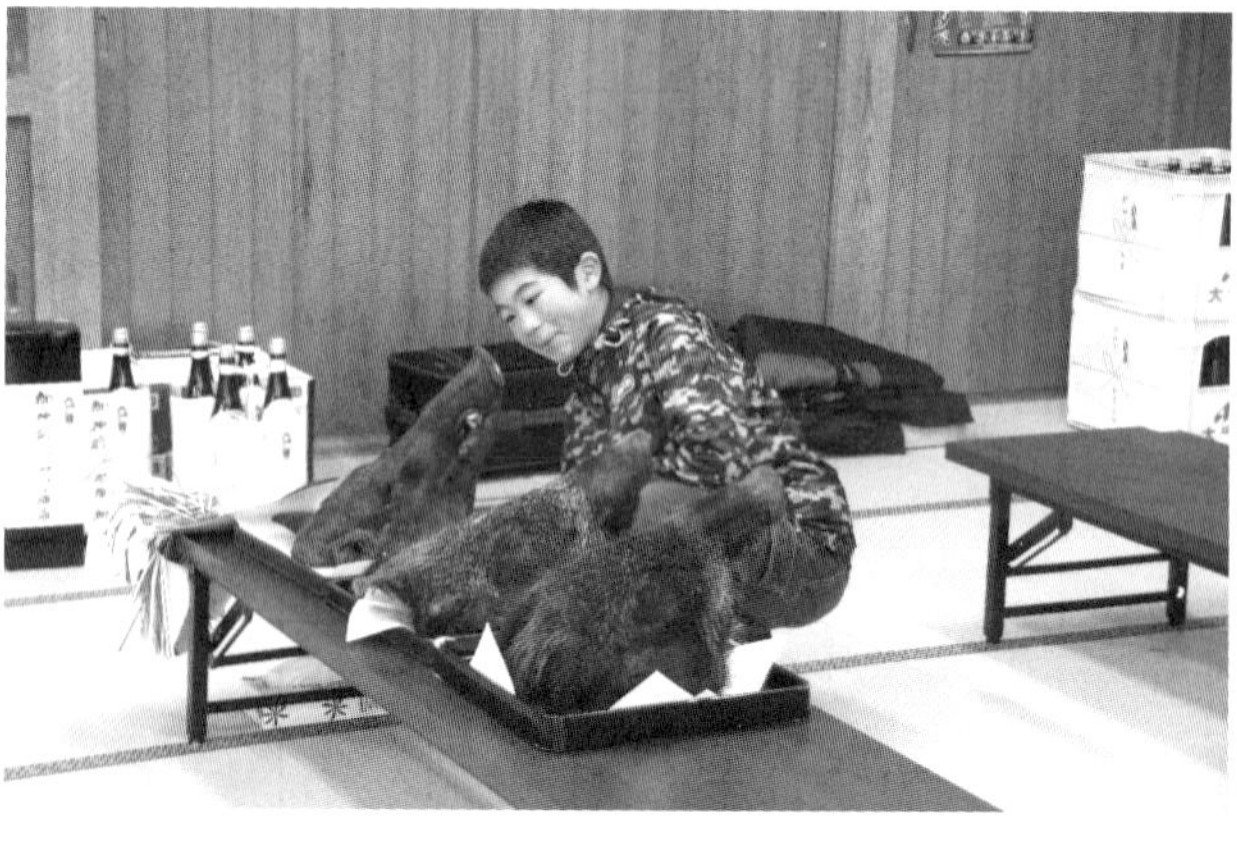

上：吊るした猪。内臓は取ってある（平成26年12月）。
中：猪を解体し、一緒に行った猟師で肉を分けあう（平成25年12月）。
下：神楽に奉納された猪頭を見る（平成26年12月）。

次は内臓の名称である。

・アカフク＝肺臓。生で食べられる。
・イブクロ＝これは猪のもので、鹿はオギャワタという。
・ウチソジシ＝骨盤に付着した肉。生で食べる。
・ウチマメ＝心臓。生で食べられる。クロキモとウチマメを少しずつ切り取ってコウザキに供える。
・クロキモまたはクロフク＝肝臓で赤黒い。生で食べられる。
・コシマメ＝腎臓。
・サンジン＝牛の舌のような赤紫の脾臓。生で食べられる。山神にまず捧げるのでこの名がある。
・センビロワタ＝腸。
・ソーヤ＝血液。犬に与える。

脳みそは生で食べる。ユ（胆嚢）は薬、胃病によく効いたので山村の常備薬になっていた。コブクロ（子宮）や睾丸は何にも使わないし食べることもない。脂肪は粥に混ぜて病人に食べさせる。セキと呼ぶ大網膜は煮て食べる。肉を串に刺して使うときは、串の上端を必ず折り曲げる。

私は心臓と肺臓、肝臓を少しだけ食べたことがあるが、内臓はみんな犬に与えた。猪が小さくて犬が多いときには内臓だけでは足りなくて、ほとんど犬に与えて、残ったのは尻尾だけということもよ

右：小学校の行事で食べる猪肉を焼く（平成25年11月）。
左：湯通しをした肉つき猪骨。これの肉も美味しい（平成23年12月）。

くあった。

猪の肉は楢・水木など実のなる木の多い山のものが味がよい。海に近い山の猪はあまり味がよくない。蹄《ひづめ》の白い猪をツマシロといい、他の山からやってくる渡りで、数十頭に一頭いる程度で肉味がわるいといわれる。だが自分は必ずしもそうとは思わないよ。またムクジン、一名ブンゴジシというのがいる。肥《こ》えて形がわるい上に臭《くさ》くて食べられない。しかも外見でそれはなかなかわからない。これは山の神の祓いを受けない者が撃った手でさわると、このシシになるといわれる。

猟を語る尾前善則（その三）

猟師はよく獲物がとれるようにオコゼとイノツメ（猪の蹄）を持ったりする。山の神は女なので醜い顔のオコゼを見て、私の方が美しいと喜ぶといわれているようだが、私は父からこんな話を聞いている。

「昔、大猟師が狩に出て山中で山の神が産をするところに行きあった。山の神は何も食べていないので、食物がほしい。手助けてくれと頼んだが、大猟師は産は穢《けが》れだから手助けはできぬといって、食物も与えず行き過ぎてしまった。その後から小猟師が行くと、また山の神が手助けして食物をめぐんでほしいとたのんだ。小猟師はそれはお困りであろう、食物をあげようといってねゴスイ（一夜酒）とゴックウ（粢《しとぎ》の団子）を与えた。こうしたことがあるので、猟師は食物を必ず少し残しておくように心がける」
「山の神は小猟師の援助を喜んで、毎日、獲物を与えると約束し、大猟師にはないといった。そこで小猟師は毎日、獲った肉を漬けておき、小猟師の妻がその肉をショウケ（半桶）に入れて頭に頂き、毎日、

山の中では銀色に輝いて見える白猪（大分県佐伯市　昭和56年１月）。

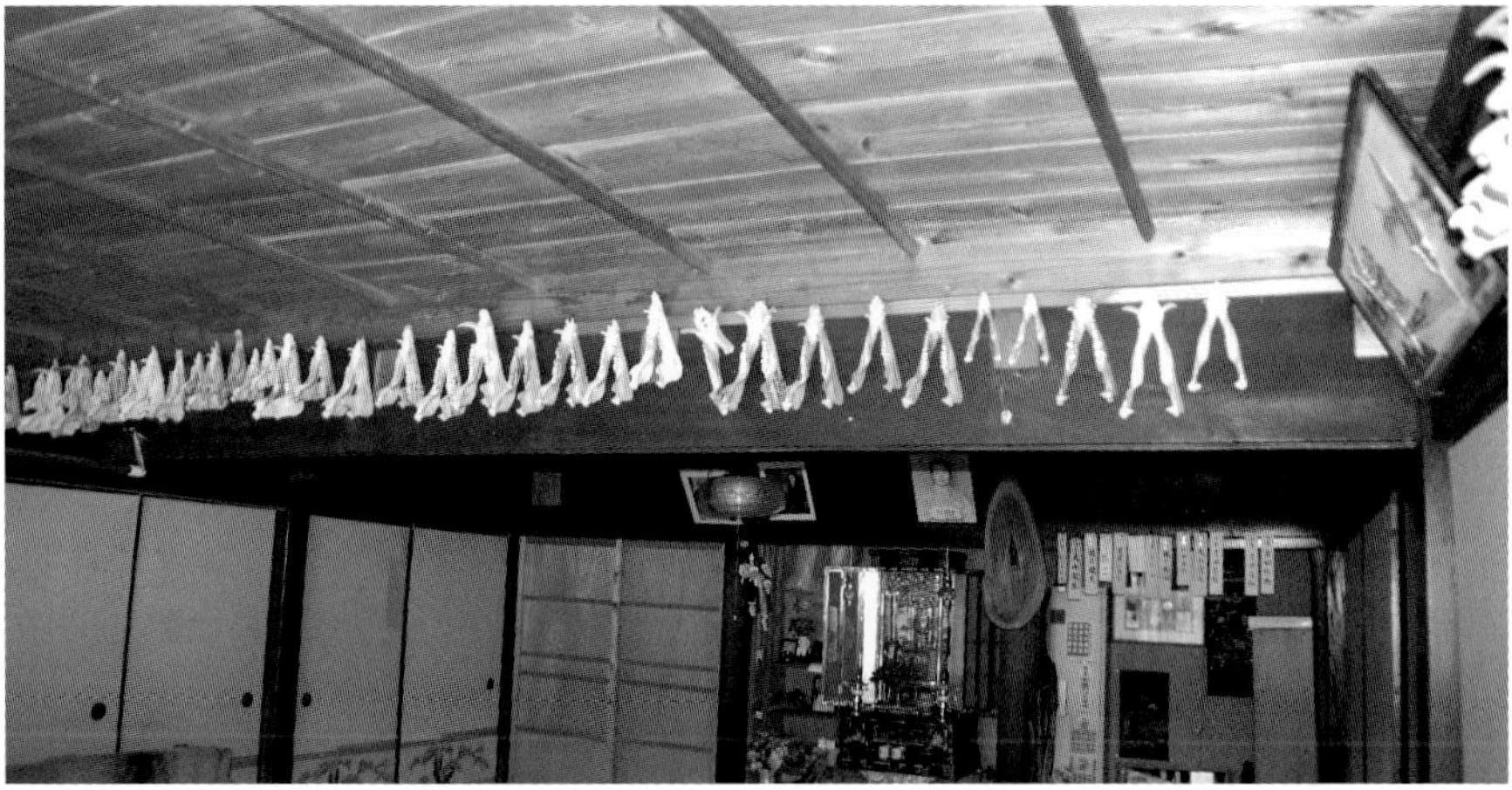

市へ売りに出かけた。何年かそのようにして、ある日、市に行く途中の川を渡るところで水に写る自分の姿を見たところ、長い年月、頭にショウケを頂いて歩いたので、髪がすっかりなくなって禿げているのがわかった。妻は恥ずかしくなって川に飛びこみ、海に流れてオコゼになった。オコゼは髪が抜けた小猟師の妻の化身なのだ。小猟師は帰ってこない妻を毎日、毎日探したが見つからない。そこで醜いオコゼを持ち帰って祀《まつ》った」

昔は毎年、裏の山に祀る山の神祭りをした。供物と神酒を備えて次のように唱えた。

「カブかしらを以ては天大将軍殿に祭って参らせ申す。カブふたを以ては奥山三郎殿に祭って参らせ申す。コシツギ、アバラを以ては中山次郎殿に祭って参らせ申す。フクジュウ・マメムラトを以ては山口太郎殿に祭って参らせ申す。奥山三郎殿三百三十三人、中山次郎殿三百三十三人、山口太郎殿三百三十三人、合わせて九百九十九人のミヤマの御神祭にも祭って参らせ申す。下のコウザキ、上のコウザキ、中ごろのコウザキ、唯今のコウザキ殿にも祭って参らせ申す。小笹山のコウザキ、上の小屋のコウザキ、上ナリ、門割のコーザキ殿にも祭って参らせ申す。アロウ谷から古越の間の木の根茅の末に祭りあらしのコウザキ殿にも、小猟師の祭りてを差し上げ申すによって、三マ

鴨居に並ぶ尾前善則家のカマゲタ（平成23年２月）。

ル、五マル、七マル、十三マル、三十三マル、百六マル迄のヤクゴンを奉り申すによって、其上はのさり次第御授け下さりう処、御願い奉り申す」

今はシシ祭りに唱えている。ムラトは肺である（注：『和漢三才圖會』では腎臓）。これにあるように猪は千頭まで獲るものではなく、九百九十九頭獲って止めるべきもの。千頭目は供養しなければならない。

猪の牙のある下顎《あご》をカマゲタと呼んでいる。カマは「竈」のことで、竈神に捧げるということでもあるようだが、私はそのカマゲタを仏間の手前の部屋の鴨居に並べ掛けている。その一つひとつに思い出がある。〝このカマゲタはあの犬の時代にあそこで仕留めた大猪だった〟〝あの猪の牙で何頭かの犬が切られた〟〝これを獲るときあすこで怪我をした。でも山の神さんのお陰で大事にならず、今も元気にしていられるがねェ〟

（※以上の尾前善則の語りは、本人に直接聞いた話と千葉徳爾著『狩猟伝承研究　総括編』、「霧立越シンポジウム」第四回と第十二回に記録された尾前善則の話によってまとめた。他に『宮崎県史　資料編　民俗1』を参照した。）

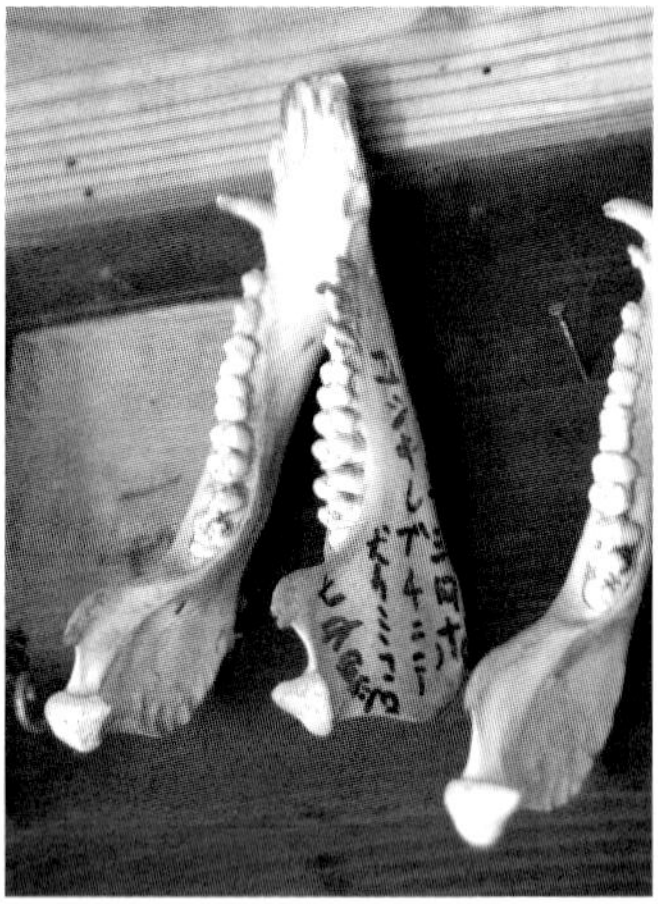

獲ったときの様子を書いたカマゲタもある（平成25年11月）。

記録に見る狩の諸相

千葉徳爾著『狩猟伝承研究　総括編』には、尾前善則ら椎葉山の六人の猟師から、昭和六十年（一九八五）前後に聴いた話も収録されています。それを読むと、名称は同じですが猟師によって内容が異なるものもあります。名称だけではなく、狩の組織、作法なども猟師によって同一ではありません。

たとえば、コウザキは心臓とも脾臓ともあり、別にウチマメを心臓と話している猟師もいます。柳田國男はコウザキを心臓、さらに山の神をコウザキ殿というと『後狩詞記』に記しています。尾前善則はコウザキは猟犬の死霊を祀るもので、山の神とは別としています。また『後狩詞記』にハヒバライを「灰拂」と書いて猪の尾端とありますが、尾端なら「灰」は「蠅《はえ》」でなければならないはずです。この「灰払」の記述は他の資料にも見られます。

『後狩詞記』では狩に関わる地形と地名を「土地の名目」で四十一語、「狩ことば」を三十一語あげて解説しています。この二項目の七十二語を、六人が語る『狩猟伝承研究　総括編』と、『宮崎県史　資料編民俗1』の「椎葉山の狩り」の二書誌に見ると、同じ名称は十六語だけです。ただ名称は異なりますが、内容の同じものはいくつかあります。

ちなみにこの二書誌には、『後狩詞記』にはない狩に関わる用語が一八〇余あります。二書誌に記載のものは昭和時代末の猟師用語で、これには新しい狩言葉もあります。たとえば、けもの道をいうウジをトウリとしています。町の商店街の「通り」を連想させますが、若い人にわかりよいからということのようです。

ちなみに山口保明著『宮崎の狩猟　その伝承と生活を中心に』の「第2章　第八節　続後狩詞」には、たくさんの狩の用語が十六分類で記されています。初めに「その大半が消え去りつつあり、完全に死語になってしまっているものもあります」とあります。

右：解体途中の鹿（平成27年1月）。
左：耳川に架かる橋の下に吊るした鹿頭（平成23年12月）。

中瀬家の庭に建つ「民俗学発祥之地」の碑（平成29年９月）。

昔は椎葉山にも熊がいた、俺は昭和十年代に市房山で獲ったなど、『狩猟伝承研究　総括編』の六人の猟師の話はさまざまです。

　猿は普通は撃たないが、ある猟師が銃を向けたら腹を指さして撃つなと猿がしきりに顔をさげた。だが撃った。後にその猟師の家族に不幸がつづいた。一匹猿を撃って手足に異常をきたした猟師もいる。

　狩は一日目の様子で獲れる獲れぬがおおよそ判断できる。女房の機嫌がよければよく獲れるし、わるいときは獲れない。妻が妊娠している場合、よく獲れる猟師とまったく獲れない者がいる。それをアテといい、獲れる猟師には前からも後からも猪がやってくる。アテは出産すると平常にかえる。

　猪に逆襲されて息絶えた猟犬を野外に設けた棚において風葬にするのは、土中に埋めると犬神になるからという。これには弘法大師との話もあるようだが、犬神は病気などで人に害を及ぼす小動物の霊で、これに憑《つ》かれた家筋は集落のだれもが注意をはらい、縁組みなど難しくなった。

オコゼについて猟師は次のような話をしています。

　オコゼは山の神が見たがる魚だから、それを千枚の白紙に包んでおき、猪一頭を獲らせてくれればオコゼをご覧に入れます、と願って一枚はぐ。また、いま一頭を獲らせてくれればご覧に入れるといって一枚はぎ、千頭になったときオコゼを山の神に見せることになる。このようにして千頭までは猪を獲ってもよい。その千頭になったとき、ある猟師はもうこれ以上は獲れないとして、コウザキのある山でオコゼを許してやった。ところがこのカクラでは猪がいても獲れないところになってしまった。また、その猟師の娘は気が狂ってしまう。これはオコゼは海に放たなければならないのを、山で許したためにオコゼが怒ったからである。

猪は蝮《まむし》を好むとされます。大昔、猪が海を渡って（猪は泳ぎがたくみ）日本にきたとき、蝮はその尻尾に取りついて一緒に海を渡りました。猪はそれを怒って蝮を七カクラ七尾バネを探しても食いつくします。また蝮を見つけると猪は七カクラ踊りまわって喜ぶともいいます。この猪の蝮好きを否定する猟師もいます。猪を解体するとき、その血で染めた紙ハタを串に刺し、七切の心臓などと一緒に竈の神か山の神、あるいはコウザキに供えますが、民俗学者の早川孝太郎は、これが日の丸の国旗になったのではないかといっています。

第四章　一年の日々――食と焼畑と家

霜をあててしまった蕎麦をともかく刈る
（下福良字大久保　昭和44年11月）

〔一〕　日々の食事と食材

買物と行商人

椎葉のような山里では、生活のすべてで男女が助け合わなければなりませんが、男女の区別がまったくなかったわけではありません。尾前では風呂にはいる順番が、父―夫―母―男の子―女の子―妻となっており、また洗濯物を男女で分け、女物は便所の裏側に干しました。

「杓子《しゃくし》渡し」は嫁が姑から家計と家事の一切をまかされることですが、尾前では金銭を舅《しゅうと》か夫が持っていて、妻が買物をするときは夫から金をもらわなければなりませんでした。舅や夫、すなわち男が駄賃付けで得た収入を管理していたのと、近くに商店がなく必要品は駄賃付けのとき頼んで買ってきてもらったので、妻が自ら買物をすることはまれにしかなかったからでしょう。

明治時代の終わりころまで、村内に商店はわずかしかありませんでした。明治二十二年（一八八九）に下福良・大河内・不土野・松尾の四村が合併して椎葉村となり、役場が下福良字桑弓野におかれてから、その周辺に商家らしいのが出始めます。明治四十年（一九〇七）の村内の商業数は、飲食店三十、仲買商八、小間物商二、牛馬商十七、雑商二十五でした。ちなみに現在は村内に百軒ほどの商店があり、尾向にはいろいろな商品をあつかう店と酒店が二軒ずつあります。

役場が桑弓野から今の上椎葉に移転するのは大正十四年（一九二五）、道路の開設が熱をおびていたころで、昭和八年（一九三三）に「一〇〇万円道路」が開通すると、役場周辺の街並も大きく変わりました。それまでの馬の背による日用品を含む荷物の搬出・搬入がトラックになり、村内で買物をする人が次第に多くなりました。しかし、尾向にはその「一〇〇万円道路」の恩恵はなく、駄賃付けとは別に、人吉市(熊本県)あたりからくる行商人による掛売りが行なわれていました。置いていった品物の、使った分だけの代金を盆暮れに支払うのです。一品の金額はわずかとしても使いつづけると、半年後には思わぬ大金になっていたし、覚えのない品物を掛帳に書きこまれ、支払いを強要されることもありました。

尾向小学校『創立百周年記念誌』に、昭和十三年(一九三八)の入学式の帰りに出会った行商人のことを書いた一節があります。

木のこぶ爺に会った。いつものように天秤棒《てんびんぼう》に大きな籠《かご》を下げ、干魚やイリコの匂いをさせていた。木のこぶ爺は干魚・イリコ・コンブ・わかめ等の海産物を、干筍《ほしたけのこ》や、ワラビ・ゼンマイ・茶・椎茸等の山産物と交換している老人で、珍しい木のこぶや、形の変わった木の根等があれば、それとでも交換するので、「木のこぶ」という仇名がついていた。

一日六回の食事

ほとんどなかったといってもよかった椎葉村の水田は、江戸時代末期から少しずつ山腹を開墾して開かれます。明治二十一年(一八八八)には水田が五十一町三十八畝二十七歩ありますが、収穫はごくわずかで、明治二十四年には米を二十石移入しています。それでも村人がみんな米飯を十分に食えたわけではありません。「振り米」という風習もありました。臨終近い病人に、「元気になったら米飯を腹いっぱいに食わせるから、気をしっかり持て」と、庄屋などから借りてきた米を竹筒に入れて振り、その音を耳元で聞かせたもので、椎葉村とは限らず、稲田がごくわずかで、米飯は正月と盆にしか食べられなかった農山村で行なわれていました。

椎葉村は昭和十五年（一九四〇）の米穀配給制実施を、自分たちで雑穀を作って食う必要のなくなったことと合わせて、村変貌の三大要因の一つにしています。

配給制になって、だれもが米飯が食えるようになったかもしれませんが、その前の椎葉村では稗五合、麦五合（季節によって唐黍《とうきび》五合）に米を五合ほど混ぜて炊いた飯でした。炊き上がる寸前にゆでた小豆を入れて混ぜたり、季節によって大根、唐芋《からいも》（さつま芋）、里芋、むかご、栗などを入れて炊きました。おかずは味噌汁と漬物です。長く稗や麦などを主食にしてきた椎葉村で、この米を混ぜて炊くのは、そう古くからのことではないとされます。

山や畑仕事に持って行く弁当は、朝炊いた飯をメンパ（檜板を曲げて作った弁当箱）の身に昼飯を、八つ時（午後二時頃）に食べる分を蓋の半分ほどに入れました。麦つつみ、団子、里芋、唐芋、栗の煮干しを持って行くこともありました。おかずは漬物類と味噌などです。

夕飯は主にズーシーと呼んだ雑炊、粥でした。稗粥、麦粥、唐黍粥など、他に蕎麦掻《そばがき》、栗の煮干しも食べました。つなぎに米を少し入れ、稗と唐黍、あるいは小豆を混ぜて炊く揉飯もありました。おかずは季節の野菜の煮染めを主に、焼魚、菜豆腐、酢の物、白和え、団子汁、芋汁、冷や汁などです。稗ズーシーは猪の肉片や骨でダシ汁をとり、それに稗を入れて弱火にかけて作ったもので、冷えると美味《おい》しくないが温めると味がもどりました。山里の人々は雑穀《ざっこく》を含む山の幸をおいしく食べる工夫をいつもしていました。

昭和十年代まで農山村などでは一日に食事を六回から七回とりました。それは尾向でも同じでした。
一　朝チャノコ　早朝五時頃に前夜の残り物や漬物を飯の上にのせて茶漬《ちゃづけ》で食べた。春から秋にかけては
　　それから牛馬の餌にする草刈りに行った。
二　朝メシ　時間は家により違うが、八時から九時頃にとって山や田畑の仕事に出かける家もあった。

三　コビル　朝・昼・晩の三食の間に食べるもので、午前十時から十一時頃にとるのを朝コビルといって、唐芋、里芋、ソマンダゴなどを食べた。ソマンダゴは切った残りの蕎麦を集めて団子にし、焦げるくらいにあぶったものである。コビルには、唐芋団子、豌豆豆《えんどうまめ》、南瓜《かぼちゃ》、玉蜀黍《とうもろこし》、小麦粉団子、ささげ豆を煮て黒砂糖を入れたものなども食べた。
四　昼メシ　午後一時頃、山や田畑の仕事先では弁当だった。
五　茶メシ　午後三時から四時頃に、握り飯、煮染、唐芋、小麦団子などを食べた。
六　夕メシ　午後七時から八時頃に食べて、翌日の準備や縄ないなど、夜なべ仕事をした。
七　ヨナガリ　午後十時頃にとった夜食で、芋類を主に握り飯、煮染、栗を柔らかく煮て黒砂糖をまぶした栗納豆などを食べた。

食べ物の呼び方は他とそれほど変わらず、主食はメシ、副食をサイ、メシノサイ・メシノサヤ・メシンセなどと呼び、間食をハダグイ・ハザグイ・ヨクマンといいました。食べる量の、「一人分」は一人前だけ、それを超えておかわりする者を「大食漢」や「大喰い」といい、逆にわずかしか食べないと「少食」、偏食する者を「好き嫌い者」といいました。

山菜と木の実

現在の椎葉村の食生活は、米飯に美味しいおかずがつく町の食と何ら変わりません。昔から村で採れたタケノコ・フキ・フキノトウ・ワラビ・ゼンマイ・イタドリ・タラの芽・ウド・ヨモギ・セリなどの山菜は、時期になると町の店先にも出まわります。調理は天プラなど現代風になっていますが、昔はどのような味付けで食べたのでしょうか。山村の人々は焼畑の作物も山野に自生する山菜も、猪肉などで美味しく食べる工夫を怠らなかったし、それらには体力と長寿を支えるカロリーと栄養が十分にありました。

椎葉村の山では春から秋にかけて、いろいろな山菜と木の実が採れます。自然に生える山菜は、湯通しや煮たりすることですぐ食べられるものもありますが、灰汁抜《あくぬ》きなど、時間をかけて処理をしなければならない山菜も少なくありません。処理をすることで冬に備えた保存食にもなりました。

・タケノコ、フキ、ワラビ、ゼンマイなど　冬の間は青野菜の栽培はできないので、山の人々は今も春を待ちわびる。暖かな日差しになって山野に緑が伸び始めると、まずタケノコとフキを食べる。そして今年もワラビやゼンマイがあの山にしっかり出るだろうかと思う。タケノコやフキは家まわりでも採れるが、ワラビやゼンマイは人それぞれに採れる山中の場所を密かに持っていた。これらの山菜は塩漬けにもしたが、タケノコやゼンマイは天日干しにして保存した。

・マヒメ　標高五〇〇～六〇〇メートル以下の山野に自生し、樹木に絡みついているヤマイモ科のニガヒメ（苦荷首烏《ニガカシュウ》）には、ピンポン玉の大きさのムカゴや丸い芋ができる。でも苦味が強くて食べられない。食べずに翌年の種にし、芋は煮たりふかしたりして食べた。薄い黄色で馬鈴薯に似た味がする。椎葉村の不土野や小崎の一部の畑で栽培していたマヒメ（何首烏藷《カシュウイモ》）は、外見はニガヒメとまったく同じで見分けがつかないが、栽培品種で苦味は感じない。椎葉村ではマヒメを妊婦への祝いに持って行った。またマヒメは焼畑をする地域だけで栽培されていたとされる。

・ダラ　タラノキのつぼみで、それを熱湯でさっとゆがいてから水に晒し、灰汁抜きをしてから酢味噌で食べる。タラ、タラノメとも呼ぶが、宮崎県とはかぎらず、春になると今も各地の店先に山菜の一品として並ぶ。タラノキにはびっしり刺があるが、その木の若芽といわれても想像のつかないような美味《びみ》な山菜である。若葉も食べられる。高さ三～四メートルのタラノキの若芽は棒でたぐり寄せたり、先が二股の棒でひねって採る。鉈《なた》の柄や棒切れで枝《え》を叩くという変わった採り方もあった。眠っている動物に近づくかのように、足音を忍ばせて静かに寄ってタラノキの幹を一撃すると、その反動で新芽が折れて落ちてくる。だが最初に失敗すると、その後は何度叩いても落ちない。叩き落とされまいと必死になっているようだという。不意打ちを食わせるのがコツのようである。

・クサギ　日当たりのよい山地に自生する小灌木《こがんぼく》で、独特の臭いを発する。初夏に若葉を手でつんで塩湯でゆで、水で晒《さら》すかゆで汁に一晩つけると、採ったときの臭さや苦味がなくなる。味噌汁の具・油炒め・酢味噌あえ、あるいは飯に混ぜて食べた。

・カズネ　蔓《つる》の長さが十メートル以上にもなるマメ科の葛の根をいう。葛根はかなり大きく、直径十二センチ、長さ二メートルに達するものもある。春に山中でカズネを掘って切断して持ち帰り、水洗いしてから大きな石の上などにおいて槌や棒で叩いて砕く。それを水を張った桶に入れて澱粉を揉み出し、ゴミやカスを取り除く。揉《も》み出した液を一晩おいて上澄みを捨て、さらに上部の黒っぽいクズをかき取り、白い葛粉《くずこ》だけを再び水に溶かし、澱粉《でんぷん》が沈殿したら天日に晒《さら》して上澄みを捨てる。これを二、三回繰り返して乾燥させ葛粉を作る。葛粉は熱湯でかいて食べる。葛根は解熱薬《げねつやく》にもなった。ワラビ根の蕨粉もカズネと同じ方法で作った。

・コベ　ウリ科の蔓草《つるくさ》、黄烏瓜《きからすうり》の長い塊根《かいこん》で作る粉。山で掘った塊根を洗って臼で搗き、水晒《みずさら》しをして袋に入れて絞る。絞り出して濁《にご》った液を桶に入れ、弱い流水で一晩晒し、上澄みを捨て天日で干して粉にする。粉は熱湯でかいたり鍋で煮たりして食べる。また塊根を灰汁水でゆでて輪切りにし、さらに灰汁水で一日炊いてから水で晒して食べた。粉は咳を鎮める「かっこんとう」や汗止めの「てんかふん」にもなる。

・カナンチ　コベに似た蔓草でカナズチともいう。掘った球根《きゅうこん》を水炊きしてから輪切りにし、さらに灰汁で炊いて灰汁《あく》が黄色になったら一晩水に晒し、皮をむいて食べる。澱粉《でんぷん》にもした。山奥にあるので、カナンチ掘りには一人で行くなといった。

・ユリ　ウバユリの根を五月頃に掘って臼《うす》で搗き、笊《ざる》で漉しながらゴミを取り、桶に入れて澱粉《でんぷん》を沈殿《ちんでん》させる。水晒ししてから布袋で絞り、澱粉を天日で乾燥して粉にする。それを熱湯でかいて食べる。また根をそのまま蒸したり、熱灰で焼いて食べた。

・オオシ　ヒガンバナ科のキツネノカミソリを、椎葉村などではオオシという。毒草で解毒の処理をしないで食べると命に関わるが、神奈川県平塚市の縄文時代の遺跡から、その炭化球根が出土している。四、五月頃その球根を掘り、皮をむいて灰汁《あく》を入れた鍋で数時間、弱火で球根がドロドロになるまで煮る。それを笊《ざる》などで漉し、皮や繊維質《せんいしつ》を取り除いて漉し袋に入れ、割竹の台の上で澱粉を揉《も》み出す。さらに晒木《さらしも》綿《めん》の布を敷いた笊に入れ、笊ごと半切桶に納めて弱い流水に一晩晒す。翌日、笊を上げて水を切ると、白いつぶし飴のような澱粉が残る。それを囲炉裏《いろり》で焙《あぶ》って塩で味つけして食べる。

・カシノミ　クヌギ・ナラ・カシ・シイ類の木の実の「団栗《どんぐり》」はえぐ味が強く、一部の種類しか食べられない。宮崎県内に多いシイ・カシ類のうち、イチイガシやアラカシの実、通称「樫《かし》の実」は水晒しをすると食べられる。この実は猪も大好物である。

　樫の実は十一月になると木のまわり一面に、まるで撒《ま》き散らしたかのように落ちる。それを拾って水を張った桶に入れる。浮いた実は虫喰いで、昔は木のまわりにもどした。猪が食べるからである。沈んだ

右：山村では大事な食材だった樫《かし》の実（西都市銀鏡　昭和44年11月）。
左：手間をかけて作る樫の実こんにゃく（宮崎県西都市銀鏡　昭和44年11月）。

虫喰いではない実は天日で乾燥させ、唐臼《からうす》（踏臼）でまず六分ほど搗いて篩《とおし》で殻と粉を振いわけ、再び搗《つ》いて篩《ふるい》を通し、さらにもう一度搗いて粉を細かくする。

食べるときは粉を麻袋に入れて、水晒《みずさら》しを一晩する。このとき水は袋の結び目に緩やかにあてて流しつづける。流れを強くしたり結び目以外にあてると、澱粉質が流れてしまう。水晒しをした袋を木桶の水の中でよく揉んで澱粉を揉み出す。それをたっぷり水を入れた別の木桶に移し、やはり一晩おいて澱粉を沈下させる。途中で二度ほど上水を新しくするが、それをしないと苦味が残る。沈殿した半ば固形化した澱粉を水で溶かし、鉄鍋に入れて水を加えて煮立てる。このとき大事なのは水加減で、水が多いと固まらないし、少ないと固まってしまう。弱火で焦げつかないように篦《へら》でゆっくり掻き混ぜる。三十分ほどでドロドロになるので、それを角盆などに移して冷えるのを待って食べる。椎葉村では「カシノミギャー」（樫の実蒟蒻）というが色は茶色。これを酢醤油や酢味噌で食べると風味が増して、焼酎の肴にぴったりである。

菜豆腐

樫の実蒟蒻《こんにゃく》も普通の蒟蒻も、そして豆腐も、かつては祭や神楽、祝い事などの日の特別な食べものでした。

右：豆腐を作る大豆を石臼でひく（提供・尾前賢了）。
左：季節の菜がはいる椎葉の菜豆腐（平成30年３月）。

豆腐は白色が普通ですが、椎葉村には野菜や季節の花を加えた色あざやかな「菜豆腐」というのがあり、尾前の豆腐店でも作られています。やはり神楽や祝い事などの菜でしたが、今はいつでも食べられ、尾前の民宿の朝晩の食卓にはたいてい並んでいます。

菜豆腐には平家蕪《かぶら》の葉に細切りの赤と黄色の人参、ワイン色に近い大根、それに春には平家蕪の黄色い花、初夏には薄紫の藤の花を添えます。秋から冬にかけては柚子の皮や、色の豊かなパプリカを使います。

味噌や醤油を作るのに必要で、豆腐の原料にもなる大豆は焼畑の大事な作物でした。その大事な大豆だけで豆腐を作るのはもったいないとして、野菜などを入れるようにしたのが菜豆腐の起こりだったといわれます。酒のすすむ豆腐です。

ミツバチの贈り物

尾向でも岩壁脇や大木の下などに、蜂蜜を採るハチウトがおいてあるのをよく見ます。ハチは蜂《はち》、ウトは空洞をいいます。直径四十～五十センチの中が空洞の大木を、六〇～七〇センチほどの長さに切断して上下を板でふさぎ、下部にハチの出入口を設けます。ニホンミツバチはこのウトに入って巣を作り、女王蜂が産んだ子を育てるためにせっせと蜜を溜めるのです。

ハチウトには自らはいる蜂もいますが、それは本当にまれで、多くは

右：蜂が木洞内に溜める蜜を取るウト（平成23年２月）。
左：うまい「蜂の子飯」ができる地蜂（愛知県新城市　平成15年10月）。

分封《ぶんぽう》した一群を捕って入れます。分封は蜂が増えて次の女王蜂が誕生するようになったとき、それまでの女王蜂が働き蜂の一群とともに巣を飛び立つことです。しばらく付近の上空を飛びまわった後、木枝にひと固まりになって止まります。椎葉村あたりでは三月下旬から四月にかけてのことで、止まった一群に布やバケツをかぶせて捕り、そのままハチウトに入れます。

そうして納まると、蜂はハチウトの中に口径が一センチほどの連続した六角形の巣を作ります。女王蜂はその中央で子を産み、働き蜂は巣の上と横に蜜を運んでくるのです。蜂が蜜を採る花は菜種《なたね》・蓮華《れんげ》・蜜柑《かん》・蕎麦《そば》・萩などで、それらの蜜の主成分は果糖と葡萄糖《ぶどうとう》です。

ハチウトの蜜は六月と八月に採取します。秋のものは冬を越す蜜蜂の分として採りません。採取は巣ごと取り出して、今は遠心分離器で蜜と幼虫を分離しますが、元は巣を四～五センチの正方形に切り、容器の上においた竹笊に伏せて一昼夜ほどおき、蜜が自然に流れ出るようにしました。砂糖がなかなか手にはいらなかった時代、蜂蜜は貴重な甘味料でした。花が豊富でよい蜜の採れる椎葉村の蜂蜜は「百花蜜」とも「秘蜜」ともして、今も高値がついています。

蜂蜜を分離すると幼虫がたくさん出ます。それを鍋で煮て茶菓子にしました。蜜蜂がついたまま煮るので甘く美味です。クマバチとも呼ぶオオスズメバチは、大木の根元や切株の下の地中に大きな巣を作ります。その巣を秋に探して掘り出し、幼虫のハチノコを取って食べました。

その巣を探すには、まず櫟《くぬぎ》や楡《にれ》の樹脂あるいは山茶花《さざんか》の蜜にきた蜂のそばに、先端に魚の肉片を付けた竹棒を伸ばし、蜂がそれに止まって肉片を足で丸め始めたら、蜂に和紙の小片を付けた馬の尻毛を結びつけます。蜂は丸めた肉団子を抱えて巣にもどるので、和紙を目印に追いかけ

「秘蜜」は椎葉村の蜂蜜の商標（平成29年12月）。

るのです。蜂は林の上を飛ぶので、見失ってしまうことが多いため、一匹ではなく、二、三匹に和紙を付けるようにします。

巣を見つけると、火を付けた松明や杉葉を蜂の出入口と巣の周辺に投げます。驚いて出てきた蜂は羽を焼かれて飛ぶことができません。中には焼けずに飛び立って襲ってくる蜂がいるし、羽を焼かれた蜂が足を狙って寄ってくるので、頭と顔を主に体中をきちっと防備して作業にかかります。巣はシャベルや山鍬で掘り出します。何層にも重なった巣の中なら五〜六升ほどのハチノコが採れます。それを油で煎《い》って、砂糖や醤油で味付けをします。アカバチ（キイロスズメバチ）や徳利《とっくり》状の巣を作るビンバチ（ヒメスズメバチ）の巣も採ってハチノコを食べました。

清流がもたらす川魚

尾向北部の山腹を水源とする耳川は、尾前では尾前川といいます。転がる大石小石の間を流れ下る、清く澄んだその渓流には数種の川魚が棲息し、昔から食卓に季節の川の味をもたらし、獣の肉とともに人々の大切なタンパク源となっていました。

獲れるのは鮎《あゆ》・鰻《うなぎ》・鯉《こい》・山女《やまめ》（エノハ）・石斑魚《せきはんぎょ》（ハゼ・イダ）などです。よく獲れたのは鮎で、鮎梁《あゆやな》は尾前川にはなかったものの、耳川にダムが造られる前は下福良字尾八重と中尾の間に十三もありました。

春先に耳川を上った鮎の稚魚は、大岩に張った苔《こけ》を食べて育ち、一尺（約三十センチ）近くになるものもありました。その鮎は秋になると産卵のために川を下りますが、「落ち鮎」といったその鮎が梁に乗り上げるのを獲るのです。梁の上にはやがて鮎が昼も夜も次々と跳ね躍るようになります。交代で梁番をして、夜は松明の明かりで手づかみで獲って背負籠《せおいかご》に入れました。獲れた鮎のうち漁業組合長に持って行く分を除き、あとはその日の当番で分配しました。それを樽で塩漬けにし、保存したのが「うるか」です。とくに鮎の腸あるいは子を塩漬にして、苦味を賞味しました。また子どもたちが遊び半分で獲った鮎を、親が熱く焼いた河原石で焙《あぶ》って食べさせてくれたりしました。

十月一日からの禁漁が五月一日に解禁になると、尾前川には福岡あたりからも釣り人がやってきます。十二月末日に解禁になる山女を釣るのを楽しみにしている人もいます。ただ耳川に昭和四年（一九二九）から次々に水力発電用ダムが造られると、鮎や鰻の自然遡上は遮断され、近年の尾前川の鮎は放流した稚魚が大きくなったものです。他に山女、鯉、鰻も放流しています。

『宮崎県史　別編　民俗』に、県内の十二の川の川魚の習俗が列記されています。その中の耳川流域についてを記します。

・旧暦三月頃の鮎は皿だけ（十センチほどの大きさ）。
・豌豆《えんどう》の花が咲くころは鮎のつかみどりができる。
・鮎は瀬が荒く、深いところほど大きい。
・鮎は雨とか濁りのときは浅瀬にくる。
・鮎は浅瀬のよどみに寝る。
・土用の鮎は浅瀬にくる（手づかみで獲れることもある）。
・鮎は魚影を見る（泳ぐ姿でどのくらいいるか推測できる）。
・底の石に牛の足跡が滑ったような形であちこちに見えるようになると、鮎とりの準備にかかる。
・鮎の動きにはリズムがある。二時間おきに餌《えさ》を取り、水温が一定以上になると、動きがよくなる。
・サド（虎杖《イタドリ》）の花が咲く（夏に）と鮎が落ちる。
・木犀《もくせい》の花ざかり（夏）は鮎は瀬ごもりし、決まって何日間かは獲れない日がある。
・鵜《う》がくると鮎は岸の方に集まる。

・鮎は下る秋に群れる。立っている足を突っ切って下る。
・秋水で鮎、鰻《うなぎ》、蟹《かに》が下る。鮎は水を待って下る。
・葦《あし》が十五センチぐらいになると鰻がよい。
・サド（虎杖）の花が咲くとき（夏に）鰻が獲れる。
・鰻は旧暦の二十日闇（だとよく獲れる）。月夜はダメ。
・ピービー草の生えるころは鯉が産卵にやってくる。
・菊（の花）が満開のときは鯉の大きいのが獲れる。
・葦が伸びると鮒《ふな》が産卵する。
・ハエ（追河）は川柳が流れ始めたら釣れなくなる。
・イダ（石班魚）には、ウメイダ、フジイダ、ササイダの呼び名がある。
・三月のヒガンイダ（彼岸の頃に産卵にくる石班魚）は、サクラ（桜）イダ、フシ（伏し）イダ、ノボリイダともいう。
・ヤマメ（山女）釣りは夏は瀬、冬は淵に行け。
・ヤマメは人の影を見せたら釣れぬ。音がすると岩にはいる。
・木犀《もくせい》の花が咲く頃はシバセキ（柴堰）が一番。
カワノリ（川海苔）は、やはり渓流で採れます。初夏から十一月頃まで、水の冷たい速い流れに転がる、少し陽のあたる石灰岩質の岩石に生育する緑の藻です。十センチほどに伸びたものを採ってよく洗い、まな板に広げて庖丁で刻み、それを水を張った木桶に入れ、竹簀《たけす》に広げて天日で乾燥させます。海の海苔と似ているが香りは異なります。醬油をつけてご飯と一緒に食べたりします。

〔二〕 食をつないだ焼畑

コバ

焼畑は、山の一画の小木を伐り倒し、大木の枝を伐り落とし、刈った灌木や下草などが枯れるのを待って、火を入れます。燃えてできた灰を肥料として作物を育てる農耕です。

宮崎県内では昭和五十年代まで、山村の数カ所で焼畑が行なわれていました。椎葉村で今もつづいているのは向山の民宿「焼畑」と尾向小学校の「子ども焼畑体験学習」です。平成二十七年に認定された世界農業遺産に、この椎葉村の焼畑もはいっているのをきっかけに、二、三の集落が焼畑を再開しました。

椎葉山では焼畑をコバ、ヤボといいます。

かつては焼畑をする山の制限や支配者の圧力もありました。でもそれを避けていたら生きていけない。椎葉山の人々はそれらに立ち向かいながらコバをつづけてきました。椎葉山にはコバに関するたくさんの用語が伝えられています。きめ細かな表現は、焼畑が椎葉山の生活に密着してきたことを教えてくれます。

次は作物以外のコバ用語の一部です。

アラシ　種蒔きを止めて休ませている山林。
カダチ　火が山林に移らないようにする防火線。
キオロシ　木おろし。大木の枝を伐り落とす作業。
キオロシウタ　木おろし唄。木おろしに歌う。

キオロシザオ　木おろし竿《さお》。木おろしに使う竿。

キザネヤキ　燃え残りを寄せて焼くこと。

クロヒゾエ　まったく日のあたらない斜面。

コバウチ　蒔いた種が隠れる程度に土をかぶせる。

サキッチョ　コバ地の使用権の標示。

シャレギ　流土を防ぐためにおく横木。

セビ　木枝の先端で山の神のものとして伐らない。

チカヤボ　十五〜二十年ほど休ませた山林。

ツク　木おろし竿の先につける鉤《かぎ》。

トウヤボ・百年ヤボ　三十〜四十年ほど休ませた山林をトウヤボ、それより十年くらい長く休ませた山林を百年ヤボという。

トーラ　穂切りした稗や粟を入れる茅製の俵。

ニイコバ　新たにヤボキリをして焼いたコバ。

ヒゾエ　日当たりのわるい斜面。

ヒビラ　日当たりのよい斜面。

ヤボ　大木や灌木、草の茂る火入れ前の山の斜面。

ヤボキリ　コバにするヤボの草木を刈る作業。

※コバ作りには木枝などを伐り落とす「木おろし」という作業があります。本書に掲載の木おろしと秋コバの写真は、椎葉村の南の西米良村小川字木浦の濱砂定廣が、昭和五十八年（一九五三）から翌年にかけて、記録映画撮影のために再現したときのものです。

右：煙が虫除けになるカビを作る（昭和58年10月）。
左：穂刈りした稗を入れたトーラ（昭和58年10月）。

夏コバと秋コバ

コバには、「夏コバ」と「秋コバ」があります。夏コバは七月に木枝を伐り、下草を刈り、一カ月くらいおいて火を入れます。秋コバは葉がついている秋に木枝を伐り、下草を刈って年を越し、三月末か四月に火を入れます。

夏コバは家から近い山に拓きました。ジキギリ（直切り）といってヤボキリは短時間で進み、作物の生育も早いのですが、雨の日が多い上に晴れると猛暑となります。蜂・虻《あぶ》・蛭《ひる》・蚋《ぶよ》、それに蝮《まむし》も出るので気をゆるめることができません。近い山にしたのはこうした夏の虫に対応したものでもありました。絶え間なく襲ってくる虫に対し、藁《わら》を束ねたカビ（蚊火）に火をつけて腰に下げて刺されるのを防ぎました。カラメヤキといって、一カ所に草木をまとめて焼くこともありました。雨がつづいて火を入れられないと、マクリヤボといって片側にまくり寄せて種を蒔きました。夏コバでは大根と蕎麦を主に、菜種・小豆、里芋なども作りました。

秋コバはオキヤボともキッカヤボともいいました。キッカは木塚で、伐った木を積み重ねることです。木枝や草を腐らすことからクタシヤボともいいました。秋コバは稗コバ、粟コバともいったように、主に稗と粟を作りました。夏虫や蛇も姿を隠す季節で、秋空と一つになって木おろし唄がのどかに聞こえました。

椎葉山のコバは各家ごとのものと、数軒で拓くヨリアーコバがありました。寄り合いでは大勢の人が作業に出ます。各家のコバ作りも家族だけで

コバの最初の作業のヤボキリ（平成24年7月）。

は無理で、組内や集落の結《ゆい》が頼りでした。結は手伝ってもらった家の者が手伝ってくれた家に行き、働いて借りを返すもので、尾前や向山ではカテーリとかカチャーリとかいいます。

明治以降に「山持ち」と呼ばれる地主がいました。その山を借りてコバにするときは「三・一コバ」といって、取れ高の三分の一を地主に、三分の二を借り手の分としました。その地主にも使われましたが、地主と小作人ではヤボキリから火入れまでは小作人だけで作業をして、その後の種蒔きから収穫までは地主と小作人が共同で作業、「半分コバ」といって収量を半分ずつ分けあいました。

コバ拓き

夏コバも秋コバも輪作は四年が普通ですが、五年つづける家もありました。作物は一年ごとに蒔く種を変えます。そのため一カ所だけではなく、翌年もまたその翌年も新たにコバを拓きました。これには共有地も利用しましたが、秋コバを一年ごとに新たに拓いて、たいていの家が秋コバを四カ所に持っていました。新たにコバを拓くとき、サキッチョといって前もって用地に標示をすることもありました。用地の木を二、三本伐り倒し、そこに三筋の鉈目を入れた別の材を立てるのです。

秋コバもできれば近い山がよいのですが、そこはすでに早くから利用されています。そのため、まだ人のはいったことのないような奥山へ藪《やぶ》を切りながら分け入り、秋コバの適地を探しました。適地は傾斜が十五度程度で岩がなく、土地が肥沃で水はけがよく、日当たりが長くて大木の茂っているところ、特に樅《もみ》の木の立ち並ぶ土地を選びました。「樅の下トーラ一俵」とい

遠くの峰は市房山。手前の山にコバ跡がある（昭和58年10月）。

い、樅の木のある土地は肥えていて作物がよく育ち、樅の木一本ごとにトーラ一俵分だけ多く採れるとされました。トーラは穂切りした稗や粟を入れて運んだり、貯蔵に使った茅で編んだ炭俵のような入れ物です。樅とは逆に、松、樫、高野槇《こうやまき》の多い山林は地力がないので、コバは避けるようにしました。

奥山を探しまわって、ここにすると決めた山のどのくらいの広さに火を入れるか。五反歩、三反歩、それとも一反歩だけにするか。それによって手伝いの人数と作業の日数が違ってきます。下準備は別にして、小屋作り、木枝の伐採、草刈りに一日、日をおいて、防火線切り、火入れ、種蒔きにやはり一日というところもありました。その後の作物の生育の見守りは個々で行ないました。

準備組の作業はまず道びらきです。椎葉山では猪などが通る「けもの道」を人が歩くようにした道が少なくありません。大勢の人が行き来するには藪を切り払って道を広げなければなりません。蔦《つた》のからまった灌木《かんぼく》、行く手を遮るかのように立っている大木を伐り倒し、急な登りには滑り止めの横木を並べます。道開きの作業は距離によって二、三日かかりました。

コバのそばに造り設けるサクバ小屋（昭和58年10月）。

次にコバがよく見渡せる上方に作業小屋を造りました。向山では「サクバ小屋」といい休憩小屋にもなり、収穫時には寝泊まりすることもありました。二坪ほどの掘立て造りで、雨風に耐えるように骨組をしっかりくみ、片流れの屋根には茅や葉のついた小枝を重ねて葺き、柴で壁囲いをして、中に茶湯をわかすジロ（炉）を切りました。地面には莚《むしろ》を敷くだけでした。

一方、作業組はまずコバ地の周囲をまわって境を確認します。それから祭壇を作り、山の神へコバびらきを告げ、安全を祈願します。コバの広さによって地割をして「木おろし」の登り木を決めると、地割ごとに作業する人を配置し、登り木に登る人と、その木の上での「木おろし唄」を歌う順番を確認します。それから灌木や竹、雑草を刈り払う作業にはいります。次はこの作業のとき椎葉山で歌った「山唄」です。

一、向かいの様女に　唄うて聞かせて　もの思わしゅう
二、山の谷々　咲いたる桜　人の通わにゃ　さかりない
三、山の峠に　生まれた小春　いやな風でも　吹きゃなびく
四、山で木のかず　野で茅のかず　千里浜辺の　ゆな（ふな）のかず
五、野でも山でも　子は持ちなされ　万の倉よりゃ　子が宝

木おろし

作物は日陰ではよくできません。そのため日陰のできる大木の木枝を伐《き》り落とさなければなりません。一方、コバはこうした大木が育っているところほど地味がよく、作物が育ちます。山の男たちは命がけで大木の木おろしをしました。

木おろしの朝の食事は自分の家か、コバ主の家に全員が集まってとりました。どちらも膳は四品が決まりでした。四品は葬式のときの膳です。また妻と水盃を交わし、白無垢《しろむく》の下着を着けました。

その男たちがコバの山に向かうとき、杣頭《そまがしら》役のコバ主が山の神への挨拶をかねて、「朝の出掛けの唄」を山に向かって歌いました。

今朝の祝はこそ　夜が明けた　　はるばると　明けし夜は
鴉《からす》の宮が　見えそろ　　見えたり　いざり寄せ
山の広場で　身を清め　　清めてお山に　参らす

コバの予定地に着くと、作業が順調に進むことと身の安全、それに山の神が守る木を伐らせてもらう許しを乞《こ》います。太い木を山の神の宿る神木として、まず木おろし竿をその木の幹に立てかけます。ついで五寸ほど木片を削り、それに一人につき三粒の米を人数分だけのせて塩と共に神木に供え、「ただ今からこの木を伐り申すから、山の神様たまがらんようにしてたもれ」といって手を合わせます。このとき木片から米粒が落ちると、人が木から落ちるとして嫌い、初めからやり直しました。

「山の神様、仕事が無事に終わりますようにどうぞお守りください。成就できましたならば、お礼に男のものをお見せもうします」といい、何事もなく木おろしを終えると、全員が並んで下半身裸になり、山の神に「ご存分にご覧ください」と感謝をこめて男根をお見せしたところもあります。女とされる山の神への祈りとお礼です。山の神が嫌うとして、山にはいる途中で女の人に出会うのを避けるようにしました。でもヤボキリには女の人も出ました。男でも喪の明けていない人は木に登れませんでした。

山の神への祈りを終えると、「朝登り木の唄」を歌って木に登ります。この唄を全員が木に登ってから歌ったところもあったようです。不土野字嶽の枝尾の中瀬家では次の前段を杣頭が歌い、後段を全員で歌いました。

朝寝して　朝日の出るのを夢に見る
　今こそ　この木に登り立つ
　　静かに　お座りなされ　山の神

奥山の　高木のうらより里見れば
里見れば　心がこころが　はればれと

幹まわりの太い大木には、まず木おろし竿のツクを届く高さの木枝にかけて、竿をたぐり寄せるようにして登りました。木おろしは最初に登った木のまわりの二、三本から五、六本が一人の受持ちで、一本を伐り終えると木おろし竿を使って次の木に移りました。

木おろしで朝登ったら夕方まで降りないところもあったようですが、「昼登り木の唄」があるところでは、昼食は木から降りて食べたことになります。

木おろし竿は、槇や榧《かや》など粘りのある木を握りやすい太さに丸く削ったものもありますが、多くは真竹を用いました。長さは使う人によって三メートル、四メートル、その日に登る木と木の間隔で長さを選ぶこともありました。

ツクは檜・樫・椿・黄楊《つげ》などの木枝で作り、竿の先に麻縄を七五三に巻き、緩みのないようにしっかり装着しました。「注連《しめ》」を意味する七五三に「締め」を重ねたのです。折れないような竿を選ぶのも、ツクを作って装着するのも、使う人が自分でやり、他人の作った木おろし竿は絶対に使ってはならないとされました。自分の命を守る道具だからです。

木おろしを始めます。「セビ立てる」「ハナセビ立てる」といって木の先端の枝は伐りません。左右に伸びている片側の枝を下部から伐り落としつつ上へ、ついでもう片方の枝を伐りながら下ります。木の上部は揺れが大きいし、また伐った枝が落ちるとき体にあたるおそれがあるので、残っている枝を左手でしっかり握って危険を避けるようにしました。

一本の木枝は太さによって、「バシッ　バシッ」と三回から四、五回、鉈を

木おろし竿の先につけたツク（昭和58年10月）。

打ちおろします。そうして二、三本の枝を切り落としたところで最初の者が「木おろし唄」を歌います。次は椎葉山の唄です。

今日は守れよ氏神よ
　晩の膳に坐るまで　今日は守れよ山の神
さあーて　一番に伐って落とす木の枝は
奥山三郎三万三千三百三十三人の
　早山の御神にきせいと伐って参らする
さあーて　二番に伐って落とす木の枝は
中山四郎三万三千三百三十三人の
　早山の御神にきせいと伐って参らする
さあーて　三番に伐って落とす木の枝は
早山三郎三万三千三百三十三人の
　早山の御神にきせいと伐って参らする
さあーて　朝の登り木にセビ打ち立てて参らする
昼の休みに木にもセビ打ち立てて参らする
晩の下り木にもセビ伐り立てて参らする

右：木枝を伐り落とす。数人で行なうときは順番に「木おろし唄」を歌った（昭和58年10月）。
左：セビを残して伐り終えた木から次の木へ、木おろし竿を渡して移る（昭和58年10月）。

下りの木の下にも柴振いして参らする
力かぎりして参らしょうぞ

山の神への祈りの唄になっています。こうした唄が東米良村字上揚（現西都市）には四十八流あったといいます。唄は順番に一節ずつ歌いますが、それは元気に鉈《なた》を振っているぞ、ということを伝えるためでした。大木の木枝は登っている者の姿を隠すので、唄で無事を知らせる。もし次に歌う者の歌声が聞こえなかったら、木から落ちたか怪我《けが》をしたか、としてまわりのみんなが木から降りて、歌声のなかった者の木にかけつけました。

木おろし唄は、類型のものが多いですが、その日の気分で、即興の文句を鼻唄まじりで歌うこともよくあったようです。別項に西米良村の「木おろし唄」を紹介しておきます。

こうした唄で伐って下に落ちた木枝は、草刈りをする者が燃やしやすいように鉈などで小さく伐り、地面に重ねておきました。焼き灰のない地面は作物が育たないので、杣頭は注意して木枝の重なりがないようにします。一定の長さと太さのある枝は土の流れを防ぐシャレギにしました。

秋コバを再現してくれた濱砂定廣は大正十五年（一九二六）生まれで、焼畑を昭和十五年（一九四〇）から二十年間つづけました。五十七歳とは思えない身のこなしで木おろしをつづけました。あきれるほどの素早さと動きでつぎつぎと次の木に移り、木枝を伐り落としました。広

木枝や刈った草木をよく燃えるように整理する（昭和58年10月）。

〈西米良村の「木おろし唄」〉

木伐り節

ヤーレェ　これから見ればお江戸が見える　ヤーレェ
おまん（お前）のばばのぼんほの毛（陰毛）の長さ
三十三尋かとけ（三十三尋半）長いこた　長いもの
三つきついたち（三本つないだら）　お江戸にとどく

※朗らかに、思いついたままに文句を変えて歌いました。次の唄では最初にコバの適地の樅を歌っています。「ころぶ木」はたくさんの葛が巻きついた木をいいます。

昼の登り木の唄

樅の木は　昔長者のはかり竿
なえらぎと　まだ世になれぬ小娘は
行くより早く　手を取りやれ
手をとれば　しおれてなえかかる
ころぶ木は　かずらをのべてひと鉈よ

木おろし注意の唄

木おろしの一番きらうは　枯れ枝よ
枯れ枝さらえて　そろそろと
かずらをのへて　ひと鉈よ

おり木の唄

今日の日も七つ（午後四時頃）下れば　帰り唄
みな人は　おり木おり木と急がるる
身どもがおり木は　まだはるか

晩のおり木の唄

晩のおり木は　今ぞときます
うちには一二三の小女郎が　待ちこがれる
金の盃おし立てて　祝いをする

木おろしの終わりの唄

木おろしのとまりはげにも　よいとまり
膳より酒より　肴より
十八小女郎が　目についた

帰り唄

今日の日もおの木のもとで　日が暮れて
生木のこけらで　火を立てて
ともし帰るぞ　めいしょなり

※「めいしょなり」は、愉快という説があります。

さから三反歩は拓《ひら》くことができましたが、隣接する杉林への飛火を警戒して火入れは二反歩にとどめました。書き添えると、濱砂定廣の杉林は人柄そのまま、見事に実によく手入れされていました。

火入れ

夏コバはヤボキリをしてしばらく日をおき、草木が枯れたところで火を入れます。その日は晴天のつづく風のない日で、望みは種を蒔いてから雨が降ってくれることです。

現在、火入れは市町村長の許可が必要です。森林法によるもので、コバの面積一ヘクタールに、最低五人の監視人をつけることになっています。焼畑を取材や見学したい人は、早目に火入れの日を教えてほしいと電話を入れます。天気予報のあふれる今でも、それに答えるのは困難です。山の天気は変わるからです。

秋コバは年を越して春に火入れをします。コバ主が火入れの日を決めると、前日、手伝いの人たちに連絡します。朝やってきた男たちは、まずカダチ掘りをします。まわりの山林に火が移らないようにする防火線の「火断ち」で、ノホリ（野掘り）ともいいました。

コバの四辺に設けるカダチの、火の勢いがもっとも強くなる上部のヨコガシラ（向山ではクロ）は幅約四メートルに、ヨコガシラに向かって右側のヤボワキを向山ではタテグロあるいは鎌手グロ、左側を鎌先グロといい、幅約三メートル、下辺のヨコジリは幅約二メートルに掘ります。掘るというが、枯れ木や落葉、枯れ草を除いて土寄せをする

火が杉林に移らないようにカダチを設ける（昭和59年４月）。

右：危ない火を消すヒボテを作る（昭和59年４月）。
中：宇納間地蔵尊お札。
左：コバに火を移す松明（昭和59年４月）。

ものです。前もって掘らないのは、掘った後に落葉や枯れ草が飛んできてそれに火が移る恐れがあるからです。

カダチ掘りが終わるとヒボテを作ります。カダチを越えて飛火したり、火勢が急に強くなったとき叩き消す棒で、馬酔木《あしび》・椿・樫などの枝を束ねて葛でしばって作りました。椎葉山では杉の葉で作りました。火入れの時間は春と夏、日陰の多い斜面と日当たりのよい斜面で異なり、準備を終えて昼過ぎに入れたりしました。

火入れはまず棒の先に火防のお札をはさんでコバの上に立て、コバ主が火の神に安全とよく焼けるように願い祈ります。火防のお札は椎葉村の周辺で火切地蔵として人々に篤く信仰されている宇納間地蔵尊（美郷町北郷）で、そのお札を棒にはさんで立て、手を合わせて唱えます。

「ただ今からこのコバに火入れ申す。蛇・ワクド・虫けらども早々と立退きたまえ。山の神様・火の神様・宇納間の地蔵様どうぞ火の余らぬよう、また焼け残りのないようにお守りやってたもれ」

唱え祈り終えると、広いコバだと四、五人がヒボテを持ってヨコガシラに立ちます。火入れをする者は、コバ主が用意した松明《たいまつ》に火をつけます。西米良村の松明は松を細かに割って束ね、長さ約一・二メートルの割竹を巻いて作りました。向山では篠竹を束ねて松明にしました。

火は上から入れるのが決まりで、次ページの図はその基本です。コ

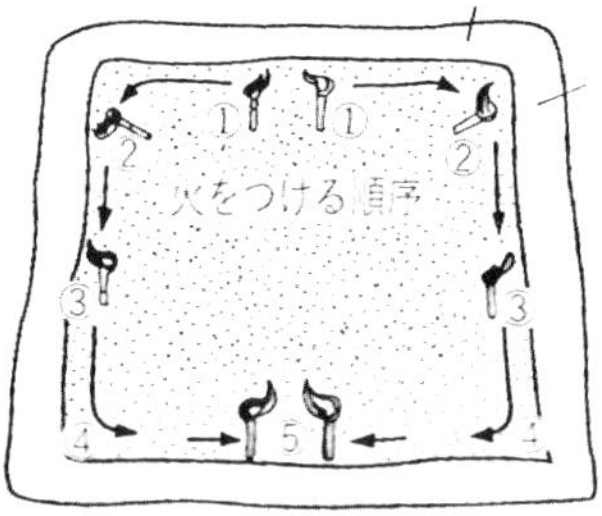

バワキにまわらないで、上から下に横歩きで入れたところもあります。

　最初は静かにくすぶっている感じですが、中段に火がはいると「パチパチ」とはじけるような音になり、やがて火が全体に広まると、ゴーという響きとともに火炎が山肌を吹き上がります。

　カダチのまわりの林の中にいても、体が焼けるかと思うほどの熱さです。火勢で起きる風で火が飛んでくることもあり、煙が目にはいって見られなくなったりすることもあります。

　燃える時間はコバの広さにより違いますが、二時間ほどで燃えるものは燃えて下火になるころ、小さな龍巻があちこちに発

上：上からつけて下部にも火がつくと、すさまじい勢いで燃える（昭和59年４月）。
下右：左右①②③④の順番で火をつけ、⑤で一つになる。
下左：火が消えたコバにシャレギをおく（昭和59年４月）。

生し、まだ火のついている木の葉を舞き上げます。その木の葉が落ちたところにヒボテを手に駆けつけます。火は草木と一緒に地面を焼き、そこに肥料となる灰を残します。この作業をジヤケといいました。

しかし、この一回の火入れで全部が完全に焼きつくされることはあまりありません。気をつけていても火の届かなかったところがあるし、太い木枝はどうしても燃え残る。その燃え残りを寄せ集めて再度火をつける。椎葉山ではキザネヤキ、西米良村ではキヤキ（木焼き）・キッカヤキ（木塚焼き）といいました。この作業はコバの広さで二、三日かかることもありましたが、ジヤケをしっかりやると雑草がなかなか生えません。

そうした再度の火入れでもどうしても焼け残った木枝や大きな石などを除いて整地し、そこに土が流れるのを止めるシャレギを間隔をおいて並べます。シャレギはコバへの上り下りの足場にもなりました。

種蒔き

稗の種は一人で蒔く（昭和59年4月）。

こうして拓いたニイコバへの種蒔きをいつにするか、コバ主が判断しますが、「出来高は蒔き手による」といわれ、作物の収量は種蒔きの上手下手によるとされました。そのためコバ主が自らか、組内きっての上手な人に頼んで蒔いてもらいました。

椎葉村では種を蒔くとき次のように唱えました（椎葉秀行談）。

「これより空き方に向かって蒔く種は、根太く、葉太く、虫ケラも食わんよう、一粒万倍・千俵・万俵仰せ付けやってたもれ」

種を蒔いて育てる作物も、コバ主が決めます。次は一カ所のコバの一年ごとの作物の一例です。区切って二種類の種を蒔くこともあります。

▽夏コバ

初年　蕎麦か大根
二年目　粟か大豆・小豆
三年目　小豆か菜種
四年目　小豆か里芋

▽秋コバ（片仮名はその年のコバをいう）

初年　ニイコバ　稗か粟
二年目　キャギャシ　稗か粟
三年目　ナツウチ　大豆か小豆
四年目　クナ　稗・粟、大豆・小豆のいずれか

これらの種を蒔くとき、「のんぼり見て蒔く種は薄く、くんだり見て蒔く種は厚く蒔け」といいました。斜面のコバの上に向かって蒔くと固まりやすく、下に向かって蒔くときは散らばりやすいという教えです。「足だちよく蒔け」は、蒔き残しがないように、稗や小豆は足もとをよく見て蒔けということです。

農耕は自然と一体の作業です。たとえば季節の移り変わりや折々に咲く草花に、種を蒔く時期を知るのです。次は椎葉山の自然の教えです。

蕎　麦

○二百十日は土の中、七十五日の夕飯に間に合う。
○標高六〇〇メートル前後のコバでは、「十三霜に蒔けば、間違いなし」とも、「土用十一霜まで蒔け」ともいった。立秋の翌日、すなわち一日目を霜、二日目を二霜、十一霜は十一日目をいう。
○人里では十七・八霧、山腹では十二・三霧、山頂近くでは土用中に蒔け。
○蕎麦と大根は境して蒔け。

稗・粟

○粟はコカンボウ（合歓木《ネムノキ》）の花盛りが蒔きどき。
○粟七月ただれ（雨降り）ば粟倉建ち、八月ただれば倉倒る。
○「煙のあるうちに蒔きこむ」といって、粟は火が消えたらすぐ蒔く。これをアワガンとかアワガリンとかいった。
○稗の蒔き量、一人一日五アール。

小　豆

○小豆の後に小豆蒔くな。
○コカンボウの花赤ければ、豆のできがよい。

コバを守る日夜

粟と限らず、稗も蕎麦も日をおかずに火が消えたらすぐ蒔くことができます。地面がまだ熱いので、蒔いた種を鳥についばまれる恐れがないからです。

焼畑は火入れをするので病害の心配はあまりありませんが、自然の中にあるため、虫・鳥・獣による作物の被害は避けられず、その対応をしっかりしなければなりません。

濱砂定廣が種を蒔いて三カ月半ほど経った七月末のヒエコバは、ジヤケがなかったために抜けもあるが緑の若葉に

右：稗の間に伸びている雑草を抜き取る（昭和59年８月）。
左：神官に稗につく虫除け祈禱をしてもらう（昭和59年７月）。

覆われ、その間に雑草も生えていました。ハナガラと呼ぶ赤い根の雑草は地面を這うようにして伸びて、稗の生長を止めてしまいます。抜いて地面においたままにしておくとすぐ根を張り、勢いよく伸び始めます。抜いたら土中深く埋めるか、木枝にかけて枯らします。ホトクリと呼ぶ稲に似た雑草は、一緒に刈って脱穀してしまうことがありますが、稗に混じると稗の味が落ちます。

雑草の草取りは六月～七月に一回、二回目は七月～八月に、遅くとも作物の花が咲く前にしなければなりません。

同じころ、稗・粟・稲・黍《きび》などの葉を食い荒らす、ホウジョウ（クロコノマ蝶の幼虫）と呼ぶ害虫が現れます。ホウジョウはそれらの作物がよく育ち、豊饒が予想される年に現れて葉につくと昔からいわれてきました。その虫を退治すれば、豊作は間違いないとされました。

そのため神官に虫除けの祈禱をしてもらいました。白装束の神官はヨコガシラの右上に立ち、まず虫封じの呪文を唱えます。それからコバをまわり、ところどころで幣を振って祓いをします。まわり終えると呪文を唱えたヨコガシラにもどり、途中で取って紙に包んできたホウジョウを放ちます。そこで放つのは虫に逃げ道を教えるためだといいます。昔は祈禱をすると、尺取り虫に似たホウジョウがやってきて、ヨコガシラからぞろぞろと出

上：半円形の竹をコバの周囲に差すカジメ（昭和59年10月）。
下：「きけん」の表示がある網と電気柵の獣除け（大河内字小崎　平成29年９月）。

上：田のまわりに石垣と網をめぐらした猪垣（三重県鳥羽市　昭和55年４月）。
下：小川に設けた猪おどし（三重県鳥羽市　昭和55年４月）。

ていったものだといいます。

椎葉山とは限らず、鳥獣の多い山村の焼畑や田畑の被害は今も同じようにあります。蝗《いなご》や黄金虫などは作物の葉を食うし、鳥、雀、雉《きじ》、山鳥は稗や粟の実をついばみ、猿は大根を引き抜いて捨てるし、鹿と兎は若芽を食ってしまいます。

「猪の露遊び」と聞くといかにも楽しそうな感じがしますが、猪が花の咲き始めた蕎麦の上を転げまわり、蕎麦を地面に倒してしまうことをいいます。「のたうちまわる」といいますが、それは猪が体に宿る虫によるかゆみと、その虫を除去するために湿地で転げまわることからきています。猪は田でもやって稲を倒しますが、それを蕎麦の花でもやるようで、コバ主にとってこれ以上の迷惑はありません。

こうした鳥や獣に対して以前は古莚や古着を吊るし、蔓で柵をめぐらし、またカジメといって、竹を半円形に土に差し立てました。それに体がふれると弾《はじ》けるので獣は驚いて退散します。鳥には鳥の死骸を吊るしておくと効果がありました。カガシは腐って強い臭いのする獣の内臓をコバの数カ所におくもので、その臭いを嫌って鳥獣が寄りつきません。田の中に立てる案山子《かかし》はそのカガシの転訛とされます。

さらに猪が田畑にはいらないように、田畑の上の林の中か、田畑のまわりに石を積み重ねて猪垣を築きました。その多くは遺物になっていますが、三重県の伊勢神宮の御料林に隣接する志摩の町の田畑では、今も猪垣を大事にしています。広大な御料林のうち、神殿が並ぶおよそ一千ヘクタールが禁猟区になっていて、そこに棲息する猪が稲や作物を狙ってやってくるからです。田植えを終えると猪垣の崩れかかっている箇所を補修します。そこでは夜になると、「ダーン」「ダーン」と腹に響くような音が間をおいて聞こえます。猪威《ししおど》しのガス銃で、その音は朝日が昇るまでつづきます。

しかし、夜に活発に動きまわる獣は、こうした防護をたくみにくぐり抜けてコバに侵入します。そこでコバの中に簡単な番小屋をおいてまわりで火を燃やし、ときおり大声で「ホイ、ホーイ」「ホイ、ホーイ」と叫ぶのです。ところが一晩中なので、疲れて夜半にうっかり眠ってしまうことがあります。あたかもそのときを待っていたかのように、獣はコバに侵入します。ゴソゴソという音で目を覚ますと見るも無残になっていた、という体験談をよく聞きました。

近年、一般的になっているのは電気柵です。田畑のまわりに電線をめぐらして電気を流し、獣がふれるとビリッと感電するのです。また稲穂が頭を垂れるころになると、鳥が恐れるという大きな目玉を描いた風船を下げます。現在、鹿があちこちの山にかなり増えて、害獣駆除のため、鹿の猟期が伸びています。鹿は若葉や若芽を食うので、コバのまわりに網を張り、植樹した若木には一本ごとに網を張ります。

山間を走る電車の車窓からよく見るのは、屋根に使う波型のトタン板を横にして囲った田畑です。猪や鹿の侵入を防ぐための現代の猪垣です。志摩（三重県東部）の田畑にもこのトタン板を利用した猪垣が見られますが、その少し上に鉄線か網を張っておかないと、鹿はトタン板を飛び越えて侵入するといいます。

つづく雨と晴

作物を荒らす虫・鳥・獣とは別に、台風や長雨、日照りにもしっかり立ち向かわなければなりません。猪垣とか電気柵とかいった策はなく、ひたすら神に願いました。長雨に「日和白し（申し）」をした尾前では、日照りには次のような「雨乞白し《あまごいもう》」をしました。

区長は常会を開いて区民の意見を聞いて、共同祈禱を神官にお願いする。尾前川の上流には男淵、下流には女淵があるが、祈禱の当日は村中の老若男女がその河原に集まる。神官はまず男淵で身を清め、ついで神社から持ってきた御幣で集まった人々のお祓いをする。それがすむと神官は男淵から女淵まで泳ぎ、一緒に淵にはいって上がった人を祓う。終わると集まっていた人々は両方の好きな方の淵にはいり、次の唄を歌いながら水をかけあった。

雨は天下から縦に降れど　風のまにまに横に降る
太鼓腹かくなよ　にくくては打たぬ　雨をもらいに太鼓打つ

これを雨が降るまで毎日つづけた。常会の有力者五、六人は区の代表として白鳥山の九合目あたりにある御池に行き、池のそばに御幣を立てて池の水をもらってきて淵に供えた。

椎葉山では「夕立は馬の背を降り分ける」と言いました。尾根を馬の背に見立て、にわかに勢いよく降り出す夕立は、その背を境にして片側には降るが、その反対側は降らないこともあるということです。広い椎葉山では夕立や大雨の降るところがある一方で、カンカン照りの地域があるのは珍しくありません。尾前の神楽せり唄に、「最上は雪　河間は霰《あられ》　里は雨　何とて雲にもへだてがあるどうか」とあります。山の高さによる気象の違いを歌っているもので、最上は八〇〇メートル以上、河間は六〇〇メートルほどのあたり、里は四〇〇メートル以下のところです。

気象の違いはおのずと自然環境も異なることになるわけで、農作物の生育にも関係します。先の蕎麦の蒔きどきの違いはその例です。稗・粟についてのいい伝えが少ないなかで、「焼畑の木陰に雪のあるところに稗を蒔けば、実入りがよい」といったところもあります。南国日向でも、山村では冬に雪が降ります。ことにたくさん降る椎葉山では、「雪の多い年は麦の豊作」といいました。

稗の収穫

天候は年によって一様ではなく、雨乞い、日乞いをしなければならない年もありますが、変動が少なく、鳥獣の被害もわずかに収穫の日を迎える年もあります。

「出穂二十日」といいました。稗穂が出始めて二十日目に刈取りができるということですが、地質や日当たりなどによって異なり、「出穂三十日」「穂ぞろい二十日」ともいいました。

収穫はヒエチギリ包丁で背丈ほどに伸びた稗首を刈り、腰につけたテゴ（籠）に入れます。高く伸びて、穂に手が届かないような一帯には竹竿で茎を二、三列ほど倒して刈りました。この方法は実がたくさん落ちるため、刈り入れを急ぐときとか、稗のできが殊《こと》によかった年にしかやりませんでした。

刈った稗がテゴいっぱいになるとトーラに移し、背負って家に運び、稗をカマゲ（叺）に移して稗倉に

上：かつては山村の主食だった稗（昭和59年11月）。
下：穂刈りした稗は腰籠に入れ、いっぱいになるとトーラに移す（昭和59年11月）。

納めます。稗はかなり長く保存できるうえに年を経ても味はそれほど変わらないので、前から保存しておいた稗から順に食べました。

食べるといっても、稗倉から出してすぐ炊けたわけではありません。穂アヤシといって稗の穂から実を取り、ついで実についている殻を取りのぞく脱穀の作業をしなければなりません。脱穀によく使ったのはメグリボウです。棒の先につけた短い棒を回転させ、回転の勢いで稗穂を打って実を取るのです。棒打ちより力がいらず作業が楽でした。

コシラエは殻を取りのぞく作業で、二つの方法がありました。椎葉山に多かったウムシ稗は、蒸し器で蒸してから日光で乾燥させ、それを唐臼（踏臼）で搗くか、臼に入れて三人で杵《きね》で搗《つ》きました。西米良村に伝わるカライリ稗は、まず大釜で煎《い》る。熱せられて殻がはがれやすくなった稗を、稗ズリといって挽臼《ひきうす》

上右：30年ほど貯蔵した稗。食べられる（昭和58年10月）。
上左：昔は足で踏んで稗実を落とした。その再現（昭和58年10月）。
中：メグリボウで打って稗実を落とす（昭和58年10月）。
下：火で炒った稗実を石臼でひいて殻を取り、稗粒を得る（昭和58年10月）。

で挽いて実を取りました。西米良村ではこのカライリ稗の方が稗の味がよいといいます。

稗食については別項に記しましたが、稗をおいしく食べる工夫もありました。

・ヒエメシ（稗飯）　稗と米を五合ずつ合わせて炊いた飯。

・サンゴクメシ（三穀飯）　稗と米と小豆を混ぜて炊いた飯。

・ヒエズシ（稗雑炊）　稗・米・芋・大根・牛蒡《ごぼう》・菜葉・肉（猪・兎・鳩）などを入れて炊いたズーシーともいった雑炊。

・ヌカギャシダゴ・キャキャシダゴ　稗糠《ひえぬか》から胚芽を取り、蕎麦粉や小麦粉で団子にし、囲炉裏の灰に入れて焼いた。

かつて稗と粟が山村の常食だったころ、一人の大人が一年間に食べる量は約一〇〇貫（三七五キロ）といわれました。コバ一反の収量です。家族に五人の大人がいたらコバは五反なければなりません。

稗と粟は一〇〇グラムあたり三一〇キロカロリー前後、白米は三四二キロカロリーですから、それほど大きな差はありません。コバ一反の収量一〇〇貫では一一六万二五〇〇キロカロリーとなり、これを一年三六五日で割ると一日あたり三一八五キロカロリーで、中くらいの労働をする者の必要量となります。中くらいの労働とは、集金人、植木職、旋盤工、組立工、指物師、大工、左官、水夫、パン菓子職などです。

　なお椎葉山のコバにできる大根は、糸を巻いたような条がつくので「糸巻大根」といいます。柔らかで甘味があり、その切干しは肥後（熊本県）では米との交換に喜ばれました。

甘味のあるコバの糸巻大根（昭和58年12月）。

〔三〕 椎葉山の住まいと家族

移築された二軒の民家

宮崎県総合博物館展示の清田家（平成25年11月）。

今は見られなくなりましたが、かつて国内の農山漁村の民家の多くは茅葺《かやぶ》屋根でした。椎葉村でも、平屋造りの椎葉型といわれた民家は姿を消し、みな現代風の造りの家になり、今は村内に茅葺屋根の民家はありません。

村外に移築、展示されている椎葉型の民家が二棟あります。一棟は日当の山腹に建っていた清田司家です。新しい家を建てるために昭和四十九年（一九七四）に解体、三年後の同五十二年三月に宮崎県総合博物館の民家園（宮崎市）に復元されました。典型的な椎葉型の民家で、解体のとき見つかった大黒柱の墨書から元治元年（一八六四）七月に建てられたことがわかりました。

移築されたもう一棟は椎葉村高尾にあった椎葉家で、上椎葉ダムの建設で移築を余儀なくされ、昭和三十四年に、大阪府豊中市服部緑地の「日本民家集落博物館」に移されました。江戸時代後期に建てられたとされ、寄棟の茅葺屋根は桁行二二・一メートル、奥行九メートル

あります。博物館にはいって最初に見る民家で、大きな堂々たる造りに感嘆して見入る人が多いようです。その西側に馬屋も移築されています。

　この移築民家で平成十年（二〇〇八）十月に椎葉村の十根川神楽、同二十五年（二〇一三）十一月には尾前神楽が公演されました。尾前神楽では猪頭を解体する「板起し」も披露しました。舞が終わって見てくれた方に小幣をあげると、それを持って舞を真似る人がいました。大阪に住む椎葉村の出身者だったのでしょう。

上：日本民家集落博物館に展示の椎葉家。この左に馬屋がある（平成25年11月、下は同年月）。
下右：踊る人。　下左：手力男の舞。

椎葉型民家

「竿《さお》屋造り」ともいわれた椎葉村の民家は横長の堂々として風格のある造りで、屋根は寄棟《よせむね》が多く、その上部にウマンマタ（馬の股）、ウマノリ（馬乗り）、あるいは単にウマとも（ウシとも）いった千木《ちぎ》がおいてありました。清田家のウマは五組で栗の自然木が使われていました。

　ウマは直径七寸（約二一センチ）、長さ二間（約三・六メートル）ほどの栗の木で、オン（男木）とメン（女木）とを組み合わせて造りました。母屋のウマは奇数組が普通で、今は銅板葺きになっている上椎葉の鶴富屋敷のウマは九組です。茅葺きのころはそのウマをつなぐように長木のカミザシをおきました。千木は屋根の飾りであるとともに、風に対する備えした。茅葺屋根の上部は平坦で雨水が流れにくく、傷みやすいため大量の茅を積み重ねますが、その茅が台風などの強風で飛ばされないようにウマで押さえ、ウマが抜けないようにカミザシをおいたのです。

竿屋造りというのは間取りが並列になっていたことです。ドジ（土間）につづいてウチネ（居間）・デイ（客間）・コザ（奥の間）の三部屋が並び、前面にホカエンといった板縁がこの三部屋をつないでいます。出入口はドジにありますが、日常はホカエンから出入りしました。床間はどの部屋にもなく、風呂と便所は屋外にありました。

三部屋の間は舞良戸《まいらど》か板戸で仕切られていました。ウチネに長押《なげし》のない家もありましたが、デイは必ず

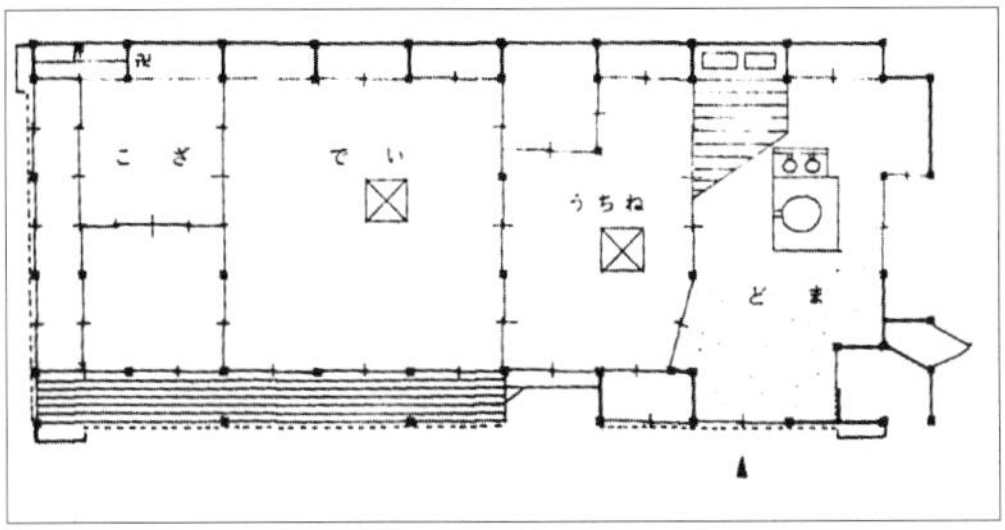

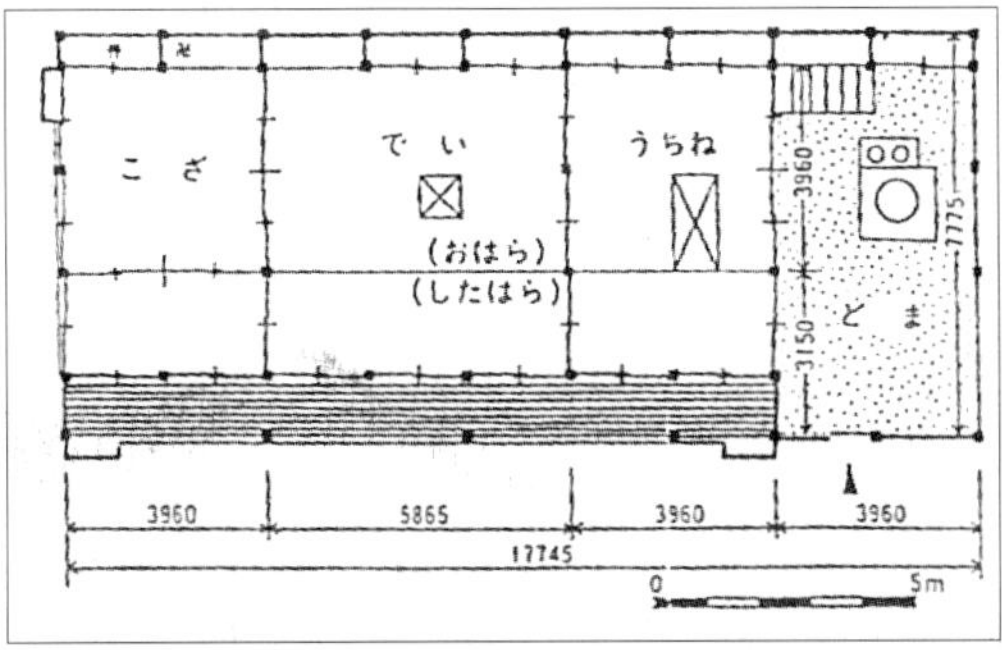

上：向山の日当にあった展示前の清田家の間取り
中：展示のとき元の間取りに復元した清田家
下：展示されている清田家の部屋（平成25年11月）。

長押でシタハラ（前室）とオハラ（後室）に分けられていました。前ページの図の「でい」とあるところの上に「おはら」、下に「したはら」とあります。この区別は江戸時代の身分の上下、あるいは男女の差別の名残とされます。祝いごとや病気見舞いなどに訪れた村人も客としてデイに通しましたが、何度かすすめられてようやくホカエンから上がり、大抵シタハラで応対を受けて下がるのが普通でした。コザの二坪のシタハラを老人の部屋としている家もありました。

こうした民家の造りは、山の斜面のわずかな平地に建てるため、奥行がなく、おのずと横長になりました。ホカエン側を正面とすると背後は山になります。その山側には戸棚や神棚をおきました。

・ドジ（土間）二～二・五間幅（四～五メートル）で出入口があり、奥に台所や竈《かまど》をおいた。ドジを左右のどちらに設けるかは、水利で決まった。椎葉村では庭で農作業をしたので、土間は北国の土間とくらべると狭い。

・ウチネ（居間）家族の部屋でジロ（囲炉裏）があり、そのまわりで食事や団欒《だんらん》、農作業の話などをした。孫に昔話を語ったのもこの部屋である。ドジとウチネの境に仕切りはなかった。

・デイ（客間）もっとも広い部屋で、客室だが冠婚葬祭に使い、また神楽の御神屋《みこうや》にもなった。十一月から十二月にかけて、今も村の二十六集落で奉納されている神楽は、現在は公民館などを祭場としているが、以前は民家を神楽宿とした。神楽宿には氏神を迎え神楽を舞う神域の御神屋が設けられる。デイはその御神屋の部屋になった。一生に一度あるかないかという、自家が神楽宿になるのは大変な名誉なことだったが、椎葉型の民家は、その名誉をどの家でも受け入れられる造りになっていた。

・コザ（奥の間）ドジから一番奥の神棚や仏壇をおいた、家の中でもっとも神聖な部屋である。

椎葉村の多くの民家はウチネ・デイ・コザの三部屋ですが、大きな造りの民家、たとえば上椎葉の鶴富屋敷や不土野字不土野に今もある庄屋の家には、ウチネとデイの間に主婦専用のツボネと呼ぶ部屋があり

椎葉の家

千木を長木でつないだ茅葺屋根の鶴富屋敷（撮影・櫻田勝徳　昭和9年3月）。

よい茅葺屋根の民家が並んでいた下福良字尾八重。今はダム湖（撮影・櫻田勝徳　昭和9年3月）。

千木が4組の大河内庄屋（提供・早川孝太郎　昭和9年3月）。

大阪の日本民家集落博物館に展示の椎葉家の馬屋（平成25年11月）。

沢水を竹樋で引いて家の前に設けた水場。下福良字大久保（昭和44年11月）。

上部の集落は大河内字竹の枝尾。下方は今はダム湖（撮影・櫻田勝徳　昭和9年3月）

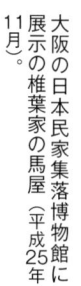

ます。

部屋の床は板張りですが明治以前は竹床で、上に莚《むしろ》か茣座《ござ》、藁《わら》をおいただけの家もありました。板張りになる明治時代には茅畳、大正時代は七島畳、昭和以降に現在の藺草《いぐさ》畳になりました。畳は十一月頃に敷き、五月に上げて板の間にしましたが、客があるとデイには畳をもどしました。畳のない家では冬に莚を敷きました。

風呂と便所はたいてい屋外に庭を隔てておかれていました。同じ別棟に牛馬の畜舎があり、それには薪《まき》置場や味噌蔵がつづいていました。味噌蔵は自家製の味噌を寝かせておくのと、漬物やそれらを作る大切な原料であるたくさんの塩が納めてありました。稗蔵は屋敷地からかなり離れた場所におかれました。たとえ母屋が火事で焼けても、稗があればとにかく再興できるという考えによるものでした。

火事というと、明治時代に一軒の家が出した火が尾前下の家のほとんどの家に飛び火したことがありました。茅葺屋根は火が移りやすいのです。この火でかなりの家で古記録や刀剣類を焼失しました。

茅葺屋根普請

茅葺屋根は茅を厚く重ねて葺くので、たくさんの茅を必要としました。茅は山野に自生しますが、屋根用の茅は普請組が山地に設けた茅場で育て、秋から冬にかけて刈って用意しました。

地域の気候や雨量、茅の質によって屋根の葺替えは十五年から三十年と一様ではありません。質のよい茅だと四十年はもつともいわれます。全部を葺き替えるのではなく、「差し茅」といって、傷んだところだけの修復もありました。大きな屋根になると、新築でも葺替えでも、二年ほどかけて必要な量の茅を用意しなければなりませんでした。

茅刈りでも屋根葺きでも大勢の人手を必要とします。「普請組《ふしんぐみ》」はそれに対応するために集落や組で組織されました。戸数の少ない集落や組ではまわりの集落などと組みました。各家の大人はみんな出て作業をするのを義務としていたところもあります。

普請組には組ごとに「普請奉行」と呼ぶ指導者がいました。普請奉行は茅葺きについてよくわかっている人で、茅場での作業の指揮をとったり、奉仕帳にそれぞれの奉仕や手伝いの日数を記帳したりしました。よい茅を育てるために、五、六人ずつ順番に茅野に出て作業をしましたが、その手入れ方法なども教えました。

下福良字桑ノ木原の昭和二十一年（一九四六）当時の戸数は二十三戸で、母屋の葺替えをする大普請には全戸が出役しました。ここではその世話役をトモドリといい、三人のトモドリが、大雨の日に申し出のあった家の雨漏り具合を見てまわり、もっともひどい傷みの屋根の普請をしました。一年に一戸の普請でした。

この桑ノ木原では一年に一戸を葺くだけしか茅の用意ができなかったのです。

茅野の茅は秋から冬にかけて、全戸から男女一人ずつ出て茅を刈り、春に葺替えをしました。小屋や厩《うまや》などの小普請の場合は東組、西組が交互に出役して葺きました。縄などは組が提供しました。

右：茅葺き屋根に使われる茅（長野県下諏訪町東高木　平成22年11月）
左：茅葺き屋根に使う茅を育てた茅場（西都市銀鏡　昭和44年12月）

尾八重上組の普請組

普請組について、上椎葉ダム建設で移転する前の下福良字尾八重の上組の組織と運営が『椎葉村史』に記載されています。

尾八重の上組の普請組は横野十戸、春山八戸、上福良十六戸の計三十四戸で組織していました。「茅野」といった茅場は四～七町歩の共有地です。普請組にはいっていることで入会権《いりあいけん》があり、屋根の普請用の茅を採取することはできましたが、屋根葺き以外に、たとえば牛や馬などの家畜の飼料に茅を刈り採ることは固く禁じられていました。

屋根の全部を葺き替える大普請では、三十四戸の普請子が始めから終わりまで共同責任で作業にあたりました。一部の修復や小屋などの屋根替えは集落ごとに行ないました。「普請子」は普請組にはいっている家の、小学校を卒業した満十三歳以上の男女をいい、みんな出役の義務がありました。年齢は六十歳が上限で、その年齢になると茅刈りにも屋根葺きにもおのずと精通し、他の集落の作業には出向きませんが、自分の組の作業に立ち会い、作業の方法や手順の指導、助言をしました。普請子は年齢によっていたので、各家の出役の人数は一様ではありませんでした。

普請奉行は各集落に一人ずつ合わせて三人いました。普請奉行は人格高潔、普請の一切に精通した長老で、普請組内での経済力と指導力のある者が選任されました。世襲制ではありませんでした。

毎年、旧暦十月になると、翌年の大普請を希望する家ではその願いを普請奉行に申し出ます。三集落で一戸だけのときは問題ありませんが、複数の場合は三人の普請奉行がそろって申し出た家に行って検分をしました。

一　家屋の屋根の傷み具合。

二　普請子のまかないなどについて食糧品の確保、その他の準備はできるか。
三　この集落の茅野の茅の生育の工合。
四　他家の普請にもよく協力し、みんなから扶役を得られるか。
これに家主から心構えなどを聞いて、その年の普請の家を決めました。三人の普請奉行のうち総大将には大普請をする集落の奉行がなり、二人が補佐しました。三人は茅の刈り始め、古茅の除去の日などを決め、現場では葺き方の技術、屋根全体の体裁などについて指揮、監督しました。

大普請は解体から始め、茅野から茅を運び、葺き、後片付けまでおよそ一カ月ほどかかりました。その

上：屋根葺きは組の共同作業（新潟県十日町市　撮影・小見重義　昭和54年４月）。
下：差し茅（白い部分）をした屋根もある（撮影・櫻田勝徳　昭和９年３月）。

間に他の集落で小普請があったりするので、同じ集落で複数の大普請はなかなかできなかったのです。

大普請は旧暦正月二十日過ぎ（現二月）から、屋根の古い茅を取り去ることから始めました。これは普請子全員の作業で、男たちは屋根に上がって茅を取り、女たちは庭にいて、屋根から放り投げられたり縄で縛って下ろされる古茅を受けて集めます。

この作業が終わると新しい茅で葺くのですが、それには茅野から茅を運ばなければなりません。それは若い男女の役目で、尾八重上組ではその責任者の若者頭をトモドリといいました。トモドリは普請ごとに奉行が任命しました。

茅野で育てた茅は旧暦十月（現十一月）に刈り、一抱えほどに束ねて竿に吊るし干ししておきます。その茅を午前と午後に二回ずつ運ぶのです。茅野から普請する家までは、往復五キロから十キロ。背負う茅は女子は約三十五キロ、男子は約四十〜四十五キロほどでした。

この若い運び役はいろんな難癖《なんくせ》をつけて、途中の山道で長々と休憩し、茅の供給を止めて喜んだりしました。そのため奉行は現場に出向いて機嫌を取ったり説得したり、いろいろ気遣いをしました。難癖は、「運び役より普請屋にいる者の方が先に休憩して茶を飲んだ」「休憩時に出された餅が普請屋にいる者の方が運び役より大きかった」など、他愛のないことでした。それも楽しみの一つなら、数十人の若者たちが重い茅を背負い、野中の道、急峻な山道を押し合いへし合い、喚声を上げながら運ぶのも重労働ながら楽しみでした。

大普請では屋根を丸裸にするので、その家の台所は使えません。屋敷内に急ごしらえの炊事場を設けて煮炊きをしました。そのまかないの元締めを「釜元」といい、まかないの普請奉行に相当する釜元役を、普請をする家が経験の豊かな主婦に頼みました。普請がつづく一カ月、百人分前後の食事を一日に三〜四回も用意しなければならない組内の主婦も、それを采配する釜元も大変でした。普請が終わると、その家から木綿の反物一反を釜元に礼として贈るのが通例でした。

普請子たちへのまかないは茅運びの若者たちを最優先し、午前十時ころに一回目が到着すると一番ヨケとして餅一個、味噌をつけた薄い豆腐、それに漬物と茶を出しました。このときトモドリへの、餅は他の者よりやや大き目、豆腐もやや分厚いものにします。それで機嫌よくしたトモドリは若者を引き連れて二回目に出発、正午ころにもどってきます。昼食は雑穀の混じった飯に干菜の味噌汁、高菜の漬物などです。昼食をすませると若者たちは田圃や庭で相撲や棒押しに興じ、お祭り騒ぎのようでした。三回目は午後三時前後、二番ヨケに蕎麦切り、好きな者には濁酒（ドブロク）を出しました。夕方にもどる四回目には三番ヨケとして茶と漬物ぐらい。食べると若者たちは翌日に使う縄をなったりして暮れ近くに家に帰りました。

普請奉行の指導と釜元の采配で普請作業は順調に進み、葺きは仕上げの段階にはいります。難しい、しかし体裁をきちんと整えなければならないのは角の登りです。屋根には左右に二つずつ四つの角があり、二つは棟の上で一緒になります。この角を葺いて登るのを「シュウギ作り」といい、ことに家の前面の両側の角は人目につくので体裁よく仕上げなければなりません。

そのため二人一組、四角で八人の腕ききの者が充てられました。この八人はだいたい世襲でした。その作業のとき奉行は目をはなさずに見上げて、体裁について指示と助言をつづけます。

難しい、大変ということでは、一カ月にわたる百人前後のまかないの食材を用意しなければならないことでした。田はあっても採れる米は自家で食べる分だけでしたから、まかないを思うと大普請は簡単に申し出ることができませんでした。そこで考え出されたのが「穀頼母子講《こくたのもしこう》」です。籾米《もみごめ》・麦・蕎麦・稗・玉蜀黍などを他家の大普請のとき俵単位で提供して、自家の普請のとき返してもらうのです。いずれも精白されていない穀物だったので、大普請をする家がある集落の女性たちは、正月過ぎから唐臼を踏んで夜遅くまで精白に協力しました。このときにも「稗搗節《ひえつきぶし》」を歌いました。

このほかに当家の親戚などが、普請の期間中に一日か二日、まかないをする方法がありました。食料、調味料など一切を持ってきて調理するもので、その日は当家の女主人が普請子や支援の主婦たちに、「今日は○○様がまかないをしてくれ申す。どなた様も遠慮なく召し上がって給り申せ」と披露しました。

家族と分家

こうした茅葺屋根の家に住んだ家族の人数は、多い家も少ない家もありました。延享三年（一七四六）の検地のときの尾前村の家数は六十九戸、人数は三五八人で、平均数では一戸に五・二人、向山村は三十四戸に一三一人で、一戸あたり四人弱になります。村勢要覧によると、昭和四十五年（一九七〇）の尾向の世帯数は二二四戸、人数九一九人で家族は平均四・一人、これが十五年後の昭和六十年（一九八五）は一七七戸、六二一人で平均三・五人になっています。

野間吉夫著『椎葉の山民』に、戦時中に八十一歳の椎葉与一老が、「とんと昔は役人が分家をさせだったのよ。見たごとじ土地はねえし、軒数がいみりゃ食うことがでけんじゃった」と語ったとあります。与一老のいう「とんと昔」の先祖代々の家には、十五人から二十人がいることも珍しくありませんでした。家を継ぐ者以外は養子に行くか他に出て自立するか、そうした力がない者は結婚することもなく、本家の農夫として一生を送りました。これは人手を要した当時の農業の労働力になりました。古文書などの願主の並びに「右同人家内」とあるのはそうした人を指すといいます。

自然石で巧みに築いた大河内字嶽の枝尾の石垣（撮影・櫻田勝徳　昭和９年３月）。

そんな次男・三男で結婚しない息子をオンジ、娘をオンバと呼びました。「結婚しない」というより「結婚させない」ということだったようです。耕地が狭いために人口が増えると食料が足らなくなる恐れもあるため、子どもを産まないように、結婚させないようにした、ということです。分家で軒数が増えると食えなくなるというのと同じです。

そうした厳しさの中にも親の配慮はありました。貧しさを継がせず長男を金持ちの親戚（本家など）に養子に出して、家は娘に養子を迎えました。これは親戚を大事にしたのと、オンジ・オンバの苦境を少しでも解消するためでした。

結婚した次男、三男を分家とする家もありました。これには財産の分与が伴いますが、下福良では山小屋を与えた例もあります。分家ではないが同じ下福良では作小屋を隠居屋にした家もありました。

昔の結婚はほとんどが集落の者同士だったから、おのずと親族付合いが多くなります。分家を生家から少し離れた土地に建てたとしても、付合いの親族のそばになることが多かったのです。

こうした厳しさは明治維新後に徐々に改善の方向に向かいます。資本経済の導入によって新しい仕事場に次男、三男も出向くようになるからですが、といって昔からの習俗が一挙になくなったわけではなく、オンジとオンバは昭和三十年頃まで残っていたといわれます。

下福良字桑ノ木原の二十六世帯は、サエムキ（最上向）、コウマムキ（河間）、コヤンタイラ（小屋平）、シモンツルヒラ（下水流）、コナコオハルノタイラムキ（小中尾）の五組に分かれています。この中のシモンツルヒラ六世帯のうち四世帯は昔からの同姓の世帯で、うち三世帯は分家や従兄弟という親族になります。また最上向・河間・小屋平で東組、下水流・小中尾で西組の葬式組を作り、組内に死者が出たときそれぞれの組が一切の準備をして葬式を行ないました。

第五章

祈り憩う四季の行事

舞を終えた太夫に酒をすすめる追手納の御神屋の使い（平成25年12月）。

〔一〕　暮らしを見守る神と仏

尾前と向山の神社

右：尾前神社本殿（平成29年４月）。
左：背に寛永三年と記銘のある尾前神社の神像（平成26年12月）。

椎葉村には現在、神社が十一社あって、そのうち尾前と向山に一社ずつあります。明治四年（一八七一）に神社名が改められた尾前神社（別名六社大明神）と向山神社（別名白鳥神社）です。『日向地誌』には尾前神社は旧称六所大権現、向山神社は旧称白鳥大権現と記されています。

尾前神社は寛永三年（一六二六）に、次の集落の五社を尾前社に合祀して「六所大権現」にしたとされます。

水無　今宮社
寺床　岩戸社
尾前上　阿良野社
尾前下　山宮相野社
小原　八幡宮

六所大権現となる合祀を寛永三年とするのは、尾前神社本殿に祀る木彫りの御神像の一体の背にその年号の記銘があり、合祀するときに書かれたとされます。この御神像に例大祭のとき、「おきぬ替え」といって和紙を一枚ずつ重ねます。東北地方のオシラサマ（蚕神）に新しい布を年に一枚ずつ重ねるのと似ていますが、九州の神社のいくつかにも、こうした木彫りの御神像とおきぬ替えが見られます。

尾前神社の祭神としての御神像は七体、初め六体だったが、のちに水の神を加えて次の七体としました。

志那津彦命《しなつひこのみこと》　風の神
志那津姫命《しなつひめのみこと》　風の神
金山彦命《かなやまひこのみこと》　金の神
埴安彦命《はにやすひこのみこと》　木の神
句句廼智命《くくぬちのみこと》　火の神
軻遇突智命《かぐつちのみこと》　土の神
水速女命《みずはやめのみこと》　水の神

尾前の人々はこの七神を祀る尾前神社を氏神として崇《あが》め、ときには願いごとをしつつ頼り、祈り、年に四回の定例の祭りを行なってきました。

春祭り　旧暦三月十五日。現在は四月の第三日曜日。祭式ののち下の拝殿で的射をする。
夏祭り　旧暦六月十五日。「祇園さん」といい、虫供養、水神祭り、年により昭和二十九年（一九五四）ごろまで雨乞いをやった。現在は中絶。
秋祭り　旧暦九月九日。神楽三番と昭和五十三年（一九七八）まで臼太鼓踊りが奉納された。現在は中絶。
例大祭　旧暦十一月二十日。現在は十二月第二土曜日に祭式を行ない、翌日にかけて神楽を奉納する。

向山神社は日添、日当、追手納の三集落の氏神で、氏子たちは「向山神社」よりも旧称の「白鳥神社」と呼びます。白鳥神社、すなわち向山神社の祭神は景行《けいこう》天皇の皇子といわれる伝説上の英雄である

日本武尊《やまとたけるのみこと》です。

日本武尊は九州の熊襲《くまそ》を征伐《せいばつ》し、さらに東国の蝦夷《えぞ》を討って帰る途中、伊勢の能褒野《のぼの》（三重県亀山市）で亡くなったので、そこに墳墓《ふんぼ》を造って葬《ほうむ》ったが、その霊は白鳥となって飛びまわったといいます。白鳥大権現は、この日本武尊の白鳥の伝承が結びついた名です。

『椎葉山根元記』に、平家の残党が向山の金の内で追討軍に滅ぼされたとき、大将軍が持っていた、白鳥の毛のついた槍で切腹した者がいた。元久元年（一二〇四）にその者たちを祀るために一社を勧請し、白鳥の名を冠して日本武尊を祭神とした、とあります。旧暦三月十七日には、自決した平家一族を供養するため、白鳥山（一六三八メートル）の山頂で慰霊祭の「御武者まつり」を行なってきました。

向山神社の合祀は明治維新後です。朝日山正八幡宮・北山社・治日大明神・八幡宮二社・八津尾社・新八幡・天太屋社・祇園社・羽鷹大明神・滝の山ノ神など、三集落にあった十一の小祠です。神仏混淆もあるこれらの小祠が三集落にあったときの行事や信仰は、今はもうわかりませんが、それぞれ氏神として生活の中で人々に大事にされていたのは確かでしょう。

向山神社の例祭は旧暦では十一月二十日、今は

右：向山神社。平成27年１月
左上：向山神社で日添神楽の神楽子の神迎え（平成26年12月）。
左下：神迎えの祭式のあと「一神楽」を奉納（平成26年12月）。

十一月十四日です。このあと十二月の土・日曜日にかけて追手納、日添、日当の三集落の神楽があり、神楽宿に氏神を迎えるために三集落それぞれに神前で祭式を行ない、神楽一〜三番を奉納します。

　向山神社は高いところにあるので、年によってそのまわりが雪で真っ白ということもありますが、それは氏神を迎えるというおごそかさと、清らかさを感じさせます。

仁王像と大師像と寺

　向山神社はかつて樹齢三百年を超える十二本の杉と、樫《かし》や樅《もみ》などの林の中にありました。昭和二十七年（一九五二）に神社を建てかえるとき、その費用にあてるために、もっとも大きな樹齢五百年余と推定される「一の門の杉」一本だけを残し、あとは伐り倒しました。

「一の門」は杉のそばの一の鳥居をいい、今もそこに鳥居が立っていますが、樹高四〇メートル、幹周り七・八メートルという大杉のそばの鳥居はいかにも小さく見えます。この杉は神社の推移と尾前と向山の人々の暮らしを見つづけてきたはずです。それは尾前神社の境内にそびえる杉の大木にもいえますが、もし杉がその見てきたことを語ってくれたなら、面白いことや新発見がいっぱいあるでしょう。

　この一の門の杉の前に石碑が一つ立っています。じっと見詰めると仁王像が彫られています。木おろしをしていた金松という爺が、誤って木から落ちて足を折ってしまった。そこで足が治るように仁王様に願をかけ、そこに石碑を立てたのだといいます。木おろしは焼畑のとき、伐り倒さない太い高木の枝を伐り

向山神社一の門の杉。前に仁王像の石碑がある（平成27年1月）。

はらうものです。

追手納は向山神社のある日添の西方にあります。その追手納全体をよく見渡せるところに神楽宿となる公民館があって、板壁に「追手納公民館　御大師堂」とあり、館内に「一食大師」とも呼ばれる弘法大師の木像が座しています。

この大師像は、五家荘（熊本県）の僧侶の古賀観静が、昭和六年（一九三一）から翌年にかけて追手納で彫りました。古賀観静は大正六年（一九一七）ころ、九州各地に八十八体の弘法大師像を彫ろうと発心《ほっしん》、昭和二十七年ごろまでかけてやり遂げたといいます。八十八体と弘法大師は四国巡礼につながっています。その大師像をどこの村（集落）で彫るかは、古賀観静の弟子があちこちまわって土地の人とよく話しあって決めました。追手納では銅元家の当時の曾祖父、剛が話にのって受けました。用材の桂の木は剛の長男の栄蔵が山から伐り出してきて用意しました。

追手納にやってきた古賀観静は剛の家に泊まり、奥の部屋に十日ほど籠《こも》って彫りあげました。彫っているときは誰にも部屋を覗《のぞ》かせなかったといいます。三度の食事は銅元家が出しましたが、古賀観静が食べたのは一日に一回だけ、あとの二食は彫っている大師に差し上げた。そこから「一食大師」の名がついたといいます。

像は弘法大師だが、古賀観静はその顔を話にのってくれた人の顔に似せました。追手納の大師像は剛にそっくりだし、またその曾孫の顔にも似ているといいます。なお、弘法大師像は尾前下の銀杏《いちょう》の下（元は水場のそばに堂があった）と椎葉村役場の近くにも座していますが、この二体は誰の顔に似ているのでしょう。

椎葉村では路傍の石像はあまり見ません。適した石がなく石造の技術がはいらなかったか、他所で造っ

追手納の「御大師木像」（平成25年12月）。

てもそれを運んでくるのが大変だったからかもしれません。といってまったくないわけではなく、日添には馬を祀る馬頭観世音と牛を祀る大日如来の石像があります。

かつて農作業のほとんどが手作業だったころ、馬と牛はそれを助けてくれる大事な労働力でした。それは全国どこでも同じでしたが、椎葉ではもう一つ、「駄賃付け」に馬はなくてはならないものでした。

馬頭観世音と大日如来は昭和十六年（一九四一）に、当時の尾向区長の甲斐宇源が、生活に大切な馬と牛に感謝し祀ろうではないかと提案し、造られました。お堂は組のみんなで造り、石像は他所で刻んでもらって馬で運び、日添にある寺の称専坊で入魂してもらいお堂に安置しました。

称専坊は、天正十七年（一五八九）に僧教円によって開かれたといわれます。古記録に「勝専坊」とあり、それは熊本県八代郡野津村（現氷川町）の勝専坊の末寺だったからとされます。

尾前には鶴の平に浄行寺があります。肥後の浄行寺（熊本市）の末寺で、慶長六年（一六〇一）、僧了益の開基とされます。豊臣《とよとみ》から徳川の世になろうとしていた時代で、そのころ、「椎葉山」を支配していた三人衆の一人の那須弾正は、同年

右：日添ではないが、旧街道沿いに見られる馬頭観世音（群馬県東吾妻町　昭和49年）。
左：浄行寺。昭和28年に尾前下から鶴の平に移転（平成24年11月）。

に徳川家康より朱印状を与えられています。弾正の権勢《けんせい》のもっとも強かったころで、浄行寺は称専坊とともに弾正の庇護《ひご》のもとに開基されたのではないかといわれます。

〔二〕 四季おりおりに

椎葉村の年中行事言葉

全国各地に四季を通じてさまざまな祭りや行事があります。尾向でも各神社の神楽などの祭りと、家ごとに、あるいは集落みんなで行なう行事があります。

次項から、尾向と椎葉村の行事について、『椎葉村史』の「年中行事」の章と『宮崎県叢書――宮崎県年中行事集――』を参照して記します。

地名の記載のないのは椎葉村にほぼ共通する行事です。次は行事にもよく使われる椎葉村の言葉です。

アキ　恵方《えほう》。
イモカン　オカンともいい、元旦の主な食物。
オオドシ　元旦からの三が日。十四日と十五日のコドシ（小正月）に対していう大正月のこと。
ウチネー　台所。
ウラジロ　羊歯《しだ》。
カケグイ　酒を入れた竹筒。
コザ　神棚、仏壇のある奥の間。
コドシ　一月十四・十五日。
シキブ　樒《しきみ》。
ジロ　囲炉裏《いろり》。
ダラノキ　たらの木。
タンゴ　水桶。

ツルノハ　譲葉《ゆずりは》。
デイ　客間。
トシネ　オオドシの餅。
トシノヒ　大晦日《おおみそか》。
ドジ　土間。
トビノカミ　和紙を折って三角形を作り、米・稗・粟を少し包み、角を上に注連縄《しめなわ》などに吊るし下げる。
ニゴリバナ　樒《しきみ》。
ヒノトギ　「火の伽《とぎ》」か。
フツ　蓬《よもぎ》。
モッドシ　小正月。
モロメギ　犬榧《いぬがや》。
ヨケビ　休日。
ヨネ　米。

新年を祝う日々

正月飾り

餅搗き　オオドシのトシネは、二十九日は「二重苦」で縁起がよくないとして二十八日か三十日に搗《つ》く家が多い。これは椎葉村以外でも同じである。

門松　トシノヒの朝から立て始める門松は、飾りつけの型から椎葉村では四種に分けられる。尾前・日添・日当・追手納などを含む不土野型は、門口の左右に松の木を立てて注連縄を張り、トビノカミを注連縄の中央にはさみ、その左右にツルノハとシキブを吊るす。松の根元には年木を三本ずつそえる。

祝い縄　日添では大晦日にそれぞれの部屋に張り渡す注連縄を「祝い縄」とも「年縄」ともいう。普通の太さの縄のところどころに二本ずつワラシベ（稲藁の芯）を垂らし、これをコザとデイの内側に張る。ウチネーには張らない。張った縄にトビノガミ、ツルノハ、ニゴリバナの小枝をはさみつける。六日にはモロメギの小枝をつける。これらはモッドシの十四日の昼過ぎに縄とともに取り外す。

ヒノトギ　日添ではトシノヒの晩から正月七日までジロに生木をくべ、火を絶やさないようにしてその火で煮炊きをした。七日が過ぎると燃え残った生木をドジの隅に一年おいておき、その年がよい一年だったら再びトシノヒの晩に使って新しい生木に受け継いだ。この生木を年玉（霊）ともいい、十二月十三日に用意するのが決まりだった。

年木　尾前では暮れの二十五日に、山で年木と年玉の用材を伐ってくる。主に樫で、トシノヒに年木用はこれを長さ五十センチほどに伐りそろえ、コザ、デイの前柱とコザの後の神と仏の後柱に二本ずつ、ツルノハ、シキミの小枝を結んで立て飾る。馬屋や蔵の入口の前柱、門松の根方にも立てる。

年玉　長さ一五〇センチほどの樫の丸太で、この生木を大晦日に表の間にあるデイの囲炉裏で燃やす。生木なので少しずつ燃えつづけ、コドシの十五日にあげてもまだ長く残っている。その燃え残りを鎌や鉈の柄《え》にした。この残り木の柄は縁起がよいという。

アゲクチアゲ　トシノヒに屋敷まわりの神々に御幣を供えるもので、日添・追手納などでは、十二月の神楽のときもらった水神幣・荒神幣・稲荷幣などをそれぞれの神に差し立てる。

山祝い　トシノカミともいい、八十センチほどの樫木十二本（閏年は十三本）の片方を矢筈《やはず》状に伐り、トビノカミとツルノハ、シキブを一緒に束ね、矢筈状を恵方に向けてすえる。コドシの朝に取りはらう。

部屋祝い　デイやコザにトビノカミ・ツルノハ・シキブで飾りつけをする。日添では橙色《だいだいいろ》の実をつけるクロキバナをそえる。また「年祝い」といって部屋祝いと同じものを屋外の荒神・水神・山の神などにも供える。

牛と農具の年取り　トシノヒに、農具とよく働いてくれた牛にも家族なみにトシを取らせる。牛には十二時前に餅を与える。牛は今はいないが、追手納では餅と唐黍を豆腐や蕎麦《そば》の湯がき汁に入れて食べさせた。

イモカン　「オカンの芋」ともいい、里芋や山芋を塩味でたいたもので、トシノヒに神棚や仏壇などに供える。これを年明けの朝の歯固めの後に黄粉《きなこ》をつけて食べる。焼畑で作物を得ていた椎葉村では餅の雑煮ではなく、このイモカンが元旦の祝いの食だった。

元旦の習わし

若水汲み　夜明けごろ明き方の水場へ行って、ツルノハと注連縄をつけたタンゴに水を汲み入れる。そのとき不土野では、「福を汲みとる　ヨネを汲みとる　トソ　イラズ　トソ　イラズ」という。そうして汲んだ若水は正月五日まで使った。不土野字古枝尾では二日に汲みその水で占いをする。

歯固め　日添では若水を沸かして年始めの最初の茶を飲むとき、歯固めとして干し柿、勝栗、猪肉を食べる。食べた干し柿の種が奇数で、その数が多いほどよい。猪肉がないときは掌に猪の絵を描いて食べる真似をする。これらは三が日に出しておいて少しずつ食べた。年の始めの歯固めの後に食べるイモカンのカンは、熱いもの、吸物をいう羹《かん》だという。

正月二日の行事

◇二日を仕事始めの日とするところが多い。

若木伐り　「山の口明け」ともいい、二日の朝、まだ暗いうちに山に行って若木を伐る。追手納では元旦の晩から縄をない、それがすむと伐りに行く。行く山はその年の恵方だが、日添や追手納では寝ている牛の頭の方角とする。伐る木は二本、樫が多いが、杉のところもある。セビと呼ぶ伐った木の先端の葉は山の神の依代として残し、その下の皮を剝いでトビノカミを吊るしつけて門口に立てる。

若水占い　不土野字古枝尾では二日に、以前は水汲桶に汲んだ。その後バケツになったが汲んだ若水での占いはつづいた。ツルノハ、シキブ、トビノカミをつけた注連縄を張ったバケツに、家の主が米・大豆、粟を一粒ずつ、それらの名を言って若水に落とす。その穀物が沈むとき、一直線にスーッと沈むとその作物は豊作、ゆれながら曲がって沈むと凶作になるという。

鍬入れ　若木伐りをすませると、畑に行ってツルノハ、シキブを立ててトビノカミを吊るし、そのまわりを恵方から太陽のまわる順に鍬を入れて畑を起こす。鍬入れを十一日に行なうところもある。日添では朝早く自家の田に行きツルノハを立て、升に入れてきた白米を三振り撒きながら、唱える。

「このアキの方に向かって蒔く種は　根太く葉太く虫けらも食わんように　一粒万倍　千俵万俵
　仰せつけやって給れ　おん
　願いいたし申す」

　つづいて鍬で打って土をツルノハに寄せる。これを「鍬入れ」とも「鍬入れ祝い」ともいっている。

若風呂　鍬入れを終えて田からもどると、追手納などでは沸かしてある若風呂にはいる。

山婆ジョウの豆腐　日添では、正月に食べる豆腐を暮れの

竹と松にだいだいをつけた門松（平成27年1月）。

正月唄

正月の門に立てたる　門松の
一の枝には金がなる　二番の枝には米がなる
三の小枝に一分小判が　なりさがる
せびより鶴が舞いおりる　下から亀がはいのぼる
鶴は千年亀は万年　鶴と亀とは何というて遊ぶ
お家繁盛と　いうて遊ぶ

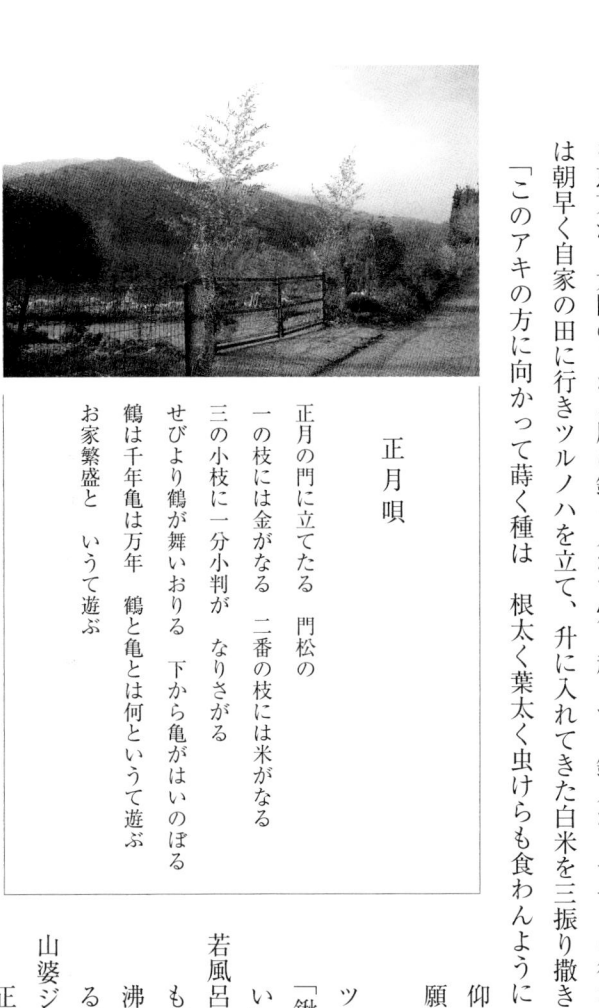

十二月二十三日に作る。年が明けて初めて作る豆腐を「若豆腐」といい、この若豆腐はかならず山婆ジョウ（山婆《やまんば》は山姥、ジョウは敬称）に供えるものとされた。長さ八センチ、厚さ三センチほどに切った三切れを竹串に刺し、稗蔵の外の板壁にはさみ、「山バジョウに上げ申す」という。

不成就日　旧暦では、物事がならない日とされる不成就日が月に三、四回あった。正月三日はその最初の日で、仕事始め、旅立ち、他家の訪問などをひかえ、年始まわりは四、五日にした。

正月六日の行事

モロメギ祝い　モロメギは葉先が尖った針状になっている犬榧《いぬがや》で、六日の朝、門松や部屋の年縄、玄関、屋外の年木、山祝いなどに張った注連縄にさしてモロメギ祝いとする。茎や葉に刺《とげ》のあるタラの木枝を立てかけるところもある。モロメギは鬼のアバラ（肋骨）、タラは鬼のイガテンボウ（イガのある棒）という。七日の夕方、このモロメギとタラは囲炉裏にくべる。モロメギの葉はパチパチとはじけながら燃えるが、それで鬼をこらしめるのだという。これもモロメギ祝いである。下福良字山中では荒神（竈荒神）に大きな（五、六十センチ）タラを供える。「荒神の蛇打ち」といって、家の中にはいってくる青大将を荒神が打って追い出してくれるし、焼畑に出る蝮《まむし》も追いはらってくれるという。家によって「火の神の蛇打ち」といい、大きなタラをウチネーの棚に祠ってある火の神に供える。日添、追手納にはこのモロメギ祝いと、七日の晩の鬼火焚きにつながる民話が伝承されている。

正月七日の行事

鬼火焚き　「鬼火の焼き出し」ともいい、七日の早朝か夕方にする。モロメギやダラの木をはずして鬼火焚きの火にくべる。日添などでは正月飾りも鬼火で焼いてしまう。その火に竹を入れるとバーン、バーンと音を立ててはじけるが、その音で鬼を追い払うという。また長さ七十センチほどの竹の上部を焼いて曲げ、「鬼の首ねじり」「焼き曲げ」「虫除《よ》け」などといって畑や四辻にさし立てる。

正月十一日の行事

鏡開き　正月に神棚や床の間に供えた鏡餅をさげて割り、餅汁にして食べる。

太鼓の口開け　神楽始めの行事として下福良字村椎と尾向の尾前、日添、日当、追手納で、現在はいずれも十一日前後の日曜日に行なっている。

尾前では宮司が御神屋で太鼓を打ち、二人が「一神楽」を舞うが、以前は「一神楽」「大神神楽」「花の手」の三番を舞った。

この十一日はお伊勢様が生まれた日だといい、御神屋の正面に「おこしのべ」といって「天照皇大神」の掛軸を掲げる。伊勢参りに行った人が記念に神宮で買ってきた掛軸で、以前は数本が並び掲げられた。

大黒祝い　日添では十一日に大黒様が家を出て、山へ行くといって祝う。山へ行くのは焼畑をするためで、大黒様はそのまま山にとどまって焼畑をして、旧暦十一月の初亥の日に家にもどってくるという。

正月十四日の行事

祝い替え　元旦からのオオドシの正月飾りをおろし、新たにコドシ飾りをするもので「祝い直し」ともいう。日添や追手納では二十一日に

「おこしのべ」を掲げ「一神楽」を舞う尾前神楽の太鼓の口開け（平成27年１月）。

さげ、追手納ではこれを「ミヤジョ千切り」と呼んでいる。

メージョ　尾前では細長く切った餅を繭玉《まゆだま》や作物として、柳の木枝に差しつけてデイやコザに飾る。

メダコ　日添では粟・小豆・里芋に模した丸餅や長餅を柳か樫、あるいは実の生《な》る椿の木枝に差し飾る。一般にいう「柳餅」のことで、メダコのメは繭、ダコは団子である。「作祝《さくいわ》い」といって、このメダコに束ねた粟《あわ》穂《ほ》を結んで米俵（叺《かます》）に差し立て、削り掛けの粟棒をそえてコザやデイにすえる。米俵の種籾の他はすべて焼畑の作物で、その小枝をウチネーの大黒と火の神、荒神、井戸（水神）、蔵、便所、牛馬小屋、墓にも差す。メダコは二十日正月に男の人がさげおろし、女の人が餅をちぎり取る。

上：民宿「又一」の部屋のメージョ（平成27年１月）。
中：荒神にメージョや粟棒稗棒を供える（平成27年１月）。
下：大黒柱にメージョや粟棒稗棒を供える（平成27年１月）。

椎葉村には春節と秋節という民謡があるが、餅をちぎるときは秋節を歌った。メダコの餅をちぎるのは、秋に稗や粟の穂をちぎるのと同じということだった。

コノミヤ　コノミヤノキともいうフシノキ（ぬるで）で細工する粟穂、稗《ひえ》穂《ほ》の作り物で、日添ではメージョに添える直径約十センチ、長さ約八十センチのフシノキで作る粟棒をいう。

モグラ打ち　「鳥追い」ともいい、十四日の晩、子どもたちは親が作ってくれた、棒の先に藁を巻きつけたボテを持って集落の家々をまわり、鳥追唄を歌いながら庭をボテで叩く。終えると餅や菓子をもらって隣の家に移る。次は日添の歌詞である。

「十四日のモグラ打ち、今夜のトリは寝せんぞ、ヒエもアワも食わせんど、ヒヨドリ、アットリ、トラホーホー」

家々を訪れて庭を打つ尾前の「もぐら打ち」（平成25年１月）。

次の追手納の歌詞は長崎から移住した人が伝えたもので、他の集落とは少し異なるという。

「今年正月十四日のモグラ打ち、モグラを打って祝いましょう。祝いの国から三百軒のクラを建て、モチ出すか、ゼニ出すか、出さんならネズム（つねる）ぞ、モチやヨゴう（形が悪い）でも太かと、ゼニはコモう（小さい）キラキラゼニ、モチ出すか、ゼニ出すか、出さんならネズムや」

こうして餅か銭をもらうと、子どもたちはお礼の意味をこめて、「この家は栄えろう、栄えろう」といいながら次の家に向かう。

正月十五日の行事

ビンマンジュウ　追手納では小豆餡を入れた蕎麦饅頭《そばまんじゅう》を菅《すげ》の葉でくくってネコヤナギ（川柳）に吊るす。

砂上げ　正月だけではなく、不土野では毎月一日と十五日に「砂上げ」あるいはユナハカリといって、不土野川からきれいな川砂を取ってきて荒神のまわりに広げる。

正月十六日の行事

山の神祭り　正月、五月、九月の十六日は山仕事の人たちは宿に集い、山の神に神酒を供え、祭式のあと一同で飲み方をする。この日は山の神が神の木を数える日で、山にはいると人も一本の木として数えられて山から出られなくなるので、ヨケビとする。猟師もこの日は狩猟を休み、山の神に参拝する。

二十日正月

春節　「ミヤジョはずし」は、コドシに整えた小正月飾りを正月二十日にさげることをいい、そのとき日添のS家では次の春節を歌っていた。

「春シュノ雨ガワケテ（分けて）身ニシュム（染む）、シュミジュミト（しみじみと）、春は花咲クキ（木）カヤ（茅）モ芽立ツ、立タヌ名モ立ツ立タラレル春ニナレバゾ鶯鳥モ、藪ヲ見立テテ、身ヲフケル春ノ霞ハ、見ルマイモノヨ、見レバ目ノ毒、見ヌガ　ヨイ」

豊作を願う、農家の人の心情が歌われている。S家ではこの日に初めて釜で大豆を炊き、はったい粉を作るために水を入れずに、大麦を釜で空炊きする。この日に作ったはったい粉を「二十粉」といい、家の角々に撒く。はったい粉の呪力で、家に侵入しようとする魔物を払うのだという。

二十日粉　日添では二十日を正月の終わりの日といい、炒った麦粉のハッタイコ、大豆のキナコ、小豆のコウセン、玉蜀黍《とうもろこし》のトウキビコなどを食べた。これらの二十日粉は、二十日に正月の飾りのすべて、メダコ（柳餅）も取り去ってから作るものだった。炒ることをコーラス、炒り鍋をコーラ鍋といい、この日までコーラスは禁じられていた。二十日前にコーラスをすると、その年は日照りがつづいて水が不足して田がカラカラになるとされた。そのため正月飾りの片付けをしてからコーラスの事始め、コーラ鍋の口開けとした。二十日粉は石臼で挽き、その粉を椿《つばき》の葉や筍《たけのこ》の皮などですくって食べた。小豆のコウセンなどは湯でかいて塩味にするとおいしかった。

二十三夜祭り　不土野字不土野では旧暦の一月・五月・九月の二十三日の夜に行なう。組内の各戸が宿と呼ぶ当屋を順番に引き受ける。月の見える縁側に宴座を設け線香をたいて月の出を待ちながら宴を張る。料理と酒は当屋がいっさい用意、その費用は各戸が持った。二十三夜の遅い月が出るとみんなで拝んで解散する。

春の農作業の合間に

二月一日　「太郎が朔日《ついたち》」といい、山ん太郎が山から里におりてくる日なのでヨケビとする。一般には麦饅頭を作って祝うが、追手納では餅、日添では里芋を蒸かし、「太郎が朔日イモばかり」といった。正月の餅や作った料理は、この日までに食べてしまわなければならなかった。ところによって、山ん太郎は山の神の使いと思われていた。

初午　二月の初午の日の行事。不土野字不土野には稲荷《いなり》を祀る小祠が六カ所、同古枝尾に三カ所ある。それぞれ二、三戸で祀り、初午の夜に祭りをした。

桃酒　三月三日の女の節句に蓬餅《よもぎもち》を搗いて菱餅に切り、それに桃の花枝をさして神仏に供える。日添では寒造りの白酒を丼や瓶などに注ぎ、桃の花枝を差して桃酒とする。寒造りは寒の内に米、稗、粟、玉蜀黍などを煮た粥に麹《こうじ》を入れると、ちょうど三月節句の頃に飲みごろとなるので桃酒とし、蓬餅と一緒に神仏に供えてから家族でいただき、邪気《じゃき》を祓う。

春彼岸　大河内字大藪では正月・春と秋の彼岸・七夕をオテントサンといい、竹筒の花を替え、太陽を拝む。竹筒は七夕に新しい竹で作り替える。盆には盆花を竹筒に差し飾る。

社日　春分・秋分に近い戊《つちのえ》の日で、土の神を祠る。不土野字古枝尾では、春のこの日に稲の種籾《たねもみ》を池の水に浸けた。種籾の発芽を促進させるためである。また里芋の植付けをする日とした。

お大師さん　旧暦三月二十一日、下福良字嶽の枝尾ではお大師さんが三人に功徳を施す日といい、人通りの少ないところに煮染めや煮豆をおいて通る人に食べてもらったり、木や竹で作った杖《つえ》を道端においで使ってもらったという。これを「お接待」といった。

春祭り　尾前神社の春の祭りは旧暦三月十五日、現在は四月の第二日曜日に行なう。旧暦のころは家ごとに稗、粟、米、大豆、小豆、玉蜀黍の種をそれぞれ少しずつ紙に包んで種袋に入れ、それを神前において祓ってもらった。種蒔きのときその種を加える。祭式についで神楽三番を舞い、会食の後、的射をした。翌三月十六日は厄神ドキといって休み、農作業などはせずに、いろいろな災いや疫病が起こらないように祈った。

シャカオコシ　尾前では四月八日を地獄の釜の蓋が開く日という。台所の土間にすえた竈《かまど》を築き直す粘土《ねんど》は、どこから持ってきてもよいわけではない。竈の神が怒るからとされるが、この日はどこの粘土で築いてもよいという。釈迦は二月十五日から人間の身代わりに寝て、誕生日の四月八日に起きるので「釈迦起し」といい、大河内字小崎では宮参りをして半日をヨケビとした。

春の的射

的射節（春の行事の的射で歌う）

的は金の的　弓と矢は白木弓
放す間の　たのもしや
ヨーイホーホンニー
的を射るなら　手もとをしゃんと
那須の与一の　末じゃもの
ヨーイホーホンニー
うちの親爺殿は　的射て泊まる
あとの女子どまあ　泣いて待つ
ヨーイホーホンニー
泣いて待つよりゃ　行てなと見やれ

春の行事で盛大なのは的射です。的射にはこの春の行事とは別に、清め祓いとしての的射があり、これには三例があります。

一　家祓の的射　家に不幸がつづいたとき、デイの四方の角に呪文を唱えながら矢を射る仕草をして悪霊を祓う。

二　産《うぶ》の的射　出産のとき、産婦の枕許に一張の弓と矢を生まれた子に名前がつくまで立てておく。魔除けと生まれた子の順調な成育を祈るものである。

三　葬儀　死者の枕許に弓矢を立てる。出棺のとき、この弓矢を持った者が野辺送りの行列の先導をする。

春祭りの的射について『椎葉村史』には五集落の的射の作法が記してあります。掲載の写真は尾前の的射ですが、作法については日添の向山神社（白鳥神社）での

上右：神官の的祓い（平成29年１月）。
上左：尾前の的射。みんな見事に的を射る（平成29年１月）。
下左：小さな神の的を射て、みんなからたくさんの祝儀をもらった（平成29年１月）。

的射を要約して記します。

日添の的射の期日は一定していませんでしたが、現在は四月の第三日曜日に行なわれます。二十五戸の氏子を上と下の二組に分け、両組から一人ずつ出る当頭《とうかしら》が的射を司宰します。当頭は「神殿の的」と呼ぶ、直径一尺二寸の神事の大的を作り、三個の小的は的作り役が作ります。

上組＝御輿（4）、小林（2）、小路（3）、長江（1）

下組＝称専坊（3）、御村（2）、湯川（2）、今川（1）、平畑（6）、引地（1）

行事はまず向山神社で太夫（神楽の長）による祭典があり、つづいて日添公民館（峰越の館）に移り、そこでも神社と同じ祭典があって、終わると直会《なおらい》に移り、同時に庭に設けた射場で的射を始めます。「裁き的」といわれる技を競うもので、神の的へは裁き的の合間に銘々が射ます。

的射の作法は集落によってかなり細かな決まりがあります。神の的の作り方、射手の席順、司宰者の進行方法、射場固め、射場拝みと唱え言葉、順位の決定と対する景品や現金の分配方法などです。尾前の神の的は直径十センチほどで、その的を射ると、みんなが三方に祝儀をのせます。

技の競いには「裁き的」「軍勢的」「へぎ的」の三種があります。へぎ的は今は見られません。軍勢的は下福良字上福良、尾前で行なわれており、参加した射手を二等分して、その二組で的の当たりを競います。各自の持ち矢四本を射て、両組の当たり数の多少で勝負が決まります。一引（四本射ること）で一本も当たらないのを無矢、二本当たると矢分、四本を全部当てると「束を射た」といいます。この束を射るのは、春の的射では一人出るか出ないかというほど、運と技量が要求されます。

競技は矢一本に金が賭けられますが、春の的射は祭事の一つであるのと、遊びでもあるので賭金は多くありません。矢を射る合間に折詰弁当を肴に焼酎を飲み、語り合い、繰り返し繰り返し弓に矢をつがえて、日永の春の日を夕暮れまでつづけます。

立夏につづく行事

五月節供　菖蒲《しょうぶ》、蓬《よもぎ》、茅《かや》を軒下にさす。大河内字臼杵俣ではこの由来について、「人さらいが子どもをさらって籠の中に入れ、蓬や茅で隠していた」とする。菖蒲と蓬は芳香と薬効、茅は葉の形が尖鋭な剣に似ていることから、侵入する魔物や厄を祓うとされる。

風ドキ　旧暦四月四日と同七月四日を「風ドキ」といって、日添などでは畑にはいらないようにする。はいると風に吹かれるという。家によって二つ折りにした和紙に「奉納　風の御神様」と墨書して竹竿に結び、これを風の旗として風のよく通るところに立てて風が吹かないように祈る。四月は大豆・小豆・稗・粟を蒔き始める頃、七月は大風が吹き始める頃で、その被害を避ける。またこの日は「風穴塞ぎ」という、大きな蓬団子を作って神前に供える。

祇園さん　旧暦六月十五日は祇園さんの日で、祇園神社のない集落でも家ごとに祇園さんを祀る。松尾字岩屋戸の耳川を三〇〇メートル登ったところに祀られる槙岳《まきたけ》大明神は祇園さんで、朝から祭典があり、参拝した氏子は「祇遠社守幸給所」と添書きした牛頭天王《ごずてんのう》の護符をもらって帰る。神事のあと子どもたちが神輿担ぎをする。祇園さんは荒々しいことが好きとされ、坂を一気に下って耳川にザブンと浸り、それから集落を一巡して山の上の社にもどる。祇園さんの日には「藪《やぶ》にはいるな」「川にはいるな」「瓜畑にはいるな」などの禁忌が多い。祇園さんか瓜畑にはいったとき竹で目を突かれ片目になったからだという。

鍬祓い　クハリャーといい、焼畑での唐黍、里芋、小豆などの農作業は祇園さんの日までに終えるようにして、その数日後にクハリャーをする。尾前、日添ではデイによく洗った三ツガ（三本鍬）・テンガ・トウガ、山ガ（野掘り鍬）などを並べ、小麦粉で作ったクハリャー団子・餅・煮しめ・茄子・胡瓜・豆腐・甘酒をその前に供え、灯明をつけて拝む。これは農作業中に、気がつかないうちに鍬で打ち殺している蚯蚓《みみず》などの虫の供養と、鍬に感謝、それに植付けの農作業を一応終えた人々の慰労の意味もあるとする。

祖先を迎える盆

精霊《しょうりょう》迎え　尾前ではコザの仏壇の前に精霊棚を作り、十三日（現八月）の夜遅く、精霊様（祖先）があの世から来られるとして、コザの前の障子を少し開け、精霊様が足を洗って上がるので、縁側に水を入れた洗面器をおき、そばに蠟燭《ろうそく》をともした提灯を掛けておく。

精霊棚　不土野字古枝尾ではオショロダナといい、コザに広い台をおいてシキブの柴を差し、周りを屏風で囲う。その屏風に新しい手拭いを掛け、団扇《うちわ》をそえる。暑いので精霊様に使ってもらうという。十四日と十五日は朝昼晩に膳を供える。精霊様についてくるニカリードン（荷負い人）という霊のために、別の大皿に飯や煮物などを混ぜて棚の下に供える。十五日には膳とは別に、カシワンダゴを夜遅く供える。赤芽柏の葉で包んで煮た団子を数個ずつ束ねたもので、あの世に帰られる精霊様の土産とする。ニカリードンが里芋の茎を乾かしたイモガラをカンニノ（負い縄）にして背負い、精霊様の後について帰るという。十五日の夜更けに庭で送り火をたき、十六日の朝早く精霊棚の供物などをこもに包んで川に流す。

宮司家の８月の盆棚。16日にこの飾りを燃やしてその煙で祖霊を送る（平成24年８月）。

昭和38年に復活した尾前の臼太鼓（写真複写）。

秋節

一　秋のもみじと十九のホーイ　ヤイヤ十九の花が
散らせともないヤーホイ　いつまでも

二　なんぼちぎれど細穂のホーイ　ヤイヤ細穂の稗で
てごにゃたまらぬヤーホイ　日は暮れるホーイ

三　秋になればぞ団子してホーイ　ヤイヤ団子してかろて
小崎越えしゅやヤーホイ　らくらくホーイ

盆三日　大河内字小崎では、精霊様は七夕の日にあの世を出て、暮らしていた生前の家に一週間かけて十三日に帰るといい、精霊様を迎える精霊棚を十三日に家の前庭に作る。新しく伐った竹四本を柱とし、供物をおく棚を板で作り、周りに杉の葉などをつけて壁とする。竹の筒先は花立てとして百日草やシキブを差し立てる。棚に団子やミズノコという、刻んだ胡瓜《きゅうり》に米を混ぜたものを供える。精霊様は十三日の晩に帰ってくるので仏壇の前に台をおいて十四日と十五日の朝昼晩に御飯を供える。十四日の早朝に上げる御飯を朝膳といって初物をそろえて供える。十六日の朝早く、家族みんなが提灯、蠟燭、線香、松明をともして墓地まで行って精霊送りとする。

秋から新年へ向けて

十五夜綱引き　椎葉村で一カ所、大河内字小崎では十五夜の晩に綱引きをする。子どもたちが家々を回って貰い集めた藁で、大人に頼んで大綱を作ってもらう。そのとき大きなアシナカ（足半草履《あしなかぞうり》）を片方だけ作って木にさげる。それはお月様の草履だという。綱引きは子どもや青年・大人が地区に分かれて綱を引き合う。終わると綱は道路ごしに柿の木から柿の木へ高く張って、朽《く》ちるまでそのままおいておく。

十五夜踊り　旧暦八月十五日の昼に、今は中絶しているが、大河内字小崎では氏神の小崎神社（住吉神社とも）に臼太鼓踊りを奉納した。十五夜の日に踊るので「十五夜踊り」といったが、旧暦八月二十五日に踊ることもあった。同じ十五夜踊りとも呼ぶ「山法師踊り」があり、これは十一月の「平家まつり」に不土野字不土野の山法師踊りとともに踊っている。尾前の臼太鼓踊りは若い人がいなくなって戦時中に中絶、昭和三十八年（一九六三）に復活し、同五十三年まで尾前神社の秋祭りに奉納された。下福良字十根川、大河内字大河内、同大藪、同栂尾では今も臼太鼓踊りが踊られている。

亥の日　旧暦十月の初亥の日に、不土野ではイノダンゴと呼んだ栗の塩あんを入れた蕎麦団子を作って食べ、秋の取入れの労苦に一息入れた。

屋敷荒神　椎葉村の家に屋敷神はないが、屋敷荒神はほとんどの家にある。家の背後の木立ちの木や小さな石祠で特別な祭りはないが、不土野字古枝尾では月の一日と十五日には近くの川原から清浄な川砂を運び、荒神のまわりに広げる。そうすると祟《たた》りやすく怒りっぽい荒神が喜ばれるという。

稗蔵の神　日添にはどの家にもたいてい稗蔵があった。叺《かます》に入れた穂摘みの稗や粟を貯蔵しておくもので、単に「蔵」といった。蔵の神として特別に祀ることはないが、旧暦十一月二十日に、白紙にいくつも穴を抜いた旗のような幣を竹につけて蔵の入口に差して、これを蔵の神とした。

冬祭り　椎葉村の二十六集落で、十一月と十二月に行なう神楽を「冬祭り」と呼んでいる。

屋祓い　大正二年（一九一三）まで、尾前神社の宮司は六月と十二月の下旬に当時の六十二戸の家をまわって祓いをした。家のコザの神棚に米、麻苧《あさお》、塩、水を供えて神事をしてから、家の北から南へ、ついで東から西へ塩を撒き榊で水を振り撒いて四段の幣で祓い浄めた。次にコザ、デイ、ウチネーの四隅を祓い、さらに中央の柱を特に丁寧に浄めた。南柱ともいうこの柱はデイとウチネーの間の敷居に接する大柱で、仏事・兵隊送り・結婚式などのとき式を采配する奉行役がこの柱を背にして座った。水場・井戸・馬屋・収納屋・蔵・庭なども祓い、終えると四段の幣を軒先に差して屋祓いをすませた証とした。宮司は神前に供えた米と麻苧《あさお》をお礼としてもらって帰った。

〔三〕　尾前の臼太鼓踊り

十五年つづいた踊り

「がんてこ踊り」ともいった尾前の臼太鼓踊りの起源と伝承についての確かな記録はありません。一説に三百年の歴史があり、踊りは源氏と平家の戦いの様子を表していたといいます。勇壮で力のこもった踊りでした。

尾前の臼太鼓踊りは、戦時招集で若者がいなくなって昭和十年代に中断。それを昭和三十八年（一九六三）ころに、尾川源と尾前文雄が中心となって保存会を発足させ、婦人会の協力のもとに復活、尾前神社の秋祭りなどに踊りました。

尾前には集落の草分けの家とされコウザキと呼ばれる家が尾前上と尾前下に一軒ずつあります。尾前神社の祭典では上座に席がおかれましたが、その秋祭りのときの臼太鼓踊りは一年おきにそのコウザキの家の前庭で踊りました。また尾前地区の文化祭に尾向小学校の運動場で踊ったこともありました。

それは十五年つづきました。だが変わりゆく時代の流れに押されて昭和五十三年の初めに踊られなくなりました。踊られていたころ

尾前の臼太鼓の一同（写真複写）。

の写真が尾前神社の拝殿の壁に張られています。

［復活したときの尾前の臼太鼓踊りの構成］

奉行　尾前弥三郎

指導　太鼓・尾前宗太郎　鉦《かね》・尾前保顕

主座　尾前文雄

主座は踊り子を先導して踊り場にはいり、手にする六尺棒を振り回し、大声で踊り場を整理した。それは子どもたちに怖いおじさんの印象となった。

踊り子　男性五、六人に婦人会の女性十人ほど。

着物・袴に赤襷《だすき》、赤帯、白足袋に草鞋、鳥毛状の笠をかぶり鉦の一人の他は胸に太鼓を着ける。

次代に託し作った臼太鼓踊りの太鼓（平成26年4月）。

臼太鼓踊りを復活させた尾川源と尾前文雄は、昭和五十三年に中絶してからも、踊りへの愛着は消えることがなく、平成二十一年（二〇〇九）に、再び鉦・太鼓の音が聞こえるように、二人は老人会のみんなと臼太鼓踊りの道具を整理して拝殿の上部に納めました。尾前文雄はいっていました。

「尾向小学校の児童が、郷土芸能の一つとして取り組んでくれるといいんだがな……」。

尾前下の浄行寺が保存する古記録に、太鼓と鉦の打ち鳴らし方を記したノートがあります。かつて踊った人がまだ一人、二人いるので、そのノートを参照して児童に教えることも、あるいは可能かもしれません。復活を〝ぜひ〟と思います。

臼太鼓踊りの唄

輪になって踊る踊り子は太鼓と鉦を打ち鳴らし、それに合わせて踊り唄を歌います。唄は三十近くありますが、その全部を歌ったわけではなく、踊る場所により主座の指示でその中のいくつかを歌いました。次は尾前文雄家と浄行寺にある、小冊子に書かれた臼太鼓踊り唄です。原文のまま漢字など統一しないで記します。なお「討納め」の他は記載の順列に意味はありません。

庭ほめ

一　オー　これのお庭に　参りて　お庭のようすを見てやれば　白金ごもんで　ただよな

二　オー　おうちのようすを　見てやれば　千じょうじきのお庭は　金のお座敷　あら見事

三　オー　おつぼに鳥毛が　五千掛け　白木の弓が　五千ぢょう　しいてものの　よおきには
　お庭の遊びや　してよい

住吉

一　住吉の　神の前の　みしめ縄　引いつ引かれつ　神の喜び　やえざや　歩みを　運ぶなり

二　住吉の　神の前の　結び松　たれと　来そめて　神の喜び　やえざや　歩みを　運ぶなり

三　住吉の　松のみこしの　かげ見れば　お月さいて　神の喜び　やえざや　歩みを　運ぶなり

若殿様

一　ソーレワ　若殿様の　ごえんを見れば　白舎ぬべて　たすきにかけて　こがねをますでよねはかる

二　ソーレワ　若殿様の　つけたいものは　夏かたびらは　いちねんだちよ　めもとのしをは
　よわまつで

三　ソーレワ　若殿様の　やりたいものは　まとやとしゆやと　みやこにはやる　うまこたか

大上軍

大上軍の　宮にこそ　一武神きの駒あり　天より降りたる駒なれば　それこそ上目とうちみえて　三日月生じてかげをなす
大上軍にまえるなり　せめてもののようきには　おにわのおあそび面白や

友井の唄

一　ヤッサア　こうれの　ごもんに　おあいうて
　お庭の　ごもんを見てやれば　鶴と亀をはませて　あらおもしろや　おもしろや
二　ヤッサア　おうちの　けいを見てやれば　おつぼに　鳥毛が　五千かけ　白木の弓が　五千ぢょう
三　ヤッサア　みやまの　けいを見てやれば　あこう　しらなるろうそくが　百羽ね　はかりと　うち見えた
四　ヤッサア　とうげい　さまおを　みてやれば
　まぼし　はまだけはまどうろ　ざらりとかけたわ　おもしろ　お庭の遊びや　してよし

阿蘇殿

あすは　ぢんだちごぢんだち　あそどの　家中はごぢんだち　あそどの　しょうぞく　はなやかに　駒井さがみの守たち
さくらおどしの　およろいは　大将軍　にてさあさるる　まず一番の　大将は　今きりいなばの　守たち
さても二番の　大将は　あるえの　左近ときこえたる　そのかたがたの　大将は　三万余きを召しつれて　かかれ　かかれと　おせきやる　久木野の　うわばにせめ上り　八代
　河内を　ながむれば　八代三千八百丁
水俣　七浦あいそめて　これの　みうちにまいりそろ　せめてものの　ようきには　おにわの　おあそび　面白や

四季の唄

一　オーオ　東をはるかに　眺むれば　東は春のけしけして　梅にうそ　ふえ桜花　春のけしきや　おもしろ
二　オーオ　南をはるかに　眺むれば　南は夏の

けしけして　ぼたん　じょうぶに　とたてば
な　夏のけしきや　おもしろ

三　オーオ　西をも　はるかに　眺むれば　西は
秋の　けしけして　ききょう　かるかや
おみなえし　あきの　けしきや　おもしろ

四　オーオ　北とも　はるかに　眺むれば　北は
冬の　けしけして　峯の小松に　雪降りて
冬のけしきや　おもしろ　ふゆぞとしらべて
おもしろ　お庭の遊びや　してよし

矢崎の城

肥後と　薩摩のあいにこそ　やざきの城を
御ぢんだち
ひごどの　勢が　五万余騎　さつまの　せい
が　五万よき　十万よきの　そのせいで　や
ざきの城を　せめらるる　やざきはおちて
やるせない　ものに　よくよく　たとゆれば
風に　紅葉が　散るがごと　四方に　パッ
と　ちりたよな　三日月　わたる春の野に
古すを　いれし　うぐいすが　初声を　あげ
た　そのうぜい　せめてものの　ようきには
おにわの　おあそび　面白や

四節の唄

一　春オー　あら　おもしろや　面白　四節の草
木　面白　なんづ　春の始めには　梅と桜が
ちりぢりと　さて　うぐいすは　花の鳥
梅の小枝に　昼寝して　花の散るのを夢に見
た　ハンヤ　散るに心が　さそわれて　よそ
に心がちりぢりと

二　夏　おとわが　滝と申するは　夏は涼しさ

上：行列を組んで進行（写真複写）。
下：輪になって臼太鼓を踊る（写真複写）。

滝の水　ハンヤ　水に心が　さそわれて　よそに心が　ちりぢりと

三　秋オー　吉野のみ山と　滝申するは　秋は色よき　紅葉ばよ　ハンヤ　散るに心が　さそわれて　よそに心が　ちりぢりと

四　冬　富士のみ山と　申するは　冬はあられ雪と霜　霜に心が　さそわれて　よそに心が　ちりぢりと

羅生門

羅生門には　鬼がすむ　音に聞えし　源の渡辺の綱殿

人の言葉を　あらそいに　急ぎ　わがやに立ちかえり　もののぐ　取りて肩にかけ　ヒヨらしょうもん　すがたを見ん為　十代ゆずりの　たちをはき　その時駒は　乗り放つこまもすすまず　立ちにけり　立ちなるこまに　うちのりて　ヒヨ　きじんのな　鬼神のかいなをづんと切りづんときらせ

羅生門を見渡せば　かすみがかりに　見えたよな　つなもすごうず　乗りものよ　ゆるせはなせと　品をやる　ヒヨ　ただ一人

南がしらに　あゆみゆかせ　鬼神はこくうに舞ひ上る　せめてものの　ようきには　おにわの　おあそび面白や

花紅葉唄

一　インヨー　花も　紅葉も　ひとさかり　あきしず　まどに　たちよれば　もろしき　ひとが　ふたりある　じつが　ふだまき　ふりかえす

二　インヨー　花も　紅葉も　ひとさかり　思いわするる　ひまもない　あの君　さまの　おもかげを　寝ても　さめても　わすられぬ

三　インヨー　花も　紅葉も　ひとさかり　ゆえば　名のたつ　あきがたつ　ゆわねば　胸にあくがたつ　なにと　心がやらせない

富士の牧狩り

明日は富士の　まあきがり　くにしょ　くにしょを　召しよせて　お座敷ぞろえを　なあさるる

先ず　一番のおざしきは　鎌倉殿の　座敷な

り　きんらんどんすで　かざらるる
二番目の又　お座敷は　一中殿の　ざしきなり　あやとにしきで　かざらるる
三番目の又　おざしきは　細川殿の　ざしきなり　くれないばたらで　かざらるる
四番目の又　おざしきは　畠山との　ざしきなり　あけの糸でも　かざらるる　その外くにしよは　かずしれず　せめてものの　ようきには　おにわのおあそび　面白や

四方ぜめ唄

ヤアイサア　源氏平家の　戦いは　さぬき屋島の　うらにそ　ひよどりごえより　平山があつもりう　うたんと　声をかけ　肥後と薩摩の　其のあいに　やざきの城とて　城が建つ　ひごどの勢が　五万余騎　さつまの余騎が　五万余騎十万余騎なる　その勢で　矢ざきの城を　おさめやる　矢ざきはおちてやるせない　もののゆくえを　たとゆれば風に紅葉の散る如く　四方やばんと　散たよな
いくさみだれや　面白や　お庭の遊びや

してよし

踊の由来

踊りの　いわれをたづぬれば　日本　このぢではじまらず　唐土　にてもはじまらず　唐天竺と　申するに　じんむ堂たて　寺のはるその親　みどうと申するに　五百羅かんの仏だち　月形　日形を　堂にかけ　蓮の花を笠にきて　七月七日を申するに　踊り　念仏とはじまりて　それゆえ　それゆうもうじやる　たすかりて
五こくも　生ずるめでたかに　せめてものの
ようきには　おにわの　おあそび面白や

いちごもて

一　ソーレワ　いちごもてとて　てのごいわ　べぬで　くくいて　しゅでとめて　べぬがうすいか　くれもせぬ　ソコサスサエイ
二　ソーレワ　こよいばかりの　お手まくら　あすはふなぢか　かちまくら　おもいさだめて
おたちやれ　たびはよろづの　くがござる
ソコサツサエイ

一の谷

源氏平家の　たたかいは　さぬき　やしまの
　うらをこそ　一の谷と申すなり
ひよどりごえより　ひらやまが　あつもりう
たんと　こえをかけ　くまがえどのは　これ
を聞き　扇を　さいてまねかるる
あつもりさまは　これを見て　こまの　かし
らを　引きなおし　こま引きよせて　乗りい
だす　くまがえどのに　立ちむかい　たたか
いなさる　其の時の　くまがえどのにうちと
られ　せめてものの　ようきには　おにわの
　おあそび面白や

かせ唄

ヤアサ　明日は　陣立ちご陣立ち　あそどの
かちゅうも　ご陣立ちあそどのしょうぞく
はなやかに　ごまいさがりの　かぶとな　さ
くらおどしのおよろいは　たいしょうぐんに
と　さされた　まずいちばんの　たいしょう
は　岩切りいなばの神とな
さてもにばんの　たいしょうは　ありえのさ
こんと　きこえた　そのかたがたの　たいし
ょうは　六万余騎をめしつれ　六万余騎なる
　その勢で　それをうちききちゆしょさま
三万余騎をめしつれ　かかりがかりを　お勢
めやる
くぎのの　うわばに　せめあがり　八代河内
を　眺むれば　八代三千八百丁　みなまたな
なうら　あいそえて　これのみうちに　まい
るなら　いくさみだれや　おもしろ　お庭の
　遊びや　してよし

巴

ともえの　紋と　申するは　世にも名高き
赤穂義士　主のかたきを　うたんとて　四十
七士の　かしらたる　大石良雄　くらのすけ
時は元禄　十五年　雪降るしわすの　夜半の
頃　吉良こうづけの　やしきなる　あらしの
雲は　なだれこむ　正義のやいば　うけきれ
ず　見事　本もうとげにけり　ほまれは　高
輪泉岳寺　せめてものの　ようきには　おに
わの　おあそび　面白や

むつのの唄

一　さんさ　人はむつのの　ななつのの　我れがちょうじょうは　じゅくよみ　じゅくくよののおりて　みで　ののおりて　やつきさらせばせびのはよ

二　かたにゃ　かいふの　こはまぐら　そでにゃ二人の　名をいれて　こしにゃ　ぎぬちょうの　かごの鳥　ちそにゃ　浮船　うきやなぎ

十字

源氏平家の　たたかいは　さぬきの国の　うらをこそ　屋島の浦と　申すなり　平家は舟に　的をたて　一人の官女が　さしまねく那須の与市　宗高は　義経殿の　命を受け扇のまとを　いとおせば　敵も味方も　こえそろえ　一度にどっと　ほめはやす　時のいさをは　今もなお　世にかがやきて　知らるなり　せめてものの　ようきには　おにわの　おあそび　面白や

舟

一　舟をつくりて　まを見れば　今は　まもよし　しやわせよ　モウソレマコト　今は　まもよし　しやわせよ

二　おはま　ちどり　舟のろうぎよ　わすれたよはたた　こじをで　ろがをれた　モウソレマコト　はたた　こじをで　ろがをれた

三　舟のしよかい　にすをかけて　波は立つともほほそだつ　モウソレマコト　波は立つとも　ほほそだつ

虎若

おとに　きこえし　とらわかは　まだ　十五にもならねども　こくちん　一事とかあまえて　三尺六寸　大だちを　まいちもんじ　とさあさせて　ひおどし　よろいに　ろうかぶと　西の　おうまは　しんの黒　金ぶくりんの　くらをかけ　むさし　あぶみを　けいさせて　むしや　しりがしは　こけの糸　あやのはるべを　よりかけて　いつも　くつわを　引き立てて　敵なる城を　うちまねき　味方のじようを　うちおがみ　その時　きをいは　とらわかよ　せめてものの　ようきには

おにわの　おあそび　おもしろや

念仏

アーラ　南無阿弥陀仏（三回くり返す）
十二と十二の大おし立てて是おも
へイ　南無阿弥陀仏（四回くり返す）
ほどかで立つぞ悲しき

墓踊りご供養

一ツトヤー　人はともゆえ　かくもゆえ　念
仏申して後生願うぞ　南天阿弥陀
二ツトヤ　二人の親の後取れば　左も右も
めでるそでかよ
三ツトヤ　見たらば　恋もやみもしゅう　い
よいよ勝る探き　其のつゆ
四ツトヤ　世はさかさまに生まれ来て　親を
ばとわで　親にとわれる
五ツトヤ　いつ又のべに送られて　無常の風
にさそわれぞする
六ツトヤ　むよくなつみは　つくらねど　念
仏申して　後生願うぞ
七ツトヤ　何とこの世が　茂れども　おしげ
がみ山を　一人こそ行く
八ツトヤ　世はさかさまに生まれ来て　昨日
は問わで　今日は問われる
九ツトヤ　ここで会わずは極楽の　阿弥陀の
浄土で会うてかたろや
十ト　床ふり捨てて　立つときは　神も仏も
およびござらん
十一ト　一夜の宿を　かろうでは　心苦の言
葉　一時もらすぞ

無上念仏

一　ヤア　盆七月がくればこそ　右のおん手に花
を折る　左のおん手にこうをたき　お浄念仏
参らする
二　ヤア　林業の前に流るる七瀬涙川　其の瀬流
川御親に念ふべし
三　ヤア　白銀を四天にまげて　おこが　川原に
持ち下り　玉ほす迄は　親こい親こい
四　ヤア　盆七月が来ればこそ　踊れ踊れと踊ら
さるる　この御所に参りて見れば面白や　廻
る廻るは　そでたすき

五　ヤア　そでたすき　そで打廻しさげしゆめて
　いかなる大工も　けずり揃える　ヤアけず
り揃える
六　ヤア　白金の黄金の関はそれにこそ　不津茂
殿こそ　揃えがさなる
七　ヤア　踊れ踊れ　らかさるる　台こそめぐる
　みかがみや　雲らで見える親の姿よ
八　ヤア　さきようが　橋二人渉れば　中おれる
　しばしとどまる　後の浮しを
九　ヤア　一尺踊はこれ迄　元浄踊はこれ迄ぞ

小娘（討納め一）

人の小娘　しのぶには　ひるは　まもなし
よるしのぶ
ハイヤ　しんきや　わが恋は
お月　よどめす　さよどめす　雲はえせもの
　月かくす
ハイヤ　こよいは　ようさてようさ　わが恋
は
はぎは　野に咲く　花でそろ　おらば　今お
れ　散らぬまに　ハイヤ　こよいは　ようさ
てようさ　わが恋は

わんぢのけい（討納め二）

わんぢのけいを　おがむには　ほうしん門よ
り　入り見れば　弥陀と　薬師と　くわん音
と　しゃか　びしゃもんの浄土なり
四方　浄土の　そのうちに　浄土の　かどと
　うち見えて　ごぢんには　ほりもじたあづ
さよ　ごじょうの道引き　ひいてよし

無上念仏（討納め三）

一　七月の中の十日のぼんのころ　古ひとのあと
を取るべし　南無阿弥陀仏
二　ごくらくの前を流るるすみだ川　渡ればやが
て　浄土なるらん　南無阿弥陀仏
三　老のさか　のぼりて見れば　けむり立つ　ま
えればやがて　浄土なるらん　南無阿弥
陀仏
四　わが親の　いはいの前に　ひるねして　あと
とれとれとおぞまかさるる　南無阿弥陀仏
五　おぞまかす　体こそなけれ　かがみ山　くも
らでみせよ　親のすがたを　南無阿弥陀

仏
六　ごくらくの　橋の下なる人々は　かねやたいこで日をくらすなり　　南無阿弥陀仏
七　ごくらくの　ぶぜいが舟にのりういて　さをささぬまま　のりうかぶ　しんかな　　南無阿弥陀仏
八　若いとて末をはるかにたのむなよ　無情の風は　よけられもせぬ　　南無阿弥陀仏
九　古の　神の子供が　集りて　山さとそとばゆうぞさむしき　　南無阿弥陀仏

ひき唄（討納め四）

一　体なれや　あありの蓮の　花ごろも　きて見てかえせ　此の世先のよ　　南無阿弥陀仏
二　ほのぼのと　むねよりおつる　あいやけをよそうの月と言うぞさむしき　　南無阿弥陀仏
三　今日迄は仏ののちの　ものがたり　まよいし人の　宿とさだめる　まよいし人のあとと定める　　南無阿弥陀仏

上：臼太鼓を踊る（写真複写）。
下：主座が棒を掲げ次の場所へ向かう（写真複写）。

第六章

尾向の神楽

――子どもたちも舞う

尾前神楽の「扇の手」（平成26年12月）。

〔一〕　神楽の宿と仕度

椎葉の神楽

神楽は神話の世界などを舞い、神に感謝する民俗芸能の一つで、全国各地に伝承されています。椎葉村では八十八集落のうち三十二集落に神楽面が伝わり、二十六集落の人々が今も神楽を奉納しています。

下福良地区＝十根川・仲塔・奥村・財木・木浦・胡摩山・夜狩内・上椎葉・村椎・若宮
大河内地区＝栂尾・大藪・大河内・合戦原・矢立・嶽之枝尾　小崎
松尾地区＝栗の尾・畑・水越
不土野地区＝尾前・日添・日当・追手納・古枝尾・不土野

これらの神楽は集落により十一月の第三土曜日を最初に、以後、十二月にかけて奉納されます。昼神楽といって土曜日だけのところ、葬式が出ると中止、また人がいなくて毎年はできない集落もありますが、やるときは集落のみんなが協力し、よい神楽を氏神に奉納しようとする姿勢はどこも同じです。ただ、これらの神楽が、いつからどのようにして始まったかについては、確かなことはわかりません。

不土野地区の尾向の四集落の神楽は、十一月と十二月の土曜から日曜日にかけて、一夜二日にわたり神前で舞いつづけられます。昭和三十年代前半あたりまでは旧暦十一月が奉納日でした。

尾前神楽　　旧暦十一月十五日
日添神楽　　旧暦十一月十四日

日当神楽　旧暦十一月十七日

追手納神楽　旧暦十一月十四日

尾向だけではなく、かつて椎葉神楽の奉納日はどこも旧暦の十一月、しかも中旬の十四日、十五日が多く、その日は椎葉村の神楽の日のようでした。

奉納が旧暦十一月に多かったのは、全国の神楽も同じで、十一月の旧暦名を冠して「霜月神楽」といいました。一年で一日の日差しがもっとも短いこの時季に神楽があるのは、冬至を過ぎて日差しが長く暖かになる春を招き迎えるためでした。

椎葉神楽は宮司か「太夫」役を長として、「神楽子」あるいは「祝子《はふり》」「舞子」と呼ぶ舞手によって奉納されます。

神楽を舞うところを「神楽宿」といい、以前は民家でした。かつての椎葉村の民家は、どの家もこの「神楽宿」を受けいれられる造りになっていました。聞くところによると、愛知県北東部の奥三河に伝わる花祭の祭場も、かつては「花宿」と呼ん

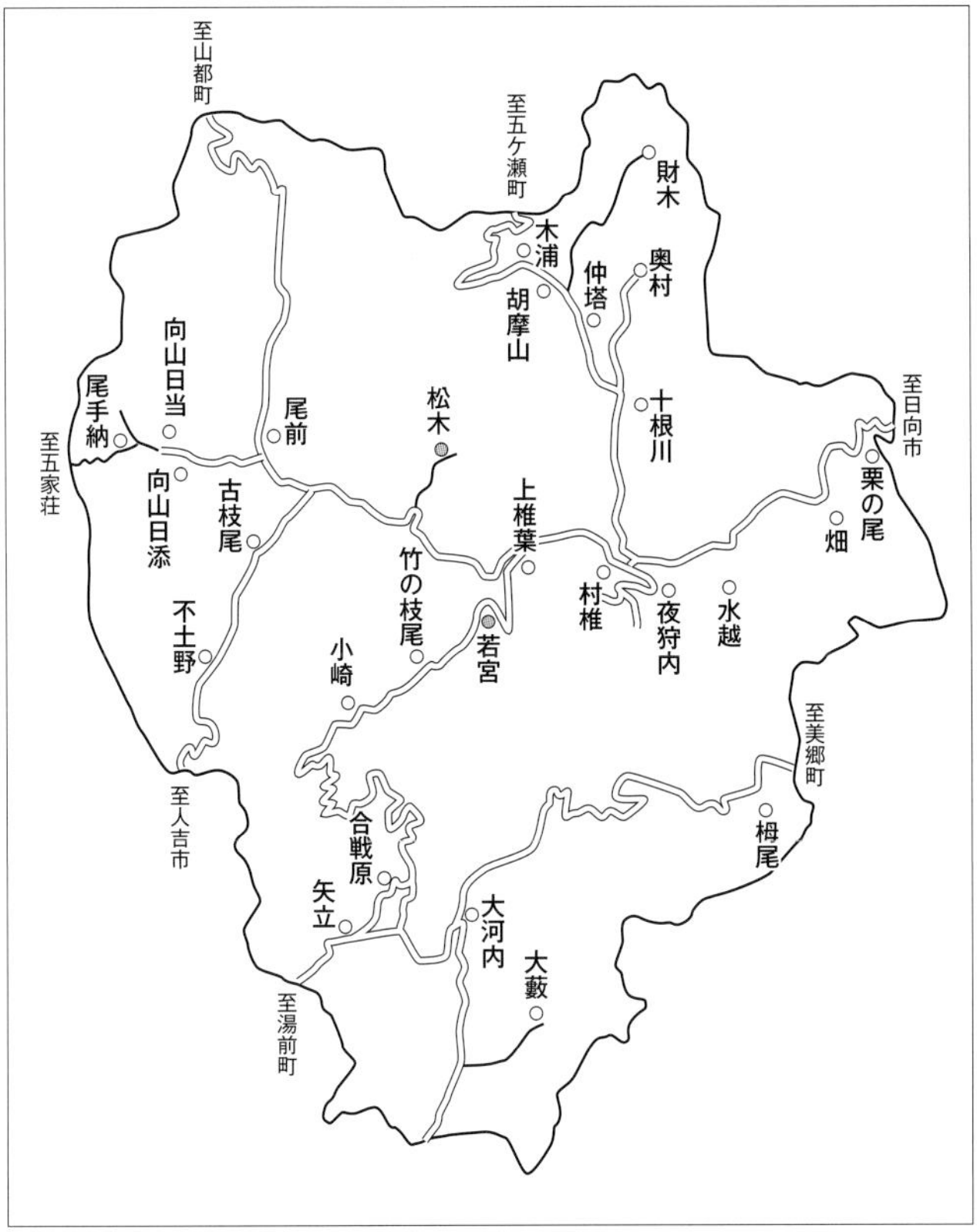

椎葉神楽分布図（『椎葉村史』）。

だ民家で、やはりどの家も花宿を受け入れました。花祭は椎葉神楽と同じ霜月の神楽舞を主体とした祭りです。人々は家造りから祭りに協力していたのです。

現在の神楽宿は集落によって公民館か神社の拝殿を宿として、十畳ほどの部屋に設ける「御神屋《みこうや》」で舞います。御神屋の正面には神々を迎え祀る「高天原」をすえて、三方の天井下に注連飾りを張り、中央に天蓋のような「雲」を吊るします。尾前ではこの雲を昭和三十五年（一九六〇）から、唐傘《からかさ》を利用し中に御幣と扇子《せんす》をさげる形にしました。

氏神を中心にすえる高天原の作りは、集落によって一様ではありませんが、尾向ではかつては米俵で、今は叺で作ります。日添では米の種籾三斗（約四十五キロ）を入れ、その上とまわりに御幣や榊を差し、その前に神面をおいて神饌《しんせん》を供えます。奉納された猪頭はその下に供えます。神面の多い尾前では、神面は高天原の左側に並べます。

高天原を米俵で作っていたころには、和紙の袋に焼畑で栽培した稗や粟、大豆・小豆・蕎麦などを入れました。これらは焼畑の種蒔きのとき一緒に蒔きました。高天原に入れた作物を加えて蒔くことで、秋の豊かな実りの期待につながります。米の種籾も稲苗を育てる春先の種蒔き用の種籾を混ぜますが、同じ願いにつながっています。

御神屋には、宮司、太夫、神楽子、それに「神屋の使い」のほかはいれません。御神屋から出て再びはいるときは、注連飾りに吊りさげた榊の葉を取って身を祓います。

追手納神楽の御神屋を準備する（平成25年12月）。

神屋の使いは未婚の女性の役で、上座に正座し、舞を終えた神楽子に酒の接待をします。尾前神楽にこの役は今はありません。向山の三集落の神屋の使いのうち日当と追手納は和装ですが、日添は白衣に赤袴の巫女姿です。名称から神が遣わした使いとも思われますが、民家が神楽宿だったころ、その民家から依頼された接待役でもあったのでしょう。この役がいつ、どのようにして生まれたのかわかりませんが、和装であっても巫女を連想させます。

御神屋が整うと「神迎え」といって氏神を迎えます。尾前では宮司と神楽子四、五人、それに氏子総代、区長、氏子が尾前神社（六社大明神）に参り、神楽の執行を奉告して神楽四番を舞い、それから氏神の御霊代として、前年の祭りに作り本殿内に納めてあった上の御幣を持ち、先導・大麻、二番・太刀、三番・御霊代、その後に神楽子らが行列をなして山を下り、神楽宿に着くと、御霊代を高天原の右側に立てます。氏神が同じ日添、日当、追手納は、向山神社（白鳥神社）の神前で神楽を二番ほど舞って、神楽宿に氏神を

上：尾前神楽の雲と高天原と猪頭（平成25年12月）。
下：日添神楽の十二カ月や五穀豊饒を刻んだ幣（平成26年12月）。

迎えます。追手納神楽は一週間前の土曜日に、他は神楽の日に迎えます。

神楽を支える人々

椎葉村内では今も二十六もの集落で神楽がつづきます。一つの村で、あるいは市や町でこれだけの数の神楽を伝えるのはたぶん、椎葉だけでしょう。椎葉村では神楽を大切にし、だれもが仕度《したく》から舞いまですべてを支えています。それを尾向の四集落の神楽に見ていきます。

一覧に記したように、尾向の四集落の神楽の次第、すなわち舞の名称などには漢字も平仮名もありますが、これを統一して表記すると舞の名称はほぼ同じになります。もちろん舞の名称は同じでも所作まで同じではありません。同じ所作もありますが、集落によって手足の動きが違い、それが特色となっている舞もあります。これも尾向とはかぎらず、椎葉神楽のすべてにいえることです。

尾前には現在、尾前上、尾前下、鶴の平、寺床、高砂土、水無の六集落があって、戸数は一四五戸、これには尾向小学校の教員住宅や村営住宅も含まれています。

尾前神楽は昭和三十三年（一九五八）に尾前下の家並みの間に建てた拝殿を神楽宿として、御神屋の高天原に神社から氏神を迎え、一夜二日にわたり神事と舞をつづけます。

拝殿が建てられるまで、尾前神楽もやはり神楽宿は民家でした。尾前神楽の記録『神楽子人名簿』の昭和二十九年と翌年は「祭宿」、同三十一年には「宿元」として神楽宿を引き受けた民家の家主の氏名が記されていま

尾前神楽の神楽宿になる神社下の拝殿（平成23年12月）。

尾向の神楽次第と奉納日

	尾前神楽 ・十二月第二土曜日 旧暦十一月十五日		日添神楽 ・十二月第一土曜日 旧暦十一月十四日		日当神楽 ・十二月第三土曜日 旧暦十一月十七日		追手納神楽 ・十一月最終土曜日 旧暦十一月十四日	
一	本殿祭	全　員	神迎え	七　人	板起し	全　員	板起し	全　員
二	神迎え	全　員	エリメ	全　員	神しょうぜ	全　員	安永	全　員
三	板起し	全　員	板おこし	全　員	あんなが	全　員	御神屋	全　員
四	安永詞	全　員	安永	全　員	おだりやみ	二人舞	おだりやめ	二人舞
五	御神屋詞	全　員	おだりやめ	二人舞	御神屋	全　員	祭式行事	
六	神招座		みこうや	全　員	一神楽	二人舞	一神楽	二人舞
七	御垂止	二人舞	五方祓	全　員	扇の手	二人舞	扇の手	二人舞
八	一神楽	二人舞	一かぐら	二人舞	花の手	二人舞	大神神楽	二人舞
九	大神神楽	二人舞	〆奉	二人舞	地割	二人舞	地割	二人舞
一〇	花の手	二人舞	扇の手	二人舞	ちんち神楽	二人舞	剣の舞	
一一	扇の手など子供が舞う		地割	二人舞	子供の舞	四人舞	おきえ	二人舞
一二	幣の手	二人舞	剣舞	二人舞	子供の舞	四人舞	子供の舞	二人舞
一三	しめほめ	一人舞	地がため	六人舞	大神神楽	四人舞	子供の舞	二人舞
一四	森ノ上	三人舞	榊葉　子供舞う	二人舞	大神神楽のつかい	二人舞	ごつてんのう	二人舞
一五	弓通し	二人舞	五ツ天皇	二人舞	しめほめ	一人舞	一人神楽	一人舞
一六	森ノ下	二人舞	大神かぐら	二人舞	森	二人舞	おきえの使い	二人舞
一七	地割ノ上	二人舞	ちんち	四人舞	森のつかい	二人舞	ちんち神楽	二人舞
一八	地割ノ下	二人舞	大刀力	一人舞	しょうごん殿		鬼神	一人舞
一九	地固		森の弓	二人舞	一人神楽	一人舞	もり	二人舞
二〇	生魂殿		森の矢	二人舞	稲荷神楽	二人舞	もりの使い	二人舞
二一	鎮地	二人舞	弓通し	二　人	芝引	二人舞	弓通し	二　人
二二	手力	一人舞	しょうごんどの		おきえ	二人舞	しょうごん殿	
二三	カンシン	四人舞	四人大神	四人舞	かんしん	四人舞	稲荷	二人舞
二四	オキエ･ゴチ天王	四人舞	いなり	四人舞	ごつ天	二人舞	かんしん	四人舞
二五	稲荷	二人舞	かんしい	四人舞	みくま	二人舞	四人大神	四人舞
二六	芝引	四人舞	〆倒し	二人舞	日月	四人舞	朝神楽･年歳神	四人舞
二七	日月	二人舞	朝かぐら	四人舞	火の神	四人舞	朝神楽･火の神	四人舞
二八	火の神	二人舞			神送り		朝神楽	
二九	泰平楽							
三〇	神送り							

※現在の祭日に旧暦のころの祭日を添える。
※次第はそれぞれの集落の表記によった。
※奉納神楽として当地以外の三集落の神楽が次第の中にはいる。

尾前神楽のエリメ（平成23年12月）。

す。神楽宿は、デイと呼ぶ客間の縦一二尺六寸（約三・八メートル）、横九尺四寸五分を御神屋とし、まわりに神楽を見る人の座席を設けます。

尾前のかつての民家の神楽宿は、六集落が順番に受け持ちました。順番といっても、一生に一度あるかないかという神楽宿を引き受けるのはそれなりの覚悟が必要でした。畳を新しくして障子を張り替え、簞笥などはどこかに移して部屋を空にしなければなりません。それでも神楽宿を引き受けるのは、家に氏神を迎えるということもあって大変な名誉でした。ずっとあとに、「あの家の神楽宿のときにな」という切り出しで村人の間で話がはずみ、笑い、そのときの神楽の裏話を語ったり、またその年のできごとを思い浮かべる話にもつながったりしました。

それが戦後も十年を過ぎたあたりから、神楽宿を受けるのはきついという風潮になり、神楽をする方も迷惑はかけられないということで、拝殿が建てられ、そこが尾前の神楽宿となりました。ただ神楽の支援は民家の神楽宿のときと変わりません。

御神屋の高天原の前で神楽を舞うのは神楽子ですが、それを支援するのは当番組の人たちで、その頭を組合長といいます。尾前は以前は寺床・高砂土を一組として、尾前上、尾前下、鶴の平、水無の五組が交代で（五年に一度）当番組になりました。今は鶴の平・寺床・高砂土・水無を一組として、尾前上、尾前下の計三組で三年に一度まわってきます。

戸数二十五戸の日添は、上組十二戸と下組十三戸が一年交代で当番組になり、非番組が必要に応じて補佐、支援します。神楽宿は「峰越の館」と呼ぶ向山日添公民館です。戸数三十三戸の日当には組が四つ、以前は四年ごとに神楽宿と当番組がまわってきました。現在の宿は日当公民館です。追手納は以前は二十

六戸、今は十九戸で全戸が協力して組合長を助け、公民館を宿に神楽を奉納しています。

向山の三集落の神楽には「中司《なかし》」と呼ぶ役があります。神と神楽子の間を仲立ちする役といわれ、高天原を作り、神楽子をまとめて舞が滞ることなくつづくようにします。追手納の中司は高天原を作るとき、神に不浄な息がかからないように榊葉《さかきは》を口にくわて作業をします。

国内の北から南まで、神楽、田楽《でんがく》、念仏踊、舞楽《ぶがく》、地狂言《じきょうげん》などさまざな民俗芸能が伝えられています。歴史のある多くの民俗芸能は一つの集落、あるいは組内の人たちが舞い、演じて奉納してきました。民俗芸能は氏子の願いを聞き届けてくれる神々に、集落（組）の人々が感謝の気持ちを伝え慰労するもので、神々にお見せするもの、見ていただくもので、人に見せるものではありませんが、人がそれを脇で静かに見るのは許されます。いうならば勝手にどうぞということで、当然ながらそうした人への接待はありません。

ところが椎葉神楽では、神楽宿にきた参詣の人々は御神屋の前に並べた座卓の前に座り、接待の料理を食べ、酒（焼酎）を飲みながら神楽を見つづけます。ときには舞う人に声援を送りながら、神と人が一体となって一夜を送るのです。当番組は、神々と参詣者が一体となるようにして、舞いつづける神楽子を盛り立てます。このようにして神と人が一体となる形は、他所の民俗芸能には見られないようです。

右：神とともに尾前神楽を楽しむ（平成23年12月）。
左：ひと眠りする日添の子どもたち（平成24年12月）。

右：「打出し」の日の初練習。小学校の先生もいる（平成25年11月）。
左：みんな真剣に練習をする（平成24年12月）。

こうした接待は椎葉神楽に共通していますが、一方、神楽の流れや舞は同じではありません。大きくは下福良、大河内、松尾、不土野の地区ごとに違い、さらにその地区内の組ごとに異なります。それならそれぞれの神楽のつながりや、いつの時代にどこから伝えられたかということになると、その伝承はきわめて少ないです。

少ない中のひとつ、日当神楽は江戸時代の初めころに、日当の倉の迫に住む蔵座七左衛門が、高千穂の土持伊勢守から三年三カ月かけて神楽を習ってきて伝えた。追手納神楽はこの蔵座七左衛門に教えられたといいます。日添神楽は昭和になってから、追手納出身の人が伝えたとされます。

尾前神楽と先生

大正二年（一九一三）まで、尾前では「屋祓い」が行なわれていました。師走（十二月）の二十一日から宮司は当時の尾前六十二戸をまわり、その家の神前に米、麻苧、塩、水を供え、四段幣でまず家の北から南へ、ついで東から西へ、次に大黒柱、炊事場、風呂場、便所、馬屋を祓い、すべて終えると幣を軒先に差して屋祓いをすませた証としました。神前に供えた米と麻苧は宮司がお礼としてもらって帰りました。大晦日の夕方、宮司は自分の家の祓いをしましたが、このとき寄せ太鼓を七五三に打ち鳴らし、それを一年の打ち納めとして宮司は太鼓を自家の一室にしまい

右：尾前神楽の神迎えの祭式につづいて拝殿で舞う（平成23年12月）。
左：尾前神楽のとき宮司家の注連縄を氏子が張り替える（平成26年12月）。

ました。そして、正月十一日の「太鼓の口開け」にしまってあった太鼓を出し、自家で宮司が打ち初めをし、それから「一神楽」「大神神楽」「花の手」の式三番を舞いました。このとき宮司はお礼にもらった米で造った濁酒を振る舞いました。

現在、尾前の太鼓の口開けは正月十一日前後の日曜日、新年の顔合わせをかねて拝殿に集まった神楽子に、まず前年の会計報告と新しい年の予定などが示されます。その後、宮司は拝殿の神楽宿に置いてある太鼓で打ち初めをし、つづいてその太鼓の囃子《はやし》で一神楽を舞い、終わって直会となります。

太鼓の口開けは尾向のほかの神楽でも行なわれていますが、別の日だった新年会をこの「口開け」と一緒にするようにした集落もあります。太鼓の口開けは神楽始めとされますが、尾前の場合、その後の動きは十一月末の「打出し」まで何もありません。打出しは宮司家でする神楽の練習始めの式です。しっかり舞えるように、十二月になると子どもたちも拝殿で練習にはいります。

練習には尾向小学校に新しく赴任した先生もいます。この小学校での任期は三年、尾向の人々との交流を大切にして神楽を舞うようにしています。たいていの先生は神楽を舞うのは初めてなので、懸命に練習をしなければなりません。そのあたりのことを五、六年生はわかっていて、昼休みなどに、

「先生、練習しよう」

と声をかけます。そして手振りや足運びなど少しでも違うと、

「先生、それは違う」

と児童が見本を舞って先生に教えます。

その成果はハッキリ出て、打出しのときにはぎこちなかった先生の舞が、当日はキチッと決まっています。だれが見ても、よそからきた先生が舞っているとは思いません。後に、「先生うまかった」と教えてくれた児童にいわれて、苦笑するといいます。

尾前神楽の奉納日の十二月の第二土曜日、朝八時ころには当番組の人たちがやってきて、神楽宿の中をきれいに掃き清め、薪割をします。女の人たちは神楽子の昼食を作り始めます。

神楽子は九時ころにやってきます。氏子総代らは宮司家の玄関の注連縄を新しくしてから、今年も神楽の日になったので、どうぞよろしくと挨拶して、宮司に神楽宿にきてもらいます。

神楽宿で宮司はまず氏子総代らと神楽子を祓い、神楽の道具や作り物の用材を清め、それから御幣などを作り始めます。作り物はさまざま、実にたくさんありますが、御幣作りなどこの作業をエリメといい、日添神楽では次第の二になっています。神楽子みんなで、色和紙を小刀で切ったり、竹串を用意したりします。

〔三〕　尾前神楽解説

尾前神楽は明治時代末まで、宮司と世襲の幣生《へいせい》と呼んだ七人を含む十人で舞っていました。大正時代になって各家から十九人の長男が神楽子として舞うようになりました。尾前神楽の次第は年代によって多少の変動がありましたが、現在の次第に沿って解説し、それに日添神楽、日当神楽、追手納神楽の扮装、仕様、舞の違いなどを書きそえます。

次第一〜十番

一　本殿祭

正午ごろ宮司と神楽子四、五人がエリメの作業を他の神楽子にゆだね、「神迎え」のために氏子総代、区長らと尾前神社に上がる。当番組は本殿や拝殿をきれいに掃除し、焚火に手をかざしながら一行が上がってくるのを待っている。拝殿にはいると宮司は本殿の扉を開けて例大祭の祝詞を奏上し、神楽を行なうことを奉告する。ついで神楽子が一神楽、大神神楽、花の手、扇の手を舞う。舞い終えると拝殿で直会をする。

二　神迎え

尾前神社の前庭で行列を整え、刀を手にした先祓いを先頭に、氏神を遷《うつ》した榊《さかき》をかかげる神楽子、宮司、太鼓、その後に神楽子、氏子総代らがつづいて神楽宿に下り、御神屋の高天原に氏神の榊を立て祀る。それまでにエリメの作業や御神屋の準備は終えている。

尾前神社から下ってきた神迎えの行列（平成25年12月）。

◇神社で氏神を迎え、そこから行列を組んで神楽宿に向かうが、神楽宿が民家のときは、その民家のある場所によって山道をかなり歩かなければならなかった。

◇それは向山神社（白鳥神社）の氏神を迎える日添、日当、追手納でも同じだったが、日当と追手納は向山神社まで谷ひとつ隔ててかなりの距離があるので、今は自動車で氏神をお連れする。

三　板起し

御幣などを作るために、和紙を小刀で切るとき下に敷く板（盤）の祭事で、追手納神楽では唱文を唱えながら和紙を切り、終わると板を裏返しにする。尾前神楽では「猪祀り」ともいい、猪頭の奉納があると、それを奉納した猟師が板を俎板《まないた》として、実際の狩りで猪を解体するときの「諏訪の祓」の祭文を唱えながら、小刀で猪頭をさばく作法をする。作法を終えたところで、用意してあった串刺しの猪肉を宮司が松明の火であぶり、神楽子や座で見守る参詣人に配って食べてもらう。

◇次は柳田國男の『後狩詞記』に記載の「諏訪のはらい」の祭文である。

「そもそも諏訪大権現と申するは、本地は弥陀のアツソンにまします。ユウオウ元年庚戌。我が羽根の下に天降らせたまふ。信濃国善光寺岳赤根山の峠に。千人の狩子を揃へ千匹の鹿をとり。右は地蔵菩薩。左は山宮大明神。中に加茂大明神と現はれ出で。八重鎌千鎌を手に持ちて。我先の不浄悪魔を切払ひ。水露ほども残なく。三五サイへイ再拝と敬て申す」

◇次は尾前の猟師が唱える「諏訪の祓」の祭文である。

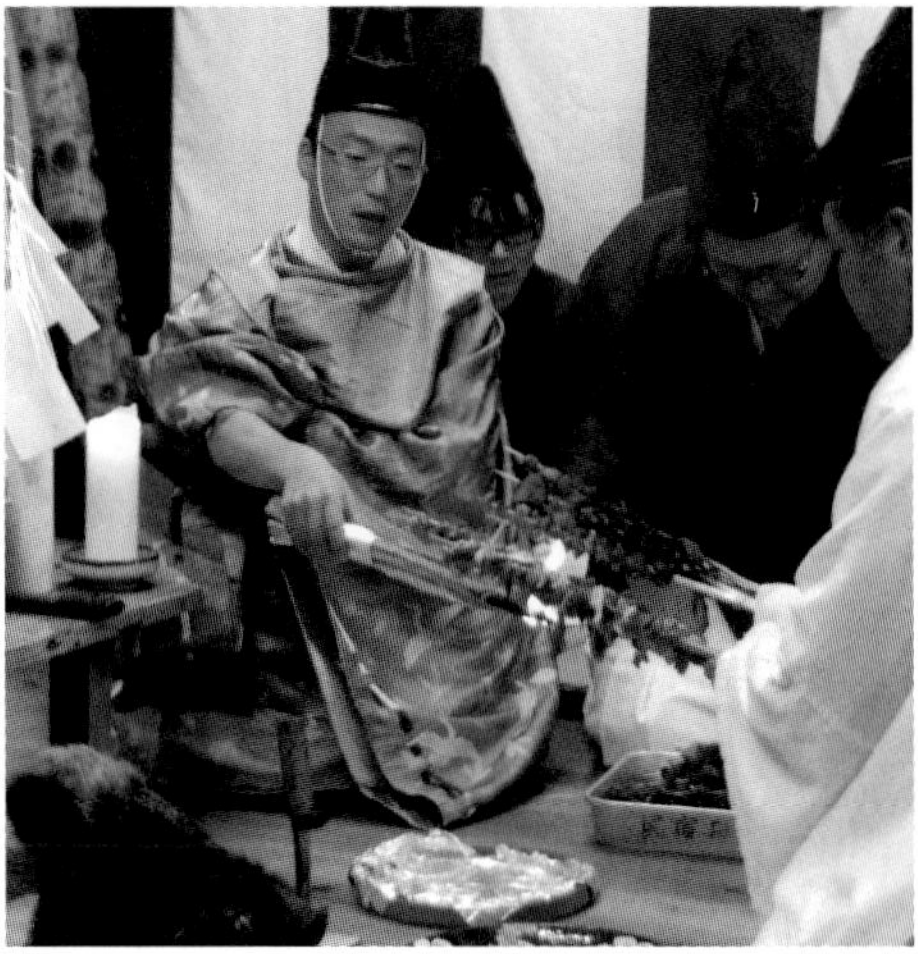

右：尾前神楽に猟師が奉納した猪頭（平成26年12月）。
左：「板起し」で解体した猪頭の肉を神官が焼く（平成24年12月）。

「そもそも諏訪大明神と申するは、弥陀の三尊にてまします。ゆうおう元年辛亥の年、東山ぜんしょうぜが嶽より天くだらせ給うては、千人の狩子を揃え、千頭の鹿を射止め、ふいかま、ないかま、はやいかまとて御手に持ち、右にはかまの大明神、左には山宮大明神、身をつく杖は残りきて、雨は降りくる高天原を通りきて、諏訪の原で会うぞ嬉しや　南無阿弥陀仏」

◇実在しないユウオウの年号と元年は『後狩詞記』と同じだが、尾前の干支は一年後の辛亥で、詞章も少し違う。

◇尾前神楽の「板起し」詞章。

・ばーぬばーぬばーぬばん据て　このばーん如何なる匠の作りばん
飛騨の匠に武田のばんじょうかないかけて　御山　桜のかばを取り　やっとこ取りたるばんなれば
ゆうらば　こぼりゅうばんなれば　良しきことは内りゅう神宮とかためたり、悪しきことは外ひき板と覚えたり
まな板まな箸ゆうゆう取りも整え切ったり縫うたりや　御そわか

◇この「板起し」以下の「安永詞」「御神屋詞」「御垂止」の詞章は、昭和四十六年（一九七一）旧暦十一月十三日に、当時の

尾川貞利宮司が書き留めたものである。意味のわからないつづりもあるので、尾向の他の三集落の神楽の詞章を参考に書き加えた部分もある。

◇尾前神楽、日添神楽、日当神楽、追手納神楽の次第それぞれの詞章は統一されているわけではなく、同じところもあるが、まったく異なる詞章もある。

四 安永詞

御神屋を讃え、神楽子みんなで唱和する。宮司あるいは太夫は不浄を祓い神降しをする。

◇尾前神楽の「安永詞」詞章。

・判や　なれやたかや　せいたかや　せい静かなれや

この殿の氏前侍の台所までもなれをたんとせよ　下《しも》には祈りの御声上にも聞こしませ

上にはうきょう　うじょう、うげんのちゅうたり給うものなりや

御年や面白やー

・判や　たる高天原と申するは　誰はの人の始めたり　左に榊三本立つる事

金剛小魚をも学びたり　父とこうしようを給うなり　右に水しば二本立つる事

金剛小魚をもおぼえたり　母と幸正を給うなり　中に上の御幣四本を立つる事

天の曼荼羅《まんだら》を学びてえって立つる事　次に三つのすでをもえって下ぐる事

金上さいへいとも名づけたり　七せんの祓う御事は　六匹のまがたまを造り

十二の人形を作りて神を招ぜ給うなり　わが氏家三寸寄ったる同社の御清めとはかくの如きなりや

御年や面白やー

・判や　これ太鼓木なきよをおぼし召す　浜のもーだを炭に焼き　浜のまさごを金にのべ　おん虫の作りては肩に掛けめん虫の作りては腰にさし

これより黄金が御嶽山に登らせ給うては
桐の木の一の根立が元に立ちよりてひとじゅうのやふたじゅうのと立る前文や面白や
悪状さいなんひんじゅ中のはのけ　中の福徳さいなん内中のと立たさせ給うものなりや
　御年や面白やー
・判や　かの木は三日三時の虎の夜半に東枕になをさせ給うては
第一の口は大天の恐れよと残し
第二の口は大地の恐れよと残し置き
第三の口をも三尺二寸につまえ取り中はしゅんだんどうづにくりうづかいて
外かながけ　これ太鼓口とは斯《か》くの如くなりや
　御年や面白やー
・判や　これ太鼓の口金なきかとおぼし召す　下よりも小金千丈えって掛け
上よりも白金千丈えって掛け　これ合わせて太鼓の口金とは斯くの如くなりや
　御年や面白やー
・判や　昔はらをの大師こと　これに掛けよ皮なきよとおぼし召す
昔は七声　声長華厳経や無厳経や大目半経とは歌うしかり
その中頃には五声　声長華厳経や無厳経や大目半経とは歌うひかり　東山
今日この頃は三声　声長華厳経や無厳経や大目半経とは歌うひか

日添神楽で女の人が祓いをする（平成24年12月）。

り
東山大猟師殿を雇い　西山小猟師殿を雇い　東山大猟師殿には大熊と云う良いよし犬を一先ず引せ
西山小猟師殿には小熊と云う良いよし犬を一先ず引せ　これより小金が御嶽山に登らせ給うては　小
松七本の緑取りて引きよせ待棚と定めたり　鹿笛を取りて吹きよせならせば　よんでに呼びよせ
右手の矢で射とらせ給うては　大熊小熊を呼びよせて
権田が原においくやし　鹿をとり皮をはぎ毛をおとし　これ太鼓皮とは斯くの如くなりや
　御年や面白やー

（西山小猟師の名は、柳田國男の『後狩詞記』の「狩之巻」の最初にある。「狩之巻」は鹿や猪を獲ったときの作法、用意する幣の数、狩りの神のまつり方や神への祭文などを記している。）

・判や　これ縫う楠の糸なきよとおぼし召す　今そのしやか　もり仏
の結経の糸口一かけ
昔しやかも仏の結経の糸口はこれ縫うより　楠の糸とは斯くの如く
なりや
　御年や面白やー
・判や　これに掛けよ　しらべ糸なきよとおぼし召す
下よりも麻の尾千丈　上よりも麻の尾千丈
下よりもむつの糸　上よりもむつの糸
これ合わせて十二のしらべ　糸とは斯くの如くなりや
　御年や面白やー
・判や　これ太鼓遊びなきよとおぼし召す

日添神楽の「安永」（平成26年12月）。

これより小金が御嶽山に榊一本立ておわします
第一の枝は大天のおそれを残し
第二の枝は大地のおそれを残しおき
第三の枝をも一尺二寸につまえ取り
これ太鼓遊びとは斯くの如くなりや
　御年や面白やー
（この安永詞のとき、当番組の係の者が塩湯を榊葉でふりかけ、参詣者を祓い清める。それは男の人の役だが、今は女の人もする。またこの清めは安永詞のときとはかぎらないところもある。このとき日添の神楽子は塩湯を茶碗で一口ずつ飲んで身を清める。）

五　御神屋詞

御神屋を讃え、神楽子みんなで唱和する。

◇尾前神楽の「御神屋詞」詞章。

・判や　春なれや　高やせい高やせい　静かなれや
この殿の氏は前さむらい　台所までもなりを　たんとせよ
下にはみのりの御声上にも聞しめす　下には内ようじょうけんの　じゅうたり給ふものなりや
　御年や面白やー

・判や　花高けれど須弥山《しゅみせん》のヤマトと拝まれ給うようなり　雨生の平は早けれど
日月の形と拝まれ給うようなり　されば名は長けれど天にくり上げ地にくりおろし
天は日月の如く　地は海の如く　下には相柳を引植え
みのり生ぜ　御身を清め　花の御神屋には参る者なりや

御年や面白やー

・判や　いそぎよき　はまのや広瀬で身を清め　身を清め　参る同者のやー神は　しゅうずよし
・判や　民ただただのみなしゅめと拝むなり　昨日なるおとといなる　さいしょうみょうりに
上にはしゅずを下げ　衣をすすぎ　衣を住するな
上番は一じゅう日　みつゆいなるユイ経　ユイガンユイガガクユイ天と申す
ふたは学びて　エッテ下げて　風にすだれてさざなる　おとといなるよ
天は宇宙天中空はむへんほうぐ　地はこんじん自在いのその
そこ迄はれたる地神もさわやかに　しようぜ静まり給う者なりや

御年や面白やー

・判や　花の御神屋と申するは　誰はの人の始めおき
金剛浄土の地の上を　金剛へーるぞと申す　黄金の真砂子の土をかきとなめ
十二の柱を立て並べ　十二の柱は拾弐神宮薬師如来と拝まれ給うなり
六つのおざそは六観音　雨の年はきたる天白金や黄金の玉の垂木を四本掛け
あやのえつくりて掛けもり　大海原にいると申す
千羽のあやは万羽にとき　万羽のあやは千羽にとき　万宮一瀬に平ると申す
鶴のよわいに亀がおもぬい　ようせしめ　よう渡らせ　給ふ者なりや

御年や面白やー

・判や　一しば七日地より浜の車にて生じ
中司は三日地より滝の駒にて生じ
山戸には祓いを始め　川戸には十二の人形を作りかけ　すが森を掛け通り

もりかえりみのり生じに御身を清めて　花の御神屋には参るものなりや
　御年や面白やー

◇五方祓い

・判や　この殿の庭のや　折目は七折目　七折目　八重のや折目に黄金花咲く
・判や　この殿のひろえのお庭に旗立てて　旗立て国のとびらを願うものなり
・判や　この殿の神問の脇なるへられ石　へられ石　参る同者のや腰掛けの石
・判や　この殿の神問の脇なるよし植えて　よし植えて　参る同者のやよしと呼ばるる
・判や　この殿の神問の脇なる桑の木は　桑の木は元は一つでやうらは栄える
・判や　この殿のひろえの縁なるはびろ臼　はびろ臼つけど　おせどやつきせざるなり
・判や　この殿の東方門にも御幣差す　御幣差す参る同者のや　神はすずよし
・判や　この殿の西方の門にも御幣差す　御幣差す参る同者のや　神はすずよし
・判や　この殿の南方の門にも御幣差す　御幣差す参る同者のや　神はすずよし
・判や　この殿の北方の門にも御幣差す　御幣差す参る同者のや　神はすずよし
・判や　この殿の中央の門にも御幣差す　御幣差す参る同者のや　神はすずよし
・判や　この殿の東方へ引いたる御注連は金の注連　金の注連　黄金の御注連もや　越えてまします
・判や　この殿の西方へ引いたる御注連は金の注連　金の注連　黄金の御注連もや　越えてまします
　三熊野も　出雲へ参ろや　神はすずよし
・判や　この殿の南方へ引いたる御注連は金の注連　金の注連　黄金の御注連もや　越えてまします
・判や　この殿の北方へ引いたる御注連は金の注連　金の注連　黄金の御注連もや　越えてまします
・判や　この殿の中央へ引いたる御注連は金の注連　金の注連　黄金の御注連もや　越えてまします

・判や　この殿の中央の柱は金柱　　金の立つ引と押せどや　おしせざるものなり
・判や　この殿の乾の隅なる瓶酒は　　瓶酒は風は吹かねどや　さざれ波立つく
・判や　十月　二十月　出雲に参ろ三熊野も　　三熊野も　出雲へ参ろや　神はすずよし
・判や　神の父　神の母　出雲に参ろ三熊野も　　三熊野も　出雲へ参ろや　神はすずよし

六　神招座

尾前神楽には「しゅう者」と呼ぶ司会、口上を述べる座奉行がいる。当番組の組長が、羽織・袴（もしくは背広）に烏帽子《えぼし》の正装で、閉扇を横に右手で目の高さに構えて「神招座」「一神楽」などで口上を述べる。

尾前神楽の「神招座」の口上（平成25年12月）。

◇神招座の口上。

「東西東西　参詣の皆様方、ただ今より〈神しょうぜ〉いたしますによって神屋はもとより、本座、中座、下座ほか三しき、ないしゅう、ざっこ・はいこまで、なりを鎮めて静かに参詣なされてたもり申せ」

◇尾前神楽ではこの口上のあと禰宜《ねぎ》が宮司と神楽子を祓い、高天原に供物を供える。そして舞にはいる。

七　御垂止

白丁・袴・烏帽子の二人舞で、初め高天原の前においた折敷《おしき》（盆）前に正座して舞う。折敷には冠と呼ぶ白紙で囲った盛飯と箸がのせてある。舞手は太鼓の打出しと神楽子の唱文で鈴を振ったり、飯を冠に包んだりする。このあと二人は立って左手に折敷、右手に鈴を持って舞う。

◇折敷の盛飯は舞のあと神楽子や神楽を見ている人に一箸ずつ配って食べてもらう。これは神がくだされた飯と同じものを食べて、豊かな食になることを願うものである。

◇「おだりやめ」は日向地方では晩酌を意味する。椎葉神楽では「てや殿の飯上げ」「太殿の飯上げ」ともいって、神々に米飯を捧げる式舞になっている。焼畑での稗や粟を主食にしていた椎葉山では、米飯は貴重な食だったから、神々にその恵みを感謝し、米飯になることを願ったことにこの舞の起こりがあるのだろう。

◇尾前神楽の「御垂止」（「てや殿の飯上げ」）詞章。

・一切精進が清くして　一切精進が清くして　夕べ作りて夜中にしゅめ入れて　あかときものの君の初穂を　小戴きしめてめすぞうれしや　やれやとーるとーると云えど　大空よりも御箸を給いて吾きたよ　御箸の主とは　神ぞこそ召す　やれやとーるとるとーると云えど　大空よりも御笠を給いて吾来たよ　御笠の主とは神ぞこそ召す　やれやとーるとーるとは云えど　汁だにおいては汁ぞこそ召す　ゆいだにおいてはゆいだこそ召す　菜だにおいては菜だこそ召す　やれやとーるとるとーると云えど　西の京から来る鳥は　あつ鳥　ひよ鳥　燕《つばめ》　羽は十六身は一つ　この宝はだれにゆずろう　宝取人にゆずろう　氏の主とは八重桜　八重のや折目に黄金花咲く　ありながのましします先にあやはえてにし　きもはえて黄金花咲く　こぞの雪　こうまは霰や朝の霜や　去年よりや今年はなおなまさるんやー

日当神楽の「御垂止」（平成25年12月）。

八　一神楽

神職の狩衣に烏帽子の二人が、右手に鈴、左手に太刀を持って舞う。一神楽は尾前上と尾前下のコウザキを氏神とする、集落の草分けの家の二人が舞うことになっている。なお一神楽の「一」は神楽宿を祓い清める巫女舞に通じる。神楽宿の祓い清めは集落を祓い清めることでもあり、二家はその役を担ってきた。

◇尾前神楽「一神楽」詞章。

立　唄

・判ヤーガ　あれを見よや　えのやしをじをかきわけて　かきわけて　かのこの　かはもヤーガ　神はましま す

・しょじ何事も　始むる時に頃は良き日　神のやお事に時はーきらはずー

・御神屋につるぎ給いてはれきたヨー　つるぎの主とは神ぞこそ召す

・だんじだんじょう　そでのさいはい　まいらーるすう　えべすの御前に　参らするなり

・おきのかもめの羽をるすーう　えべすの御前に　参らするなり

・前おろいたよなかのまにいーいーるすうー　えべすの御前に　参らするなり

◇日添神楽、日当神楽、尾手納神楽では白丁・袴に赤帯をしめて、二人が鈴と刀を持って舞う。額につけるスミトリ紙は白紙を剣型（上部が三角形）に折ったもので、それを額にあて赤鉢巻で押さえる。こ

尾前神楽の「一神楽」（平成23年12月）。

右：日添神楽の「一神楽」の先地が刀を預ける（平成26年12月）。
左：日添神楽スミトリ紙（平成26年12月）。

れは各地の葬式に見られた額紙《ひたいがみ》（幽霊の絵の額にもある）に似ているが、中世の絵巻物などに見る額烏帽子《ひたいえぼし》を模したか、山伏が頭につける兜《と》巾《きん》の五仏宝冠（五智の宝冠）に由来するとも推測される。

◇御神屋の高天原に向かって左の舞手を「先地」、右の舞手を「後地」という。先地には舞の上手な神楽子をあてる。日添神楽、日当神楽、追手納神楽ではひと舞したあとに、先地は座にくだり、刀と鈴を来賓の一人に預け、座をまわって参詣者と、後地は神楽子と酒を酌み交わす。

◇尾前神楽では以前は「花の手」のあと、今は「一神楽」のあとに、しゅう者の次の口上で座卓を並べて配膳し、酒を添える。つづいて尾前神楽保存会長、氏子総代、区長らの挨拶がある。なお膳は今は外注の折詰だが、以前は当番組の女の人たちによる手料理だった。

「東西東西　ただいま一神楽が上がり申した。座の準備がありますので、御参詣の皆様方にはしばらくの間、玄関入口あたりにてお待ちいただきますよう、よろしくお願いいたします。上座に十名くらい名前を呼んだあと、どの方様にも座をさし上げ申すによって、御酒等まわりあい次第、こきゃあーはずしのござらぬよう、おあがりなってたもり申せ。一声に御願い方をつかまつり申す」

九　大神神楽

二人舞。白丁・袴、赤帯、烏帽子（笠）、右手に鈴、左手に大神幣を

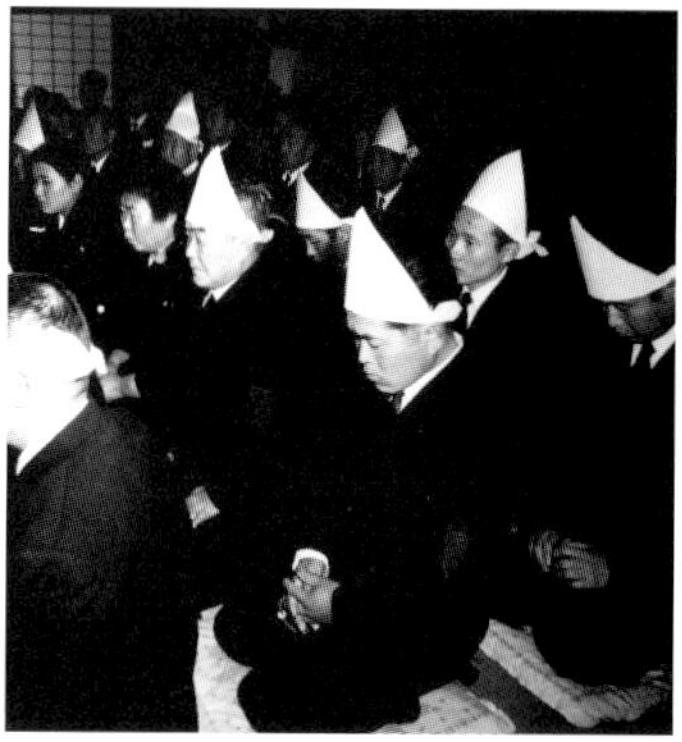

持って舞う。

◇尾前神楽の「大神神楽」詞章。

・御神屋にへいたるしめは　金のしめ　小金の御しゅめと神は申すなり

・判ヤーガ　かのつづみこそ　吾屋のたからとうちよれば　うちよれば　かのこの　かァもヤーガ　神はまします

・御神屋に御幣たまいて　われーきーたーヨー　御幣の主とは　神ぞーこそめす

・御幣取る　手も取るほどのやさしサーよーおー　御幣の主とは　神はまします

十　花の手

四人舞。スミトリ紙に赤鉢巻、腰に太刀、右手に鈴、左手に榊葉を持つ。二人は赤帯に青襷、二人は青帯に赤襷をする。

右上：葬式のヒタイガミ（新潟県長岡市山古志　昭和46年２月）。
右下：山伏が頭部につける兜巾。
左上：刀を預けた追手納神楽の先地が酒を飲み交わす（平成25年）。
左下：尾前神楽の膳と保存会長の挨拶（平成25年12月）。

尾前神楽の「大神神楽」（平成25年12月）。

◇尾前神楽の「花の手」詞章。
・御神屋に　ただ白紙とはヤーガエ　えりて　下ぐればヤーガ神の姿なり
・判ヤーガ　雨が降る　高天原をも引きとをす　引きとをす　おくの一間もヤーガ　神はまします
・御神屋に　つるぎ給いて　われきたよ　つるぎの主とは　神はまします
・つるぎ取る　手もとるほどの　やさしさようー　つるぎの主とは　神はまします

◇尾前神楽では、一神楽、大神神楽、花の手を式三番として花の手がすむと、しょう者は、椎葉ではゴセヤキともいう「せり唄」（囃子）を歌ってもよいと口上する。参詣者は座から思い思いのせり唄を投げかける。

◇尾前神楽の「せり唄」。
・御神屋にただ白紙と拝むかよ　彫りて下げれば神の姿なり
・我が国は神の末なり神まつる　昔の手振りわするなよゆめ
・御神屋に下げたるしゅうめは金のしゅめ　採りて下げれば神の姿なり
・天竺《てんじく》の社壇の下よりいずる水はよー　すいしょう南に流れ行くどうか
・那須の者じゃろほごかるて　ほごの中にいも入れて
・さえは雪こうまはあられ里は雨　何とて雲にもへだてがあるがどうか

尾前神楽の「花の手」（平成25年12月）。

・お月さまは何とて山端を急ぐのか　それとも山より奥に住み家をいたすのか
・鶯が梅の小枝で昼寝して　春はまだかと夢に見るそうな
・鶯が梅の小枝で昼寝して　枝を枕に葉をござに
・神楽舞うちゅうて人よせて　まわにゃ舞子の恥となる
・お神酒出せ出せお神酒出せ　お酒ほかわぬ神はない
・神楽出せ出せ神楽出せ　今夜一夜のごやじゃもの
・尾前川でも墨すりゃにごる　尾前様女のへこのしる
・俺と和嬢はいとこどし　いとこどしじゃろ似てござる
・いとこ名乗りは馬鹿がする　あらその声切らすな夜明けまで
・出ればそびこの馬屋のすみ　馬屋のすみではすぼがつくすぼはたがいに落とし合う
・谷くんだり帆かけて走るうなぎまらんやー　すまずまこさげばへこもたまらんぞ
・雪降れば木の又ごっちにひとぎつんでやー　向かいのカラスがどっと喜ぶぞー
・今夜させんぼんぼはそやの木ぼんぼ　のちにゃくされてナバはえる
・ナバはえてもろくなナバはえぬ　猿の腰かけか毒ナバか
・名取り様女のぼぼの毛の長さ　前の銀杏の木三重まわる
・夜明け方に吹く風は　様の袂をそよそよと
・これがいちじゃろ名取りじゃろ　名取り女の顔はよかろ

・こんな寒いのに笹山越えて　笹の露やら涙やら
・若い衆が鈴振りたてて舞うときは　八十ばぁさまも横ちょに舞わてる
・これほど舞うのにはやす者おらんか　はやす者はおれども目で見るばかりよ
・きれたきれたよ太鼓の音がきれた　くされ縄よりゃまだきれた
・神楽だせだせ神楽だせ　神楽ださなきゃ御神酒だせ　御神酒ださなきゃおなごだせ
・太夫どんの嫁じょは苺《いちご》もりいたなりゃ　つびのはちゃ蜂のしゃーて　痛ちゃともいわえにゃ　かいいともゆわえじむんじむんじりくじったー　ほーいほーいほい　サー
・あかぎれ足に白足袋けこんで　よう舞うな　ほーいーほいほい　サー
・夏はアブラメ冬はトマサコ　ちょろつくちょろつくちょろ　つくな　ほーいほーいほい　サー

◇唄の内容から「せり唄」と「囃子」に大別される。せり唄は神楽への思いや恋心、囃子は舞手に向けたものだが、厳密に区別しているわけではなく、一般には両者を含めて「せり唄」とも「囃子」ともいう。椎葉でいうゴセヤキの語源ははっきりしない。

◇せり唄には椎葉地方の方言や古い文言が混じっていて、すぐには意味のわからない唄もある。渡辺伸夫著『椎葉神楽発掘』には、このせり唄の解説もある。それによると江戸時代にはやった唄や、各地の民謡や盆踊り唄、田植唄などにある文言もあるという。いつ、だれがどのようにして伝えたのかはわからないが、椎葉の人々はそれを大事に守り、歌いつづけてきた。

◇平成二十九年（二〇一七）十月二十六日に、東京都の国立能楽堂で日添神楽が公演。三人が「せり唄」を交互に歌ったが、神楽の出に少し間があったとき、「神楽だせだせ神楽だせ、神楽ださなきゃ女房だせ」と歌うと、席を埋めた六八〇人がドッと笑った。

次第十一〜二十番

十一　扇の手

小学生の男女二人ずつ四人が舞う。スミトリ紙に赤鉢巻、二人は赤帯に青襷、二人は青帯に赤襷をする。初め閉扇、次いで開扇で舞う。年によって四人で二組、あるいは五人が舞い、またスミトリ紙をつけずに赤鉢巻だけのこともある。

◇尾前神楽の「扇の手」詞章。

・伊勢の国　天が原の榊葉の　心のしめとはヤーガ　神はましまします

・判ヤーガ　あれを見よ　八重のやしおじをかきかけて　かきわけて　かよこの　かあもヤーガ　神はましまします

・御神屋にへいたるしめは　金のしめ　小金のみしゅめと神はまします

・おしかえし　おしも　どうしーい　いまはやしめにヤー　神はましまします

◇子どもの舞は集落のみんなが楽しみに待っている一番で、しょう者が、「子どもが舞います。お捻《ひね》り（花）大歓迎。いくら投げてくださっても構いません」という口上を述べる。それに応えて、つぎつぎとお捻りを御神屋に投げ飛ばす。これは向山の三つの神楽でも同じ。次代の神楽を担うことになる子どもたちへの期待もある。舞う子の

尾前神楽「扇の手」（平成25年12月）。

右上：尾前神楽で子どもが舞うと口上（平成24年12月）。
右中：尾前神楽「扇の手」（平成25年12月）。
右下：日添神楽の「四人神楽」（平成24年12月）。
左上：紙飛行機に“花”を入れて飛ばす（平成25年）。
左中：日当神楽の。「大神神楽」（平成25年12月）。
左下：追手納神楽の「幣の舞」（平成25年）。

親は少し緊張した様子で見詰めている。舞い終えると子どもとその親の紹介があり、一人ごとに大きな拍手が送られる。

十二　幣の手

二人舞。白丁・袴、赤帯、笠。右手に鈴、左手に御幣を持って舞う。

◇尾前神楽の「幣の手」詞章。

・御神屋にただ　しら紙とおがむかよ　えりてさぐれば　神の姿なり

・判ヤーガ　みそぎ良　はまのや折り目は　七折り目　七折り目　八重の折り目にヤーガ　神はましまず

十三　しめほめ

二人舞。荒神面、毛笠、白丁・袴、赤襷、青帯（年により青襷、赤帯）。荒神面と向かいあって舞う下舞は、素面、スミトリ紙、襷と帯は荒神面と逆の色、うしろ帯に幣と榊を差し、右手に鈴、左手に扇を持って舞う。以前は病の平癒を願った人が「願立《がんだて》」をして、それが成就したときに舞った。現在は願立をする人もいなくなったが、神楽を伝えるために舞い、奉納している。

◇尾前神楽の「しめほめ」詞章。

・ヤラー　そもそも御伊勢天照皇大神宮殿　ただいま　降りて下りて　千代の御神楽　一手　捧げ奉る　こーこをもってこそぶぜい　しんにょう　かいよ
　はっこうしょーとはヤーガ　祝わせ　給うようなり

・ヤーラ　そもそも御伊勢天照皇大神宮殿は　日向の国　大和の国　山城の国　三カ国にて生まれ渡らせ給うこそ　昼の天と申するは　父のこうやのじひの　御ためにとて　御年三歳に至るまで　足立たずして　あーの天の岩舟にのせ　先方にはなちたまえば　その舟が日向の国帰り来たるを　もって

右：日添神楽の「しめほめ」（平成24年12月）。
左：尾前神楽の「森の上」（平成23年12月）。

日向の国　舟塚大明神とはヤーガ　祝わせ給うようなり
・榊葉のみそずのもとで　神そめて　いその谷こそ　いその谷なり
◇願立ておよび願じょうぜの詞章
・榊葉へ　道をただいて　われならば　てぬじ　てぬじょうは　ゆいがどくそん

十四　森ノ上

二人舞。白丁・袴、赤帯、笠、右手に鈴、左手に弓を持って舞う。
◇尾前神楽の「森の上」詞章。
・吹けば吹く　吹かねば吹かぬ　むら雲の風にまかせて　身こそやすかれ
・判ヤーガ　雨が降る　高天原をも引き通す　引き通す　おーくの一間もヤーガ　神はましまします
・しょうごう殿　ましまます先に　あやはえて錦もはえてや　御ざとふまゆる
・しょうごう殿　いるやー　鹿のーせにたーつー

十五　弓通し

森の上をしばらく舞ったのち、弓二張を向かい合わせ弦を引いて輪を作る。その輪を潜《くぐ》ると禍《わざわい》が祓われるという。子どもは宮司が榊でまず祓い、ついで神楽子が抱えて潜らせ、もう一人の神楽子が潜った子を受ける。親が

子どもを抱いて潜るのもよい。子どもはこれを三回繰り返すと、夜泣きや疳《かん》の虫が治まり元気に育つようになる。

◇尾前神楽の「弓通し」詞章

・あかときの　生魂殿の御前で　白木弓をば通す子は　何もなければくせもない

・あかときの　生魂殿の御前で　白木弓をば通すなり　何もなければとがもない

十六　森ノ下

二人舞。白丁・袴、青帯、笠、二本の矢を片手に持って舞ったり、両手に一本ずつ持って、胸元に突き立てたり、また弓につがえて放つような形をしたりする。弓を持って舞う「森の上」と対の舞で、椎葉の狩猟の神にまつわる舞ではないかとされる。

この舞が終わると、御神屋の幣を新しくする。それまでの幣は欲しい人がもらう。以前は終わるやいなや人々が御神屋に乱入して幣を取ったものだという。

◇尾前神楽の「森ノ下」詞章。

・吹けば吹く　吹かねば吹かぬ　むら雲の　風に

右：子を抱いて尾前神楽の「弓通し」（平成23年12月）。
左：日当神楽の「森の使い」（平成25年12月）。

尾前神楽の御神屋の幣の取替え（平成23年12月）。

まかせて　身こそやすかれ
・判ヤーガ　かのこのつづみこそ　我がやのたからとうちよれば
うちよれば　かのこのかはもヤーガ　神はまします

◇日添神楽ではこの弓矢の舞を「森の弓」「森の矢」といい、森の弓は先地を上中司、後地を下中司が舞う。尾前神楽の弓通しは森の上の間にはいるが、日添神楽では森の弓と森の矢を終えてから行なわれる。

十七　地割ノ上

二人舞。白丁・袴、スミトリ紙に赤鉢巻、青襷、赤帯、腰に剣をさし、右手に榊葉を持って舞い、最後に剣を抜く。

◇尾前神楽の「地割ノ上」詞章。

・日向なる　あいぞめ河原でヤーガ　あらわれ　いるゝんヤーガ
三角人吉の町
・判ヤーガ　あれを見よ　八重のやしおじをかきわけて　かきわけて　かのこの　かもヤーガ　神はまします
・これより東つう方に　立向きたちなァー　おりいー　しんのーむすんでー　あびらーおんきるー
・これより南　南方に　立向きたちなァー　おりいー　しんのーむすんでー　あびらーおんきるー
・これより西　西方に　立向きたちなァー　おりいー　しんのーむすんでー　あびらーおんきるー
・これより北　北方に　立向きたちなァー　おりいー　しんのーむすんでー　あびらーおんきるー
・これより中　中央に　立向きたちなァー　おりいー　しんのーむすんでー　あびらーおんきるー

十八　地割ノ下

二人舞。白丁・袴、スミトリ紙に赤鉢巻、青襷、赤帯、右手に鈴、左手に抜身の太刀を持って舞う。

◇尾前神楽の「地割ノ下」詞章。

・御神屋にへいたるしめは金のしめ　小金のみしゅめと　神はまします

・判ヤーガ　あれを見よ　八重のやしおじを　かきわけてかきわけて　かのこのかもヤーガ　神はまします

・御神屋に　つるぎ給いてわれきたよ　つるぎの主とは　神はまします

・つるぎ取る　手もとる程のやさしさようー　つるぎの主とは　神はまします

十九　地固

御神屋の中央に太鼓をおき、正面に宮司、まわりを四人の神楽子が囲み、剣を立てて唱えをする。

◇尾前神楽の「地固」詞章。

・じんず丶かんだらに　神津のはえたる　太刀を持ち　東方
あらば東方太師や　そこ立《たち》のきやれや　おんそわか

・じんず丶かんだらに　神津のはえたる　太刀を持ち　南方
あらば南方太師や　そこ立のきやれや　おんそわか

・じんず丶かんだらに　神津のはえたる　太刀を持ち　西方
あらば西方太師や　そこ立のきやれや　おんそわか

・じんず丶かんだらに　神津のはえたる　太刀を持ち　北方
あらば北方太師や　そこ立のきやれや　おんそわか

・じんず丶かんだらに　神津のはえたる　太刀を持ち　中央

あらば中央太師や　そこ立のきやれや　おんそわか
・東方ぐる、しゃかなを　南方ぐるるしゃかなを
・西方ぐる、しゃかなを　北方ぐるるしゃかなを
・中央ぐる、しゃかなを　天に天じくしゃかなを
・家にははずなんしゃかなを
・道にどうろくしゃかなを
・石に石神しゃかなを　水に水神しゃかなを
・竹にかんじくしゃかなを
・堂にはガァらんしゃかなを
・山に山神しゃかなを　木に木神しゃかなを
・地には地神しゃかなを
・しゃかなを、天の高さは三十三点　地の深さはこんじんじざい
の　そのそこまでも　小金のまさごかためたり

二十　生魂殿

地固の太鼓胴の上にお宝の、酒を入れた壺をおいて宮司が支える。そのお宝を頂戴しようと、次々に希望者が進み出て願いごとを述べる。

◇尾前神楽の「生魂殿」詞章。
・あかときの　生魂殿の御前で　しゅうとうれしや　ばんらいら
くと申するはー

◇次は平成四年（一九九二）の尾前神楽の生魂殿（荘厳殿）の文語。浄行

尾前神楽「地固め」（平成25年12月）。

寺文書の一つで、前年九月三十日に発生した、尾前下の地滑りのときの六社の加護にもふれている。

「先ずお荘厳殿お願いの筋あってまかりい出たような訳の儀でござる　当年の月数は十三月　日の数は三百六拾余間日の儀でござる

当年の冬祭典に差当たり申しては十二月五日　宮司殿家方を借りゅうつかまつり　宮司殿始め　神楽子一同　村役の有志役方　相集まり吟味相談の上　期日を十二月十二日とあい決まり申した訳の儀でござる

今日今晩　上段上吉日を以て廻り合いの組内　私共　鶴の平と三方界が心を合わせて氏のご祭典が　相務まろうような訳の儀でござる

当氏のご前事　相務まろう間は　氏子に於いて酒の上の酔狂　けんか口論　今の流行の歌　ものの言い雑談等ござらんよう　ご生魂殿に御願い方つかまつり申す　次申しては尾前地　古えの竈の数は六十二戸と申すれど、他県他地より入り来たり申すれば　今に至っては八十三戸合わせる者たるたらずの訳の儀でござる

次申しては人高の儀でござるが　古え三〇〇人と申すれど、これ又他県他地より入り来たり申すれば　人高は四〇〇有余の数の儀でござる

その氏子が皆　山川駆け回る氏前の儀でござれば　木よて滝よて刀の難　流行風《はやりかぜ》　流行病い等一切ござらんようご荘厳殿におん願い方つかまつり申す　なお他県他地の方々も氏子同様おん守り下さるよう御願い方つかまつり申す　次申しては作物の儀は去年よりも今年が豊作でござりもうしたが　来

六八尾前神楽「生魂殿」（平成25年12月）。

年はまだまだ豊作満作　金銀　辨盛　一粒万倍弓矢ご繁盛とおん授け下さる所　ご荘厳殿に御願い方つかまつり申す　次申しては昨年（一九九一年）九月三十日　夜十時十八分、古えより代々続く──六戸が裏山の地滑りにより六軒民家が数分のあいだに土砂にのみ込まれ、轟音と共に消えてなくなり──村中の者が大きな悲しみに包まれた訳でござるが　幸いにして当時はこの館（神社）に避難していたため──尊い生命一人落とすことなくすんだわけでござるが──これひとえに地域消防団の指導　それに合わせる羅災者の直な心合わせて古えより祭り申しておる六社様の御加護のおかげと思う訳の儀でござる

この様の元で国に於ても県に於ても　いや村に於ても即急な復旧工事に巨額を投じ　今着々と進んでおるところであり申すが一日も早く昔の本村に復旧され　羅災者の方々が生まれ育った屋敷に館を建てて久遠の灯をともして下さるよう又これから先　二度とふたたびこのような災いがなからぬよう お生魂殿に願い上げる訳の儀でござる

私は至って口不調法な者でござれは、云い損ない言い足りぬ所もござろうが　一口は十口　十口は百口　百口は萬口とお聞き届け下され申して　そのお生魂殿を私に　いや回り合い組み内にひいては今度この冬祭典に参詣致して居る氏子外皆の衆におん授け下さる所　宜しうお願い上げ仕り申す。

一九九二年　平成四年　十一月十二日

組内　三方界　鶴の平全員一戸二八立」

◇尾前神楽では生魂殿のあとに日添と日当の若者が、それぞれ神楽を奉納する。

次第二十一〜三十番

二十一　鎮　地

二人舞。白丁・袴・赤帯・青襷、スミトリ紙に赤鉢巻、右手に鈴　左手に持つ扇は初め閉じ　のちに開く。

◇尾前神楽の「鎮地」詞章。

・伊勢の国　天ヶ原のヤーガ榊葉の　心のしめとはヤーガ神はまします

・ヤラーそもそもはっかいのみなと　風吹けば御門なる　鶴は千年　亀は万年　万福としてこそ竜宮城殿も近ければこそ　虫の薬も　とめあわせ　こーこをもってこそ　ぶぜいしんにょう　かいよ　はっこう　しょーとはヤーガ　祝わせ給うようなり

・ヤラーそもそも千羽二羽と申するは　かの木は世の木に合わすれば　においすぐれせい高し　かの木には　三つの枝があり

第一の枝にこそ日のはね休めおわします

第二の枝にこそ月のはね休めおわします

第三の枝にこそかりうりんとは申する

つばさが巣をくい　子を産み太鼓の内より　いっせんざいとはヤーガ　祝わせ給うようなり

・判ヤーガ　雨が降る　高天原をも引きおす　おくの一間もヤーガ　神はまします

二十二　手　力

一人舞。鬼面・毛笠・白丁・袴、腰に幣榊枝。右手に鈴、左手に幣を二本持つ。

◇尾前神楽の「手力」詞章。

・冬の夜に目ざめて聞けば面白ヤー　出雲大社の御神楽の声する

・判ヤーガ　あれを見よ　八重のやしおじをかきわけて　かきわけて　かのこの　かもヤーガ　神はまします

右：尾前神楽の「鎮地」（平成23年12月）。
左：尾前神楽の「手力」（平成26年12月）。

・しんやら、　手力の明神と申するは　七日七夜　御神楽舞い遊べども　ついに　大神宮様は出でさせ給う候
　物からヤ　手力の明神と申するは　あゝの天ノ岩戸を取って押し開き世者　すじょう一切なし　拝せ給う様なり　拝せ給う様なり
・あアも　ほんがく　ほんじん　にょらい　大事は小事
　じばやぶりなす　わざはいずれの神たち　神たち
・しばやぶり　神にさいれいする時は　あなたこれらと
　あなたこれなり
・天も地も国も所もおさまりて　世は静かなり　静かなり
・引きしばヨ　神にさいれいするときは　あなたこれらと　あなたこれなり
・月と日をもろ手に取りて拝むかよ　日こそまさりて
　夜をてらすなり

二十三　カンシン

四人舞。白丁・袴・赤帯・青襷、スミトリ紙に赤鉢巻。右手に鈴、左手に抜身剣を持つ。舞にはいる前に宮司と神楽子は「部屋入り」といって台所へ行く。宮司はそこで料理を作る当番組の「釜元」と呼ぶ長老と挨拶を交わす。挨

拶にはおよその決まりがあって、ご馳走になったことと土産へのお礼で結ばれる。釜元は神楽子の人数分の味噌田楽を二つ重ねの重箱に入れて土産として宮司に渡す。以前は濁酒一升を添えたという。神楽子はこの台所から舞いながら出てきて御神屋にはいって舞をつづける。

◇日添神楽では舞い終えてから部屋入りをする。

◇尾前神楽の「カンシン」詞章。

・日向なる　合いぞめ河原でヤーガ　あらわれいるゝん
ヤーガ三角人吉の町

・よいもすれ　夜中もすれてンヤーガ　舞う時は　ばんばんばらいにヤーガ　おさめまします

・ここはどこ　誰だやの関所　さあ面白んや　さおもしろや　つばもと　とりて

・ここはどこ　なこその関所　さあ面白んや　さおもしろや　まん中　とりて

・おもしろや　あいぞめ河原　さあ面白んや　さおもしろや　きり先とりて

・おもしろや　みぞずのもとで　さあ面白んや　さおもしろや　手は手にとりて

・ふりたつる　みそずのもとで神そめて　いその谷こそ

右：日添神楽の「かんしい」（平成26年12月）。
左上：尾前神楽の「生魂殿」で酒壺をもらった（平成23年12月）。
左下：日添神楽「部屋入り」の振舞い（平成26年12月）。

いその谷なり

・天も地も　国も所もおさまりて　世は静かなり　世は静かなり

・弓も矢も　人も所もおさまりて　世は静かなり　世は静かなり

・芝やぶり　神にさい礼する時は　あなたこれらと　あなたこれらり

二十四　オキエ・ゴチ天王

四人舞。白丁・袴・赤帯・青襷、スミトリ紙に赤鉢巻。右手に鈴、左手に小幣を持つ。

◇尾前神楽の「オキエ・ゴチ天王」詞章。

・朝神楽　みやしろこめて舞うときは　ばんばんばらいにおさめまします

・判ヤーガ　かのつづみこそ　吾屋のたからとうちよれば　うちよれば　かのこのかァもヤーガ　神はましまます

・御幣取る　手もとるほどのやさしさようー　御幣の主とは神はましまます

二十五　稲　荷

二人舞。白丁・袴・赤帯、背に榊と幣。スミトリ紙に赤鉢巻。右手に鈴、左手に扇を持つ。

◇尾前神楽の「稲荷」詞章。

・朝神楽　みやしろこめて舞うときは　ばんばんばらいに　ヤーガ　おさめまします

・ヤラーそもそもはっかいのみなと
　風吹けば御門なる鶴は千年　亀は万年万福としてこそ
　竜宮城殿も近ければこそ

・虫の薬も　とめあわせ　こーこをもってこそ　ぶぜい
　しんにょう　かいよ　はっこう　しょーとはヤーガ　祝わせ　給うようなり

上：尾前神楽「オキエ・ゴチ天王」（平成23年12月）。
下：尾前神楽の「稲荷」（平成25年12月）。

・稲荷殿　まします先に綾生えて　錦もはえてンヤーガ　ござとふまゆる

・稲荷山　通りで聞けばンヤーガ　面白ヤー出雲大社の　ヤーガ　御神楽の声する

・ヤラーそもそも千羽二羽と申するは　かの木は世の木に　合わすれば　においすぐれせい高し　かの木には　三つの枝があり

第一の枝にこそ日のはね休めおわします

第二の枝にこそ月のはね休めおわします

第三の枝にこそかりうりんとは申する

つばさが巣をくい　子を産み太鼓の内より　いっせんざいとはヤーガ　祝わせ給うようなり

・ふりたつる　みそずのもとで神そめて　いその谷こそ　いその谷なり

二十六　芝　引

面着の四人舞。まず金髪の荒神面が左手に面棒、右手に開扇を持って舞う。次に黒髪に翁面の戸取りが面棒を持って舞い、アマテラスを引き出す。女面に右手に鈴、左に持つ開扇で顔を隠すように舞っているところに、赤髪の鬼面が現れ、面棒の両端をアマテラスと握って舞う。舞い終えるとアマテラスは参詣者の座をまわる。

◇尾前神楽の「芝引」詞章。

尾前神楽の子どもたちによる「芝引」（平成24年12月）。

・ヤラーそもそも御伊勢天照皇大神宮殿　ただ今　降りて　下りて千代の御神楽　一手　捧げ奉る　こーこをもってこそぶぜいしんにょう　かいよ　はっこう　しょーとはヤーガ　祝わせ　給うようなり

・ヤラーそもそも御伊勢天照皇大神宮殿　日向の国　大和の国　山城の国

三カ国にて生まれ渡らせ給うこそ　昼の天と申するは　父のこうやのじひの　御為にとて　御年三歳に至るまで　足立たずして

あーの天の岩舟にのせ　先方にはなちたまえば

その舟が日向の国帰り来たるをもって日向の国、舟塚大明神とは

ヤーガ　祝わせ給うようなり

・判ヤーガ　かのつづみこそ　我家の宝とうちよれば　うちよれば

かのこのかもヤーガ　神はましま す

・榊葉のみそずのもとに紙そめて　世はしずなり　世はしずなり

・月と日ともろ手に取りておがむかよ　日こそまさりて夜をてらすなり

二十七　日月

二人舞。烏帽子・白丁・袴、大豆をのせた三方を両手で持って舞ってから、大豆を座に向かって撒く。

参詣者はその大豆を拾う。

◇尾前神楽の「日月」詞章。

右：尾前神楽の「日月」（平成25年12月）。
左：尾前神楽の「日月」で撒かれた大豆を拾う（平成23年12月）。

・よいもすれ　夜中もすれてンヤーガ　ばんばんばらに　おさめまします
・判ヤーガ　あれを見よ　八重のやしおじをかきわけて　かきわけて　かのこのかもヤーガ　神はましす
・これより東　東方に　立向きたちなアー　おりいー　しんのーむすんでー　あびらーおんきるー
・これより南　南方に　立向きたちなアー　おりいー　しんのーむすんでー　あびらーおんきるー
・これより西　西方に　立向きたちなアー　おりいー　しんのーむすんでー　あびらーおんきるー
・これより北　北方に　立向きたちなアー　おりいー　しんのーむすんでー　あびらーおんきるー
・これより中　中央に　立向きたちなアー　おりいー　しんのーむすんでー　あびらーおんきるー

二十八　火の神

二人舞。烏帽子・白丁・袴・右手に鈴、左手に白膠木《ヌルデ》で作った火の神（男女の顔を描く）を持って台所から出てきて御神屋や座で舞う。座の参詣者も榊や幣を持って舞う。また墨の役の者が大根につけた墨をだれかれとなく塗りつける。

二十九　泰平楽

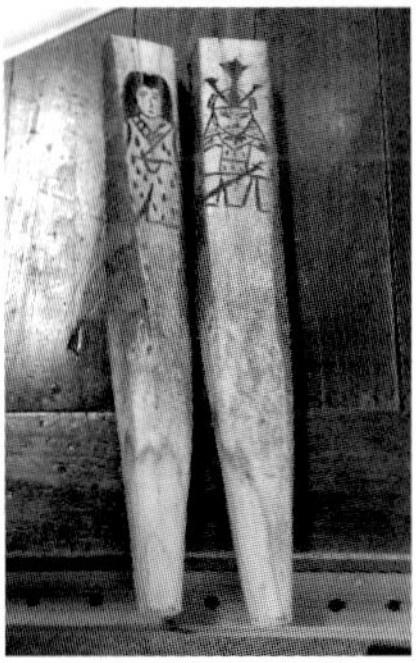

火の神の二人が台所にもどったあと、参詣者は墨のついた顔のままで思い思いに舞いつづける。

三十　神送り

神楽子から高天原に立てた神迎えの榊を渡された組内の人は、本殿の近くに登って山中に立てる。その立て終えるころまで、宮司と神楽子は神楽宿に正座して太鼓を打ちつづけ、最後に全員で一礼して神送りとする。

※　※

前日の夕方六時半頃から舞の始まった尾前神楽は、一夜を舞いつづけて、朝の七時半頃に舞い納めます。終わると片付けをして宮司家で直会をします。

民俗芸能にはそれを伝える地域の昔の生活がさりげなく組み入れられています。多いのは食に関わるものです。それがいつ、どのようにして組み入れられたのかはわかりませんが、民俗芸能はそれを繰り返し舞い伝えてきました。それは自分たちの食生活を神に示し、

上右：尾前神楽の「火の神」（平成23年12月）。
下右：尾前神楽「火の神」の木像（平成23年12月。）
上左：尾前神楽の「火の神」の墨付け（平成23年12月）。
下左：尾前神楽の「火の神」でみんなが舞う（平成23年12月）。

食生活の安定と確かな食材が得られること、それに将来への希望を祈り願い、その願いを聞き届けてくれる神に、感謝の気持ちをこめて舞うのです。

尾向を含む椎葉村の神楽に、これが焼畑に関わる舞だというのはありませんが、御神屋にすえる高天原の俵の中は今は米、かつては焼畑の穀物でした。また晩酌を意味する「御垂止《おだれやめ》」が神楽にあるのはおそらくここだけでしょう。これらは米飯への切実な願いがこめられていたように思われます。

第七章

生まれ学び山に還る

上：手前の斜面で尾向小学校の児童が蕎麦を刈る（平成24年10月）。
下右：尾向小学校の花壇の水仙。根は薬になるという（平成27年３月）。
下左：尾向小学校の花壇。児童の心が咲いている（平成24年10月）。

〔一〕　元気に迎える七歳

赤ちゃん誕生

懐妊《かいにん》して三カ月目あたりから、尾向でも「孕《はら》んだ」といい、六カ月になると、もうだれの目にも「腹ぶと」がわかります。妊娠五カ月目の戌《い》の日に安産の帯祝いをします。犬が安産であることからの風習で、白木綿の布地を両親が贈ります。高千穂町内には七五三の祝いの願いをこめて七尺五寸三分（約二・三メートル）の帯を贈るところがあります。以前（昭和三十年代前）は一歳の誕生日までに亡くなる子も多く、孫が無事に大きくなるようにと帯に願いをこめたのです。

出産まで気をつけなければならないこと、してはならないことが各地にあります。食物では辛いものや油物、南瓜《かぼちゃ》は流産を促す。蕎麦を食べると子の顔にそばかすができる。双子卵を食べると双子が生まれる。熱い茶を飲むと頭の禿《は》げた子になる。兎の肉は三つ口の子、貝は舌を出す子が生まれる恐れがある。柿は体を冷やすので早産になる、だから柿の木のそばに行ってはならない。……全国どこでもいわれたのは、妊婦は火事を見てはならない、子に赤ほくろができる。葬式の手伝いをしてはならない、子に黒ほくろができる。

最初の子は実家で出産し、次子からはたいてい嫁いだ家で産みました。椎葉村には別棟の産屋《うぶや》はなく、コゾエババと呼んだ産婆が助産するようになるのは戦後で、それ以前は出産にくわしい近所の年寄りか母親・姑《しゅうとめ》が手助けをしました。

紐を握って力む座産（『三州奥郡産育風俗圖繪』挿図）。

産室《さんしつ》は集落や家によって異なり、大河内字大藪では竈《かまど》のある土間をあてました。竈の前に注連縄を張り、名付け祝いの後でその注連縄を荒神山に納めました。分娩は座産《ざさん》で、部屋の梁から吊るし下げた綱につかまって、体位を保ちながら陣痛に耐えます。手助けの婆がその体を背後で支えましたが、激痛のために綱をたぐって立ち上がってしまう産婦もいました。

生まれると臍《へそ》の緒を切ります。麻緒で二カ所を結び、その真ん中を鋏で切るが、結びを遠くすると出臍《でべそ》になるので、臍から少し離れたところを結ぶようにします。この臍の緒は小箱に入れて保存し、男は出征《しゅっせい》など村を出るとき身につけさせ、女の子は嫁に行くとき持たせました。病気のとき煮出して飲ませると効果があるともいわれました。

生まれた子の臍の緒を処理してほどなく、後産と呼ぶ胞衣《えな》が出てお産は終わります。胞衣の処理は、以前は夫の役目でした。椎葉村では家によって便所の脇か納戸、玄関、土間の下などに埋めました。全国には胞衣を玄関の下に埋め、出入りする人に踏んでもらうことで、強い子に育つといったところもあると聞いています。

全国的に見ると夫の役目は他にもありました。臍の緒を切り、生まれた子が元気な声で「オギャー」と泣いた後、最初の産湯を手助けの人が遣ってくれますが、その湯を沸かすのは夫の仕事とされました。沸かした湯釜の前に腰を下ろして残り火を見つめながら、父親となる生まれた子の泣き声の聞こえる瞬間を待ちました。

こうした出産を、手助けなしに、何もかも自分で処理した女性が椎葉村にもいました。しかも焼畑の作小屋で出産し、生まれた子を前垂れに包んで抱いて、五、六キロの山道を歩いて帰った人、産後も休むこともなくすぐ畑に出た人もいました。

「かにばば」とか「かにくそ」とかいう灰色の胎便《たいべん》を椎葉村ではイヤベーといいます。分娩の二〜四日後に自然に出ますが、早く出るように山蕗《やまぶき》の根や茎を叩いて軟らかくして、赤ちゃんの口に入れて吸わせました。また、産婦の肥立《ひだ》ちが順調で頭や足腰が痛くならないように、竈のまわりの土を一つまみ熱湯に入れて飲ませました。

椎葉村では生まれた子が元気にすくすくと育つように、手製の弓矢を射ました。母親は肌着を着せてネル布などで包んだ子どもを抱いて布団の上に座り、父親は戸棚か壁に掛けた旗を男の子は母親の左肩、女の子は右肩にかけて、その旗に向けて弓矢を射ます。出産のとき山から魔物がやってくるので、それを除いて病気にならないようにするのです。この弓矢を一週間後、名前をつけるときに射るところが県内にいくつかあります。

気をつけたのは食べるもので、椎茸、猪肉、油物、小豆、唐芋（さつま芋）など固く炊いたもの、また干柿、するめなど消化のわるいものは食べてはいけない。芋類でも軟らかく煮たもの、粥に焼塩、梅干、半熟卵などはよいとしました。県内には産婦の食べるものを一週間は別火にしていたところもあります。不土野では産婦は土間で一人で食べました。茶は作業場の別火で湯を沸かして一人で飲みました。

満一歳の日まで

生まれて一週間後に名前をつけます。つけるのは家によって祖父あるいは父と一様ではありませんが、以前は集落にあった名前を書いた帳面を見て探したり、加持祈禱《かじきとう》をする人に頼んだりしました。

現在の尾向の小学生の名前には、海、愛、花、和のついた名前がよく目にはいります。愛、花、和はいかにも尾向にふさわしい。でも海は、海からはるかな尾向で、どうしてと思ってしまいます。

この現在の海の名前とはまったく関係がありませんが、志願兵として海軍へ行ったという話は尾向でもまわりの山村でもよく聞きました。小学校では海軍へ行ってもよいように、水泳を熱心に教えたといいます。西都市の銀鏡神社宮司の濱砂正衛は大正時代に軍艦に乗り、遠洋航海で世界各地をまわったということでした。

軍艦ということでは、柳田國男を案内した椎葉村の中瀬淳の長男沂《のぼる》は、海軍大学を出て少将のとき「伊勢」の艦長となります。伊勢は他の十六隻と昭和十九年（一九四四）十月下旬に、米軍のレイテ島上陸を阻止するフィリピン沖海戦に参戦。日本の軍艦は敵の猛攻撃で次々と撃沈、伊勢も狙われたが直撃弾を受けなかった。護衛していた空母の「瑞鶴《ずいかく》」と「瑞鳳《ずいほう》」が撃沈されると、中瀬艦長は伊勢を停めて海に投げ出された将兵の救出にあたります。これは軍規に反する行動でした。翌年二月には重要物資を満載して日本に帰艦しますが、当時の戦況からそれは奇跡といわれました。終戦で椎葉村に帰ると十年ほど畑作をした後、妻の故郷の神奈川県に移住して満八十七歳で逝きました。

話をもとにもどしますと、名前が決まると役場に行って登記します。氏神への宮参りは三十三日目。このときもし初めて橋を渡ることになるときは、白紙に米と塩を混ぜたハネーネ（清めに撒く花米）を包んで持参し、これを撒いて清めながら渡りました。家にもどると赤飯を炊いて近親者を招き、宮参りを祝ってもらいます。

尾向の山間ににひるがえる鯉幟（平成26年３月）。

百日目あたりのお食初め、椎葉村では「モモカ祝い」といって箸の使い始めとします。赤ちゃんにも一人前の膳を用意して、ご飯や菜を箸で取って口にあてます。そして家族も同じ膳を囲んでモモカ（百日）を祝うのです。

数え歳が現在の満年齢になるのは昭和二十五年（一九五〇）の元旦からで、それまでの数え歳は誕生日ではなく元旦に家族そろって歳が一つ増えました。新年のめでたさは、家族みんな元気に歳を取ることができたことにもありました。たとえば十一月に生まれた赤ちゃんは生まれるとすぐ一歳、元旦に二歳になりました。それが満年齢では一歳の誕生日までは零歳児です。ともあれ数え歳の頃にも、椎葉村では一年目の誕生日には赤飯を炊き、無事に育っていることを身内で祝いました。

一年の間には三月と五月の初節供がきます。かつては村内で雛人形や鯉幟を見ることはありませんでしたが、祝いはしました。旧暦三月三日には桃の花を飾り、菱餅を作り、旧暦五月五日には菖蒲を飾り、さるとりいばらの葉に包んだ「さるとり饅頭」を作って祝いました。初節供以後も三月と五月の節供には団子や餅で祝いをつづけました。

子守り

『椎葉村史』にはこの一年までで、七五三などの記載はありません。乳離れした後の子は年上の子に子守りをまかせ、父母は朝から山の畑（コバ）に行き、幼い子と顔を合わせるのは夕方という日が多かったので、年祝いをしてやる間はなかったのでしょう。小学校に幼い子をおんぶしてきて、子守りしながら勉強する子もいました。それは珍しいことではありませんでした。

子守唄（『ふるさと尾向』一五九頁掲載）

ねんねこや　ねんねこや　　この子はなして　泣くどうか
ひだるしゃあばし　泣くどう　ひだるけりゃ　田つくれ
田つくれば　よごるる　　よごるれば　あらえ
あらえば　つめたし　　つめたけりゃ　あぶれ
あぶれば　あたし　　あたけりゃ　ひきぞれ
ひきぞれば　しりつく　　しりつけば　ほきゃあでれ
ほきゃあでれば　げたふめ　　げたふみゃ　ころぶ
きゃあころべば　つえつけ　　つえつけば　あぎつく
ねんねこや　ねんねこや

※「ひだるしゃあ」は、ひもじい。空腹だ。
※「ほきゃあでれ」は、外に出れ。
※「あぎ」は、あご。

お腹が空いて泣く子のために田を作れ。それには大変なことが多いという子守唄です。唄とは別の実用面で、椎葉村ではよく、「子どもを育てるには芋作れ」といいました。里芋は台風などの大被害がないので収穫が安定していて、主食になりました。餅のなかった椎葉村では、イモカンといって塩味で炊いた里芋や山芋を元旦の祝いの食としました。里芋は茎も食べられるし、また手まりの芯にもしました。

自然と遊ぶ

遊ぶときも弟や妹をおんぶしたままの子がかならずいました。でも動きが鈍いということはなく、おんぶしていない身軽な子とほぼ同じように活発に遊びまわりました。それに遊び仲間は同年ではなく、ずっ

と上の子から下は三、四歳あたりまで一緒でした。上の子は下の子に遊びを教え、おんぶの子にそれとなく気をつけて、危ないことはさせませんでした。そうした遊びの場で幼いなりに人と人のつながりと、その大切さを身につけたのです。

遊びには、手に何も持たない「鬼ごっこ」「かくれんぼ」「おしくらまんじゅう」「陣取り」「木登り」「スケコン（片足とび）倒し」「せっせっせ」などがあり、それに対して何かしら用具を使う遊びがありました。

用具を使った女の子の遊びには、「おじゃみ（お手玉）」「まりつき」「おはじき」「あやとり」「羽根つき」、男の子は「ちゃんばらごっこ」「メン棒打ち」「独楽《こま》まわし」「パッチン（めんこ）」「笹舟」「杉の実鉄砲」「水鉄砲」「はじき鉄砲」「弓矢遊び」「竹とんぼ」「凧《たこ》上げ」「輪まわし」「竹馬」など。男女の別なく遊んだのは、「石けり」「縄（ゴム）とび」で、用具を交互に使い、あるいは持っている自分のものを出して遊びました。

用具は、木枝や木の実、竹などの自然にあるものを利用しました。「ちゃんばらごっこ」ではそこいらの木枝を刀にしてかまえ、「独楽まわし」の独楽は椎の実（ドングリ）で作りました。椎の実は一つ一つ重心が違うので気をつけて軸を入れないと、独楽としてまわることなくすぐ倒れてしまいます。「まりつき」の手まりは、苔《こけ》や里芋

右：尾向の春。花がさわやかで美しい（平成25年３月）。
左：コバの火入れの合間に縄とびをする（平成26年７月）。

の茎を干して芯にしてその上を綿で包み、機織りの金糸でその金糸がはずれないように工夫をしながら巻きました。パッチン（めんこ）では、どのように打ったら裏返しにできるか、洋服の袖を伸ばして風を送るようにする子もいました。

次は椎葉村に伝わる三つの「おじゃみ唄」の一つですが、さて意味は……？

おじゃみ唄　尾前下（『椎葉むかしむかし』）

ここのうしろの竹伐りゃ誰じゃ
　誰じゃござらぬ手頃でござる
手頃生竹十本ばかり
　伐りてこぎり手おかごにさして
おかごまわりに石菖《せきしょう》うえて
　せきに実がなる息子の子なら
天に上げて学問させて
　寺のえんからつきおてた
まーいっちょうつきおてた

まだ自動車のこなかった頃のこうした遊びの場は道、それも狭い道ですから、たとえば「かくれんぼ」では道筋に隠れ場所はありま

右：火入れの合間に作った竹笛をふく（平成24年８月）。
左：先生が作った車で遊ぶ（撮影・櫻田勝徳　昭和９年３月）。

せん。道の両側に繁る樹の陰に隠れるとして、どの樹のどこにするか、さっと決めて身を隠しました。

店で売っている遊び用具で遊ぶのではないころの遊びは、単に戯れたりふざけ合うのではなく、自然を通して技術を学び、どうしたらより楽しくなるか考えながら遊びました。

遊びを楽しく、はずみをつける唄もあります。中に大人の世界をさりげなく語る唄もありました。

まりつき唄　尾前下（『椎葉むかしむかし』）

一つでは　乳をくわえて
二つで　乳をゆるした
三つでは　水のくみぞめ
四つでは　世のことしいぞめた
五つでは　いといよらせて
六つで　きんだんおらせた
七つでは　七重おらせた
八つで　屋敷ひろめた
九つでは　ここと さだめて
十で　殿女とねそめた
十一では　花もようなる姿もようなる
花の姿が　ズストントン　まーいっちょう　ズストントントン

季節ごとの野山や川での遊びもありました。春から初夏にかけての苺《いちご》採り、山での蕨《わらび》や野びる採りなども遊びをかねていたし、夏は尾前川（耳川）で魚すくい、蛍狩りをしました。いろいろな昆虫がいたので、夏休みに熱心に虫捕りをする者もいました。秋は柿や栗拾いなどを楽しみ、親と一緒に山にはいって食べられる樫の実を拾い集めました。

学校への行き帰りにも遊びました。日添から一里の道を、友達と肩を並べて通ったという女性が書いています。

思い出のままに（『創立百周年記念誌おむかい』）

通学の道すがら春摘草をしながら何時となく学校に着いたものです。これは人の持っていない草や木の葉を採っている人の勝ちです。それに歯形をつける遊びです。色々な模様をかんで両手にはさんで一、二、三と開くと形の一番いいのが一等でした。夏に川でアブラメすくい。タオルに石を入れて二人で川にしずめて捕るのです。今ではこんな遊びも残っているかなあと思います。（中略）

椎葉山は田舎なれど都なり
いたるところが大和（山と）大阪（坂）

〔二〕　尾向小学校に学ぶ

創立百年

尾向小学校は明治八年（一八七五）四月に尾前小学校として創立しました。村内の他の八校は前年の一月から十一月に創立されているので、少し遅れての開校でしたが、生徒数はもっとも多い五十一人でした。『日向地誌』の集計に明治初期の椎葉村の周辺の村の小学校にはたいてい女子生徒が何人かいますが、椎葉村ではどの小学校にも一人もいませんでした。

創立百年を迎えた昭和五十年（一九七五）に、『創立百周年記念誌　おむかい』を発行しています。書いているもっとも上でも八十六歳ですから、小学校が創立されたころの回想はありませんが、明治三十年（一八九七）前後からの学校生活のことが、幾人かの卒業生によってつづられています。

思い出は人によってさまざまですが、服装、履物《はきもの》、弁当、鞄《かばん》の代わりのもの、民家の校舎、薪取り、友達、遊び、叱られたわけ、学校までの道筋のことなどはよく書かれています。校長として三、四年を尾向で過ごしたどの先生も、尾向の人々の温かさと学校への惜しみない協力に心からの感謝の気持ちをこめて書いています。この温かさと協力は今も変わりません。それらをできるだけ取り上げることにして、初めに尾向小学校の沿革のあらましを記念誌に見ていきます。

明治八年（一八七五）　尾前小学校開校

明治十九年（一八八六）　旧校舎を尾前寺床に移す。向山日添に分教場をおく。

明治二十年　（一八八七）　初代校長・甲斐温喜就任
明治四十一年（一九〇八）　向山日当に仮校舎を設け、向山小学校と改める。
大正五年　（一九一六）　寺床の校舎改築、分教場を廃止統合する。
昭和十一年（一九三六）　教室に薪ストーブを入れる。
昭和十六年（一九四一）　尾向国民学校と改称
昭和二十二年（一九四七）　尾向小学校と改称
昭和二十四年（一九四九）　ＰＴＡ発足

昭和三十年　（一九五五）　村営で電灯つく。
　郵便局だけ電話架設
昭和三十一年（一九五六）　寺床より現在地に校舎移転
　バスが尾前まではいる。
　ミルク給食開始
昭和四十一年（一九六六）　学校の水道施設完成
　九電の電灯つく。
昭和四十三年（一九六八）　僻地校に養護教諭配置
　校歌制定
昭和四十四年（一九六九）　向山児童館落成
　完全給食室完成
　宿直なくなる。
昭和四十六年（一九七一）　石油ストーブ設置

尾向小学校創立百周年記念碑（平成26年12月）。

昭和四十八年（一九七三）　校舎全面瓦葺替完成
昭和四十九年（一九七四）　寄贈でカラーテレビ設置
昭和五十年（一九七五）　創立百周年記念碑完成
講堂大修理　渡り廊下完成

小学校創立といっても新しい校舎を建てたわけではなく、借りた民家を教室にしました。

［私が学校に通ったのは、民家を借りて勉強する塾みたいなものだった。日添の分教場ができる前に民家を五カ所ぐらい変わったようである。（中略）転々としたのは民家を借りての勉強だったので、そこの家主が、子ども達がいたずらなどして「もう貸さない」ということになったのではないかと思う。それから日添に分教場ができて、穀先生、椎葉七右ェ門、椎葉今朝松先生などから教えてもらったと記憶している］（追手納　八十六歳）（※年齢は百周年記念誌の発行時。以下同じ。）

［私は、おじ、おばに育てられ、学校にはろくにやってもらえなかった。七歳の時、今の椎葉浄信宅のわきの南という農家に学校がある時入学した。二、三日行ったきりだったと思う。南という家の学校も、子ども達が、野菜畑を荒らすといって、おこって「学校をかさん」といって、椎葉忠夫方にかわったと覚えている。私はそこにも二、三日行ったきりだったと思う。そのうち追手納の椎葉九郎ェ門という人が、「あちこち人の家を借りての学校じゃいけない。どうしても分校を作らねば……」といって村に相談して作ったのである。そして椎葉七ェ右衛門が先生になり、今朝松先生も来ていたと思う］（日添　八十五歳）

二人は明治三十年（一八九七）前後に一年生になりました。その小学校には追手納や日添からだとかなりの距離があります。しかも狭い雑草の多い山道で、猪に出会う心配もありました。それからすると民家の教室は当然だったといえましょう。

二人は日添に分教場ができて、教えてくれた先生のことも書いています。二人の先生は明治三十三年（一九〇〇）と翌年にきているので、二人の話は合っていますが、沿革では分教場は二人が生まれる前においたことになっています。

『椎葉村史』に、「明治二十年代になって次々と校舎が新築された」とあり、沿革には、その前に［旧校舎を尾前寺床に移す］とあります。昭和三十一年（一九五六）に校舎を寺床から新築した鶴の平に移したのを、［もとの場所に帰ってきた］（鶴の平　七十四歳）という回想があるので、沿革の記載は、開校時から校舎としていた鶴の平の茅葺民家を、山の中腹にある寺床に移したものと推測されます。

初代校長の甲斐温喜

校舎を寺床に移した翌明治二十年（一八八七）に、甲斐温喜が尾前小学校の初代の校長となります。嘉永二年（一八四九）生まれの甲斐は熊本藩の細川侯に仕えた士族の出とされます。西南の役で五家荘に逃げているとき、向山にきて知り合った人と結婚し、そのまま住みついて先生になりました。大正時代まで先生をつづけた甲斐に、爺・親・子の三代にわたって教えを受けた家庭はかなりあるといわれます。
甲斐は剣術（剣道）にもすぐれ、スパルタ教育者としても知られました。勉強がよくできて素直な児童はどこまでも可愛がって勉学を伸ばしてやったが、怠け者やよく悪さをする子は徹底的に叩き直すという意気で、根張り竹のブチ（鞭）を手から離さなかったといいます。
［受持は甲斐温喜先生で、とてもおこる先生だったことを覚えています］
（尾前下　六十四歳）

甲斐温喜。

［甲斐温喜先生はきびしい先生だった。川の石を本の上にのせて一時間中持ったまま立たされたり、バケツに水を入れて持って立たされたりしたものだった。しかし、甲斐温喜先生のことは、勉強でしっかり教え込まれたので忘れなかった。

習ったことを忘れないというのは、忘れたらおこられるからしっかり覚えたものだろう。

ある時――帰りの掃除で早くしないと暗くなるので、ぐずぐずしている女の子を私がたたいたら、泣き出してしまった。温喜先生はいろりにあたっておられたが「なにしたか」と言っておこってやってこられた。理由を話すと、「よしよし、そのくらいせな、たましいはいらん」と言われたことを思い出す」（鶴の平　七十四歳）

［小学校時代、ちこくしたら机をかかえさせられて（本とべんとうをのせて）、教室の入口に立たされたものです。だから山の上の道を登校するとき、今朝はちこくしそうな時は、べんとうは道ばたにかくして持っていかなかったのです。それはべんとうをのせて机を持ったら重いので、少しでも軽くなるようにするためだったのです。立っていると、手がだるく、机を下におこうとすると、むちで打たれて――それは苦しいものでした。だからよく山学校（中途学校）をしたものです。

山学校をしてもすぐに帰ったら父母から叱られるので、山のかくれ場所で本を見たり、知っているものから習ったりして、みんなが学校から帰るころ、すまして帰ったものです。私など山学校がとても多かったように思います。先生はきびしいのもいいが、むちゃはいけないと思います」（日添　七十一歳）

［先生はむち（竹の根張り）でくびをずったりしてとてもきびしかったが、今考えてみると、すばらしいりっぱな先生だったと思う。特に甲斐温喜先生のことは忘れられない」（追手納　八十六歳）

甲斐温喜は、やかましい教育をした子ほど末に魂がはいり、立派に成長していると話したといいます。

「山学校」は学校へは行かないで、山の途中で過ごすこと、サボリです。

校舎にまつわる思い出もあります。

「私が入学したのは学校が寺床にあった時代である。カヤブキで、つっぱり学校だった。甲斐温喜先生が、ちょっと風が吹いたなら飛び出して、「出んか、出んか」とおこったものだった。腰高障子に雨戸があって、雨の日など、とても暗かった」（鶴の平　七十四歳）

「私が一年に入学したころは旧校舎（カヤブキ）であった。そこに入学したのである。校舎は今にしてみれば、実に粗末なもので、たおれかかっていて、つっぱりが丸太でしてあった。一年生の時、大風が吹いて温喜先生が「飛び出せ」といわれて、飛び出して逃げたことがあった」（宮林署　七十歳）

「私達が学んだ学校は寺床にあった。雪の日など上級生が学校には連れて行かずに、途中から連れて帰ることが多かった。いつの日かはっきり記憶はないが、観音堂の床板を上にあげて山学校をしていたら、父がやってきて、上級生はひどく父から叱られたことを覚えている。

六年生のころ（甲斐温喜先生のころ）尾前の上級生が、あろうびらの野（尾前の野）で火遊びをしていて山を焼いたことがある。その時、温喜先生が、

「お前達は野を焼いた。巡査さんが連れにきて連れていくから、もう、とうさん、かあさんにも会えないぞ」

と言われたから、みんなこわくて泣いたものである。その時、子どもなりに「もう、悪いことは絶対せんぞ」と思ったことである」（日添　六十四歳）

中風を患い大正時代末頃から床に伏すようになった甲斐温喜は、千数百人の教え子のいる尾向を永住の地として、八十四歳（昭和八年か）で向山日当の地に永久の眠りにつきました。

花の絶えない甲斐温喜の墓（平成26年12月）。

先生と校舎と水と

尾前小学校にきた先生は甲斐温喜にかぎらず、いずれの先生もそれぞれ教育者としての個性を持っていたようで、教え子は数十年前、しかも幼い時代のときのことにもかかわらず、その個性を忘れず、教え子の多くが『百周年記念誌』にしっかり書き留めています。

大正十四年（一九二五）四月に赴任の飯田邦之校長は、尾前小学校の出席率が西臼杵郡で最下位だったことから、その脱却に努力しました。尾向の人は昔も今もよく酒を飲みますが、次の回想を書いた方は、終わりにそれに寄せた飯田校長の節酒の詩の一節をそえています。

［先ず全校生徒を部落別に尾前上、下、日当、日添、追手納の五組に分けて出席の優劣を競わせた。一週間毎に土曜日に之が順位を決め、いつも一等に選ばれるのは尾前下、上、日当のどの組かで追手納はいつも五等で私の四年生の終わりか五年生の初めに一回四等になったことがある。一等になった組は、先頭に一等の旗を持って応援歌を歌い乍ら堂々と校舎を一回りして帰り、私達はそれを見送ってスゴスゴ引揚げたものだった。

こうして尾前校は椎葉村で一番、郡でも上部位の出席率の成績となり、良い意味で郡内から知られるようになった。学力向上の各学年の成績順位を各部落の掲示板に発表、通路清掃を週二日と決め学校より帰る際、石ころを除け、ホウキで掃くなどして社会奉仕の精神をつちかわしめた。

又、青年団の教育指導にも積極的に努力された。小学校卒業後に進学しない者には補修科教育をなし、各部落にバンコーを建て之に依り急報の連絡をなさしめたり、ブラスバンドを創り運動会の応援をさせた。殊に椎葉村十地区別青年連合運動会には自ら青年団長でもあり、全員をよく統率して度々優勝した。当時の青年選手が後年校区内外の指導者となり、今も活躍している。

人は始めに酒を飲み　中ごろ　酒が酒を飲み　終わりに酒が　人を飲む　あわれ　あわれ」（追手納　五十八歳）

大正時代に出席率が低かったのは、家の手伝いをしなければならなかったからでもありました。

「私は学校にはゆかず、大きなバッチョガサをかぶって親と一緒に山へ行っていた。十一歳までは子もりで、十二歳から農家の日稼ぎに行った。そのころは焼畑農業で山の木をきりたおし、焼いてそのあとに小豆、大豆などを作る焼畑農業は大変なことだった。私は大人の中にまじって働いたものである。一日働いて、とうきび・そば・大麦なら一升五合、稗・小豆・大豆なら一升―これが一日の稼ぎだった」（日添　八十五歳）

「私の小学校時代はかやぶきの学校で校舎はかたむき、四隅につっぱりがしてありました。かや屋根のために雨もりもひどく、ほんとに粗末なものでした。

運動会は運動場がなかったので、校舎の廻（ママ）りを走ったものです。走っていると杉の丸太のつっぱりで頭をこずいたりしたものです。教室は大きな部屋が一つあってそれを三つに仕切って一・二年、三・四年、五・六年と三人の先生が教えてくださいました。仕切りが低いのでとなりの教室の声も聞こえ、叱られたのはだれだ、とすぐ全校生にわかってしまうものでした。

そこで新しい校舎を作りかえることになり私達は農家を三軒借りての勉強でした」（日添　七十一歳）

新しい校舎は三年の工事で大正五年（一九一六）にできました。鳳凰《ほうおう》の翼を象《かたど》ったとされる杮葺《そぎぶき》（板葺）屋根の清新な建物で、西臼杵郡一といわれたほど立派なものでした。この校舎について昭和三年（一九二八）に赴任した校長が書いています。

「当時の校舎は尾前川の清流を下に眺めながら、だらだら坂を登り史蹟豊かな追手納、尾前道路沿いの眺望豊かな小高い丘の上にあり、平屋木造建一棟、構造は普通教室四教室、特別教室、職員室、教室

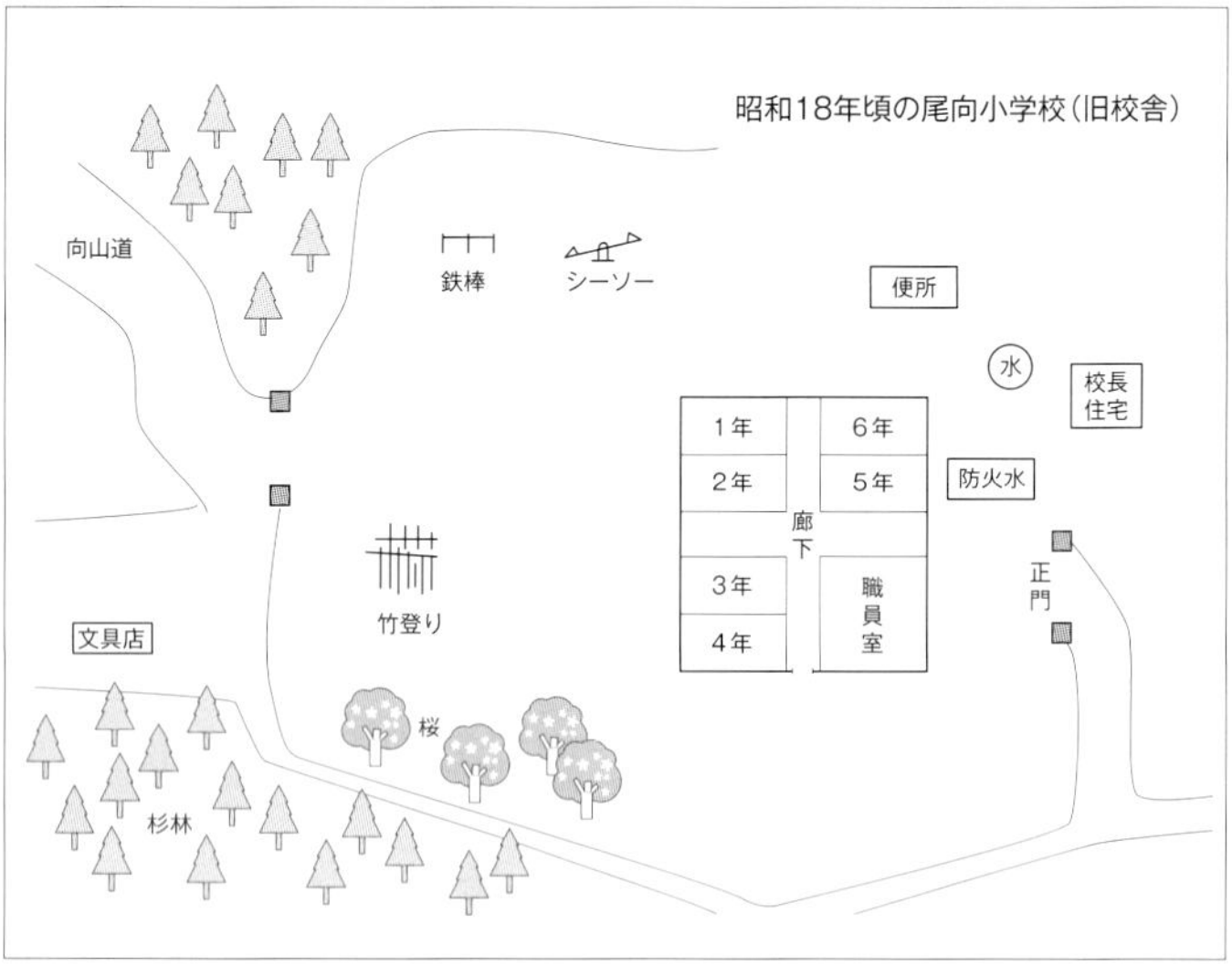

の奥まった所に奉安殿、附属建物として便所校門の入口近くに古風な平屋建の校長住宅の一棟が建設されていた。（中略）裏手に面積において、児童の娯楽施設において充分とは言えないが、運動場があった。（中略）校舎の上土堤に椎葉では珍しい高さ四・五米位の一本の林檎《りんご》樹があり、毎年、枝もたわわに赤い実が実り一入《ひとしお》の風情を添え児童等が行きかう人の味覚的情緒をそそったのも思い出の一つである。（中略）児童数は二百名足らずだったと思われるが、どんな雨雪にもめげず藁草履《わらぞうり》での通学、頑健そのもの——」

寺床の校舎はこうした環境でしたが、何もかもそろっていたわけではなく、むしろないものの方が多かったかもしれません。

一番は水でした。

「水利のことを考慮に入れ決められたことではなかった。ただ中央だからということのみだったと思われ、その後、水のことで父兄共に先生は勿論、子供が苦労したことを思い起こすであろう」（PTA会長）

「学校が山の上にあったため、水についての苦労は歴代先生も児童も、そして父兄も大変なものであった。その頃は高砂土の方から、竹のかけひで水を引いていたが、その距離は山の中を一〇〇〇米も、それ以上もあったのではないだろうか。旱天《かんてん》が続くと学校の貯水タンクに、ジョボジョボと悲しい音を

寺床の尾向小学校の配置図（『創立百周年記念誌』）。

した糸のように細い水が着いていた。時には山鳥やうさぎが蹴《け》りはずすらしく、水のきれることがあって、水口まで見に行かなければならなかった。三年生の時、受持の矢野先生が私達男子を連れて水口を見に行った。学習のために行ったのか、水やりに行ったのか覚えていないが、おそらく何かの都合で上級生が行けなくなり、私達が水やりに行ったのではなかっただろうか」（上椎葉　昭和十三年入学）

「現在の様に恵まれた環境ではなかったけれど、一生懸命に勉強した校舎、力いっぱい走りまわった校庭がよみがえってきます。秋になると落葉がいっぱい道がうもれるほどにちって、雨が降るとすべって思わずころんだものでした。飲み水も現在のようにホースではなく、竹のふしを取ったヒイダケでしたので、落葉があるとすぐにつまってしまうので、水やりにも週に何回も行ったものでした。それには楽しみもあったのです。栗の実やイセブ・山ぶどうなど色々な木の実のじゅくした物を取るのが楽しかったのです」（日当　昭和三十年卒）

校舎の近くにあった杉林に包まれた教員住宅は、日差しが少ない上にやはり水の便がわるく、先生と家族はことに冬の風呂には困ったようです。昭和二十四年（一九四九）九月に着任し、四年七カ月勤めた校長は次のように回想しています。

「思い出の多い中で、今でも心に残るのは、校長住宅の生活であった。昼間は児童や先生方がいてにぎやかで、張合いがあるが、夜ともなると、ひどくすすけた住宅の一室に石油ランプの静かなまたたきがあるのみで、時折は近くの杉林でむささびの声を聞くことも度々あった。いろりには近くの杉林等で拾った杉の小枝の燃料、飲料水は高砂土の下から樋竹を伝って流れてくる僅かばかりの水で、冬季には結氷のため断水が多く、住宅の下方百米位のところにある井戸からバケツで運んだりしたものだった。従って入浴の回数も少なく、児童の掃除の水にも不自由が多かったと思う」

この校長は着任したときは親子三人でしたが、尾向にいる間に三人の子どもが誕生し、転任するときは六人家族でした。前任（昭和二十三年）の校長も書いています。

［第二子が誕生したのもこの地でした。今はもう一児の父となっています。医師がいなくて産婆がいなくて、生まれた子どもが泣き声ひとつたてなかった時にはどうしたらよいかと全くとまどったものでした。たしか秋の祭りの日ではなかったかと記憶しています］

今は自動車が生活の足だが、昭和十年代までは先生も駄賃付けの馬を使わせてもらった。次は昭和三年（一九二八）に赴任した校長の回想です。

［学校下に尾前春之十、尾前豊氏の名コンビの方が居られた村内校長会や給料日等には豊さんの黒の愛馬を拝借し村役場まで乗馬で往復、乗馬のたびにそのこつも身につき軽快に乗り廻し、豊さんにも御迷惑を煩わし恐縮だったことを思い出され懐かしさを覚える］

「給料日」というのは、先生たちの給料を村役場に受け取りに行くことでした。馬がないときは片道およそ四時間ほどかかる役場まで歩いて受け取りに行ったのでしょうか。

次は昭和十三年（一九三八）から三年間勤務した女先生で、不土野から赴任しました。

［不土野校から赴任の時、今のように車でなく荷物は全て馬の背で運びましたが、荷物を住宅に下して帰る途中、四、五頭連ねた先頭の馬が、矢の又から下の川に落ちて死んだことです。家で一番の良馬だった由で舅《しゅうと》さんに辛い思いをしました］

戦争が始まって、女の先生もお国のために働き、日夜をいとわず勤めをしなければなりませんでした。

女先生はこうしたことも書いています。

［丁度戦時下ぼつぼつ犠牲者も出だし、椎葉村として盛大な慰霊祭が今の中学校舎のある校庭で行なわれていました。その慰安会が各部落に割当てられて、各々競って出たものでした。私は国防婦人会長を仰付けられていたので、その役割出場に頭をやいたものです。昔から尾前部落の歌と踊りは名高かっ

たので、他部落の芸に負けてはならぬとりきみ、無論夜の仕事で部落に出かけてのお世話で、夜中に帰宅してみると三人の子どもはこわさをこらえ乍ら、絵本をならべてイロリの辺に小さく寄り伏して眠っていました」

弁当

「一年生が入学して間もない或日の事です。男児の一人が、一時間か二時間が終えて、他の児童は皆運動場で遊んでいるのに、教室の廊下の戸をあけて特別な可愛い幼語で「センセイ、マーダ、メシクチァイケンカヲ」と無邪気そのもののように呼びかけられて、共に笑ったことがありますが、それが子どもの真性だったと思います。家庭から学校生活にはいって一転機、登校という朝の緊張から朝食もそこそこに坂道を急いできて、一時二時限目を終えると空腹になったのでしょう。むりないことだったと今も忘れられないその子も今は故人とか、生きていたら、今頃、昔話の一駒《（ママ）》になったろうに残念です」

この女の先生は男児の弁当のことは書いていませんが、弁当にもそれぞれ事情がありました。次は昭和二十八年（一九五三）の卒業生の思い出です。

「戦争が終わったばかりで、着るもの食物が非常に不足していました。魚やおかしはおろか食べる物がなくて、山の木の葉や雑草等、食べられる物はほとんど食べました。学校に持ってくる昼食も勿論ないので、わずか七才、八才の育ち盛りの子供が昼抜きです。弁当のない子は、外で静かに毛糸のまりつきをしたりして元気にすごしました。

五、六年の頃は、冬はストーブの上にかねの弁当を載せて温めて食べました。弁当はアワやヒエ、小豆やとうきびと米つぶはさがしても中々みつかりません。おかずのなっぱや大根漬がものすごい匂を放ちます。正月にはモチを持ってきてストーブで（「ズル」という）ズッて先生に汚いと叱られました」

［昭和十八年―二十年は食糧がなく、ほんとうに苦労したものである。その上、戦後はせきりが流行してたくさんの人が死んだ。五十余人は亡くなったであろう。一戸で三人ぐらい死んだ家も多かった。私もその時、子どもを一人亡くした。くずの根、草の根も食べ、その上にせきり――もう今から想像もできない苦しい日々であった］（営林署　七十歳）

次の小学生の年代はわからないが、弁当にまつわる思い出はいくつになっても消えることがありません。これは椎葉村とはかぎらず、七、八十歳代の人にはたいてあるでしょう。

［早朝五時半から六時ごろ「あと三百、あと百」と麦つきをしなければ、朝飯を食うこともできず、学校に行くこともできない。帰ると又、朝ついた麦を、今度はたいて食べられるようにつかなければならない。そうしないと、明日の弁当がもらえないのだ。朝つきかけの麦を一度、天日で乾かす。それを再度しらげ、といって食べられるようになるまでつきあげなければならない。これが九月、十月ごろの主食である。

こうして自分達でついた麦飯を、弁当として持って行くのだ。米といったら二割か三割はいっているのが普通で、五割それ以上の米がはいった飯が食べられる家庭はまれであった。弁当箱は竹で丸型の、与市という人が作ったメンパである。この弁当に麦飯をつめ、味噌や大根葉などの漬物をおしこみ、教科書やノートなどの学用品と一緒に一枚の風呂敷にくるくるまいて背負う。雪の日はバッチョ笠、これ又竹の皮の製品であるが、これをかぶり、わら草履をはいて学校に出て行く。まさに時代物の股旅《またたび》姿である。

学校につき、風呂敷をほどいてみると、おかずの味噌と漬物の汁がまざりあい、これが丸メンパのすきまから出てきて、本やノートなどにしみついてしまい、本は読めなくなり、ノートは使えなくなる場合もあった。

一度、忘れられないできごとがあった。登校時のことである。日当の観音堂の下で妹の風呂敷から丸メンパがはみ出して、栗林の中をころころところんで下り、探しても、探しても、どうしても見つけることができなかった。

次の日からはおかげで僕までがこの弁当を見つけるまでは、学校に昼食の弁当を持って行くことを禁じられた。昼食ぬきではたまったものではないので、毎日毎日探して、やっと四日目ごろ見つけることができた」（日添）

弁当になくてはならない箸、それもさまざまでした。

［洋服と言えば巡査と先生、税金の滞納整理にくる役場吏員、それもほとんど詰襟服だった。そんな頃、縞《しま》の着物に縞袴に藁草履、それが私の入学姿であった。雑のう、と言っている茶褐色のカバンの中は本と竹製のメンパと言う分厚い弁当箱でふくらんでいた。

弁当の中は米三に雑穀七位、中には米のはいっていない生徒もいた。待ちに待ったお昼の時間には、箸を忘れて裏山に行き木の小枝や竹の枝をおって箸を作り山で食べる者、一本ずつし

上：尾向小学校、平成25年４月の新一年生。
下：昭和９年の椎葉村の笑顔の女児たち（撮影・櫻田勝徳）。

か持たない鉛筆と筆を箸にして食べる者、中には、いきなり人さし指を突きこんで箸がわりにする者もいた。雨の日には竹の皮で作ったバッチョ笠を頭にのせ、草履ではねあげる泥水でお尻から裾まで着物をぬらし、登下校もした。今の生徒には想像も及ばないだろう」(日当)

弁当も大変な頃、それでも先生への心配りはおろそかにしていませんでした。昭和二十三年(一九四八)に赴任した校長は感謝しています。

「正月の年始に全部の子どもが、餅のお重ねをていねいにつつんで持ってきてくれたものです。心にしみるおくりもので、胸のしめつけられるような喜びにひたったものです」

雪の日と運動会

次は、前文に中瀬藤太郎校長の名があるので、昭和初期に入学した方でしょう。いろいろな思い出を書いています。

「初夏になると校庭のさくらの実もつやのある光を放つような黒色に熟し、男の子のうち幾人かがこれを盗食いして口を真黒にしたものだった。(中略)

着物・洋服半々もおろか七分・三分と云うところか、勿論、着物が七分、洋服が三分のこと。女子は着物が一〇〇%だったと思われる。そして藁草履、タテ緒・ムスビ緒・ツノ結びと三種あり、布の加えられたものが長持ちし、タテ緒が上品に見えた。これは殆ど皆の者がはいていた。雨傘はバッチヨ傘である。それに紙傘もあるけれど二%の数ではない。(中略)

降雪は一月–二月がひどく、特に日添・追手納地域での量は登校不能に至らしむ程に降る場合はしばしば、昔も今もあまり変わりない。雪の日の登下校のことについて述べよう。冷たくて泣いていた下級生のころ、上級生が杉林で枯枝を集め暖めてくれたこと。これを上級生になって下級生に返してやったことなどあったことを思い出す。

こうして一、二月はすぎて三月となれば幾分ぬるむ時でもある。麦はすくすくと伸び、なにやら早い草木の若芽はふき出る時、シロメ竹の子の生える時、「山の神様、オレーも一本クレンカオ」と呪文を唱えながら竹の子シロメの芽をとったこと。学校の始業時間のことを気にしないでいて遅刻し、教室の後方に数時間立たされたことも思い出のひとつ。

雨の日、雪の日のつらかった登下校は忘れられません。

「昭和五年、桜の花満開の四月、ほとんどの生徒が着物を着て入学した。そして六年間、雨の日も炎天の日もお爺さんに作ってもらった草履をはいて通学した。特に雨の日はバッチヨかさをかぶりシャバ

上：寺床の尾向小学校跡に咲く梅花。６月に児童は梅の実採りをする（平成27年３月）。
中：鶴の平の最初の尾向小学校校舎（提供・尾前賢了）。
下：現在の校舎。左は講堂。

（泥はね）をあげてぬれたおしりを木作りの椅子にじわっとこしかけるときの、あの気持ちのわるかったことを今でも思い出す」（日添）

足袋《たび》の履替《はきか》えを持たない児童は、雪が降ると素草鞋《すわらじ》（裸足で草鞋を履く）で登校し、学校にきてから足袋を履きました。戦後はズック靴などの配給がありましたが、ズック靴での雪道はつらかったものです。先にストーブでズルをした昭和二十八年（一九五三）卒業生も、ズック靴と雪のことなども書いています。

「ある大雪の降る日、小学一年生の幸ちゃんと私は日添から学校に行きました。日当を通り、おごん先の下にきた時には、配給のズックの中に雪がはいって足の感覚もなくなりました。二人で相談の末、かめのばきの家で足をあぶらせてもらおう、ということになりました。やさしいかめのばきは、私たち二人をいろりにあたらせてくれなぐさめてくれました。ベッチンの取っておきのタビからも、モンペからも湯気がとうとう立ち登りました。しばらくして、又学校へ急ぎました。学校には三橋というきれいな女先生が一人居て、ストーブを焚いておられました。生徒はすでに下校した後でした。モンペの縫い目に下った糸くずに小さなつららが下っていました。

冬は学校のストーブに焚く小枝を取りに、近くの山に出かけました。皆、思い思いに一束近くを取って帰るから不思議でした。（中略）弟妹を学校に連れてきてめんどうを見ながら勉強する人もいました。田植休み、稲刈り休み、茶つみ休みをおぼえているので、子供なりに家の手伝いもよくしたのでしょう。

台風などがくると、学校は早上りです。日頃は空っぽの谷川がパーッと増水し、子どもの足が取られそうにでるのです。竹の皮のバッチョがさに、風呂敷に本と弁当箱を包んで、背中にななめにかるい、一里の道をおろし立ての草履や靴は手に下げて帰りました。栗のいがや小石がいっぱいなのに、小さなやわらかい足を裸足でピチョピチョと帰りました。

遠足は尾前と日当と高砂土の野でした。尾前の野からは上椎葉での山までよく見え、日本最初のアーチダムが出来かけているころで、山はだのあちこちが白くえぐられて見えました。又道路のあちこちに、黄色い日通のトラックが見えると歓声が上り、「赤いトラック・黄いトラック・皆のトラック」という歌までできました。

　秋の運動会も楽しい思い出の一つです。特別な娯楽のない村にとって、その日は老若男女、総出のにぎわい、一日目は小学校で二日目は部落対抗の青年での応援合戦も華でした。その日ばかりはどこからともなく、めずらしいおもちゃやお菓子の出店がきて校庭の隅々に店を出し、買物が出来ました。

　冬祭りも、たのしみの一つでした。昨夜は、どこどこの誰々おっちいが、こうして神楽を舞うたの、はやしたの、と次の日の教室はにぎやかでした」

緑したたる山峡を
澄みて流れる尾前川
心正しく学問の道
深くたずねん学舎は
我等が母校　尾向小
朝日に映える山脈に
匂う紅葉の向山
真白き深雪ふみわけて
耐えていそしむ学舎は
我等が母校　尾向小
恵み豊かなこの郷土に
かたく誓いし友情の
蕾は明日の花と咲く
希望を語る学舎は
我等が母校　尾向小

新入学記念写真。校長は下記の校歌を作詞した那須林（提供・尾前賢了）。


　九月下旬に行なわれる運動会は、今は小学校と青年団が一緒で一日だけですが、尾向のほとんどの父母たちが参観にきて、何かの競技に参加するのは昔と変わりません。

　父親の思い出や農作業や暮らしについても書かれています。

「昭和二十四年入学の私は、入学の日から思い出がございます。それは入学式がすんでから、父が酒によっぱらって帰る途中道に寝てしまったのです。

　私は少しおとなしい方でしたので、しくしく泣きながら父が目をさますまでそばで小さくなっていたものです。山道を片道一時間以上ついやして通学していた私は、たまたま黒いゴム靴を買ってもらいました。破けてしまったので途中で捨てて帰ったら父から大目玉をもらったのを思い出します。ゴム製品はそれほど手にはいりにくかったのでしょう」（日添）

「苦しいことと言えば田んぼほりである。山ばかりのむらであるから、自分たちで食べる米を作るための田んぼほり……今でこそ、大部分の家が自給できるようになっているが……この田んぼには私たち、いや先祖の尊い汗と血によってできたことを、忘れないでほしい」（営林署　七十歳）

昭和三十年代の初めに尾向に電気がはいるまで、家庭の灯火は石油ランプだったが、それは子どもが勉強するときで、山から枯竹を取ってきて、囲炉裏で燃して灯火にした家もありました。

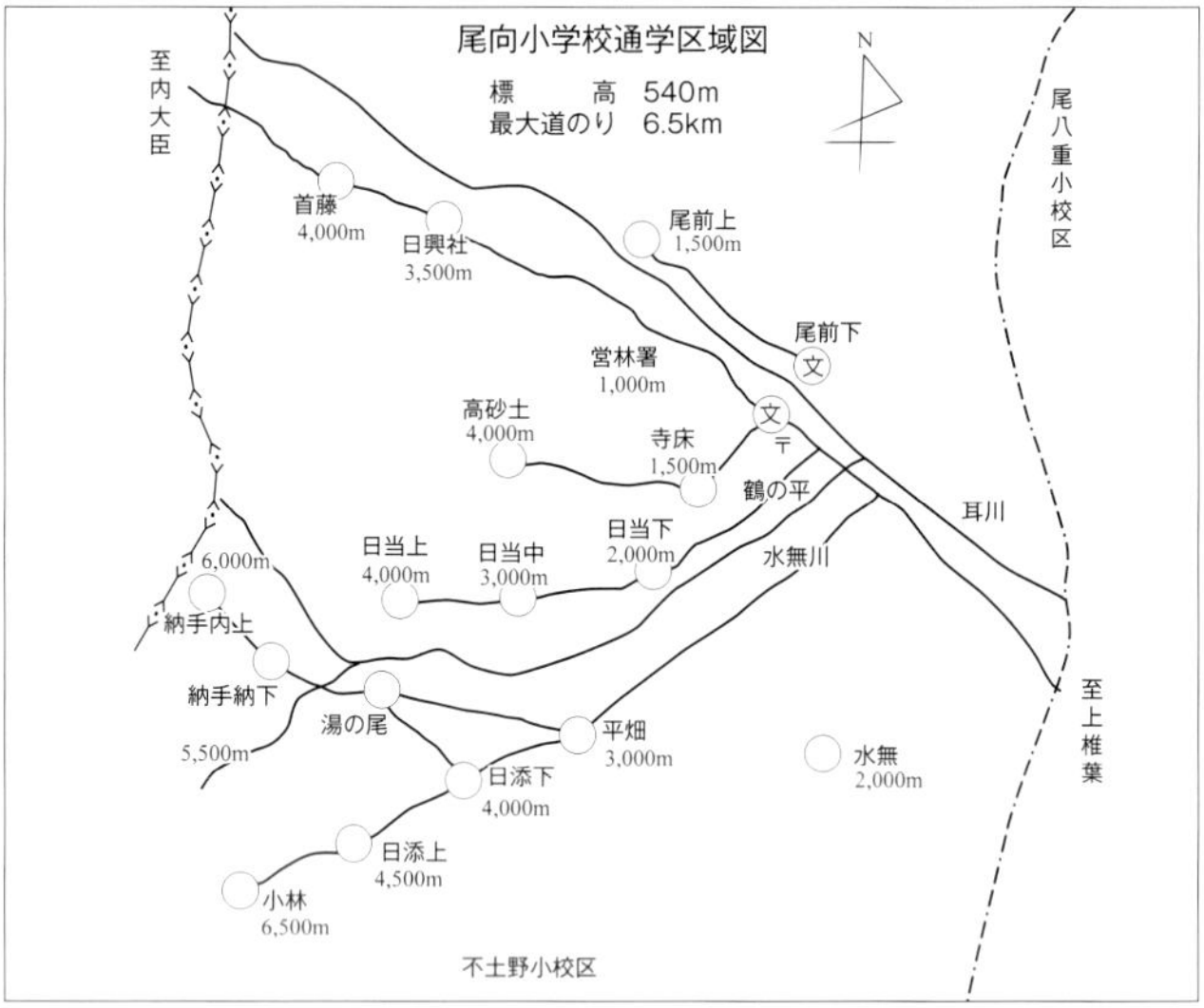

尾向小学校の通学区域と学校までの距離（『創立百周年記念誌』より）。

校舎移転と建設

昭和三十一年（一九五六）七月、尾向小学校は寺床から現在地に移転します。

「学校移転のことについては何回も話し合ったが、日当、向山方面の人が学校が遠くなることから反対で、話し合いは六年ぐらいかかった。ところが私がＰＴＡ会長のとき、学校の裏山に地割れが二十メートルぐらいできているのに気がついた。これは大変なことだということで、又学校移転の件について話し合ったが、やはり向山の人達が反対する。そこで「地割れで危険だがお前達が持てるか」というと「持てん」ということになり、結局移転することになったのである。そこで土地の問題となり、場所は鶴の平と塚瀬の二カ所が候補地としてあがったが、追手納と向山が鶴の平がよいということで現在地に決まったのである。

校舎の建設は二十九年からはじめて三十一年に移転が終わるが、部落の人の奉仕も並たいていのことではなく、金の出し方も大変なものだったと覚えている」（鶴の平　七十四歳）

昭和三十一年（一九五六）に寺床から移転したときの鶴の平の校舎は木造でしたが、三十年後に校舎の位置を変えて四階建のコンクリート製になりました。その屋根に太陽光パネルを設置するなどの改修を平成二十五年（二〇一三）三月に終えました。

子ども焼畑体験学習

尾向小学校の児童数は昭和四十年（一九六五）の二一五人を最高に減少し、百周年の昭和五十年（一九七五）は九十六人、平成二十九年（二〇一七）は三十一人である。これには先生の児童も一、二人はいっています。また「小学校には三人行っているよ」という家が、毎年たいてい三組はあります。尾向の家庭には子どもが多いが、それは村の子育て支援がしっかりしていて、安心して子を産めるということもあります。

他の小学校から赴任した先生は、まず尾向小学校の行事の多いこと、しかもそれに父母がそろって参加し、てきぱきと準備して、終わるとすぐきれいに片付けることに驚かれます。

行事の一つの「子ども焼畑体験学習」（以下、焼畑体験学習と記す）は回数が平成の年号と重なっています。コバの火入れと蕎麦の種蒔き、蕎麦の収穫、蕎麦打ちなどを体験して学ぶもので、全国の小学校で唯一の学習であり行事です。また収穫のときには篩《ふるい》や唐箕《とうみ》、蕎麦打ちでは石臼を使います。これらは昔の農具として民俗資料館に展示され、実際に動かすことはまずありませんが、ここでは祖父母の代に使われた農具として生かされ、農具にこめられた知恵を併せて学んでいます。

平成三年二月に尾向小学校が発行した『ふるさと尾向』に、焼畑体験学習の目的とその成果が記されています。

目　的

○本村に全国でただ一つ残る伝統的焼畑農業の体験学習を行ない、焼畑文化に対する理解と児童・保護者・地区民・学校との交流を深めると共に、郷土を愛する心豊かな児童の育成を図る。

○一人ひとりの児童が、身近な生活の場から取り上げた尾向の自然や伝統文化にかかわる中で、自分が感じたこと、見付けたこと、やりたいことなどを言葉や絵、身体で豊かに表現する能力を育てる。

三か年にわたる焼畑体験学習の成果をまとめると、およそ次のようなことがいえる。

○伝統的な焼畑農耕を体験的に理解させることによって、先人の努力や工夫、郷土に対する理解と愛情が育ってきた。

○保護者や地区民、教職員と共に額に汗して働くことを通して、勤労の喜びや辛さ、奉仕と助け合い、感謝の心などの豊かな心が育ってきた。

○各種の新聞・テレビなどの報道によって、自分たちの学校に「焼畑体験学習」ありという学校自慢ができ、学校愛や郷土愛が育ってきた。

○学校とPTA、公民館、老人会などの交流が深まり、地域の人々との連携強化が図られ、開かれた学校づくりに寄与できた。

以下は『ふるさと尾向』に掲載された、児童の感想文からです。最初の四年女児童の「最後の焼畑」とあるのは、先生の児童で新年度に転校するからです。

火の中の焼畑体験学習　四年生　女児童

八月十五日は、わたしの楽しみにしていた焼畑体験学習だった。今年は四校の学校で体験するのだった。それは、わたしの尾向小、大王小、一ヶ丘小、不土野小の四校でするのだった。四年生から下は初めてだった。

山道はとても急な坂で何回も落ちそうになった。ついてみると、ものすごく急な坂の畑で、たくさんの切りかぶがあった。

そして校長先生の話があってから、六年生全員で火をつけた。かんそうしていたので、ものすごいもえかただった。わたしは暑いからひかげにいた。でも、上にいっても、わたしは、

（火が追いかけてくる）

と思いました。そう思ったように、火は上までもえ上がってきた。だから、わたしは、

「急げ、急げ、はるな」

といいながら、おくへ走っていった。そのとき、みんなが、こっちをむいてわらっていたので、わたしは、

（はずかしい。あんなことといわなければ、よかった）

と思った。そのとき神田先生が、あつまれの合図をした。わたしたちはあつまった。神田先生が、

父親の指導で六年生がコバに火入れをする（平成24年8月）。

「三時間ぐらいたたないと種がまけないから、弁当を食べてから、川で泳ぐことになりました」

といいました。だから、わたしは、

（やったぁ、ラッキー）

と思いました。みんなで一度あつまって、川にいった。わたしは、あさい所で平泳ぎのれんしゅうをした。何回も足がついて立ってしまう。だから、

（早く泳げるようになりたい）

と思った。そのとき、また、あつまれの合図があった。わたしは、早くあつまった。

そして帰った。洋服に着がえてから山にまたいった。それから種まきだった。わたしたちの班の所はかわいそうに、へびが白っぽくなって、死んでいた。

種をまいていたら、くつの中に、やけたすながはいって、

「熱い、熱い」

といいながらまいた。

それからわたしはトラックに乗って帰った。

この焼畑は、わたしにとって、最後の焼畑だから、大切な思い出の一つになった。

そばをもんだこと　一年生　男児童

まえのにちようびのよる、ぼくは九じにねました。そして、あさおきてそとをみていたら、あめがふっていました。いそいでテレビをみると、はれときどきくもり一じあめとでました。ぼくはつまらなかったです。

がっこうでせんせいのおはなしをきいて、がくしゅうじゅくにいきました。そして、ＰＴＡかいちょう

さんや、やすたかくんのじいちゅんのおはなしをききました。だけどあめがふっていたから、さむかったです。

そして、いよいよぼくがたのしみにしていたもむばんです。ぼくはいちばんびりにならびました。まっているとき、

「はようもんでみちゃあな」

とおもいました。

おいしいそばができるといいなとおもって、あんまりもんでしまったから、やわらかくなってしまいました。

ゆうきくんがまっていたから、ゆうきくんにさせました。ぼくはいいことをしたなとおもいました。
そして、そばをたべるとおいしくて、二はいもおかわりしました。とてもおいしかったです。

きつかったソバの収穫　六年生　男児童

十一月一日にソバの収穫がありました。面積は広く去年の倍ぐらいありました。初めに刈りとりの順番をおじさんが説明されました。手のにぎり方や、かまの使い方があって、とてもむずかしかったです。

そして、ソバを切ることになりました。初めに手前のソバを切っていきました。日光が当らず、くきが白くなりくさっている物もありました。きゅうな所なので、折れたソバが根もとから土と一緒にぬける時などと

蕎麦刈り。四年生から上は鎌で、以下は鋏を使う（平成24年10月）。

ても苦労しました。ソバを一カ所にまとめました。あちらこちらにソバをたばね、班に分かれてソバ打ちを始めました。打つことを「あやす」といいます。多いソバをあやすのに、一時間ぐらい苦労して打ちました。ふるいで土、草、葉をとり、とうみでもっとこまかく分けました。その道具はうちにもありました。全体的に面積も大きく、とれ高も去年の二倍くらいありました。とても苦労しました。

この学習を通して、ぼくたちは、やぼ焼から収穫までいろいろ学んだので、焼畑についてはほとんどわかるようになりました。そして、この椎葉にしかない焼畑を守ってうけついでいこうと思います。

「尾向にもどってきます」

「子ども焼畑体験学習」は平成二十三年（二〇一一）十月に、〝地域文化の継承に貢献〟として、第四十七回宮崎日日新聞の教育賞を受けました。当時の中原校長はその表彰状と賞金を収穫祭のとき児童に披露して、喜びを分かちあいました。

六年間こうした焼畑体験をした尾向小学校の児童は、三月下旬に行なわれる卒業式で校長から卒業証書を受けたあと、在校生や父母に向かって将来の希望を述べる。このとき、

「ここ尾向にもどってきます」

という児童が少なくない。

右：こねて次に丸棒で平らに伸ばす（平成23年11月）。
左：これボクが種を蒔いて収穫し、石臼で挽いてこねた蕎麦かな（平成23年11月）。

椎葉村の中学校は上椎葉に一校だけで、そこまで遠い小学校の卒業生は寄宿舎にはいり、土・日に家に帰ります。今は自家用車も村営バスもあるので歩いて帰ることはありませんが、まだ車などなかった頃には片道五、六里という児童も珍しくありませんでした。

尾向からも通学は難しいので寄宿舎にはいります。中学生になると思春期にかかるので、ときに父母への反抗もあったりしますが、この寄宿舎にはいって生活することで、逆に父母への感謝の気持ちを強く持つようになります。高校はさらに遠い日向市、延岡市、宮崎市、都城市などになり、そこでも寄宿舎か下宿になるが、中学校ですでに経験しているので本人も父母も心配をすることはありません。

「ここ尾向にもどってきます」というのは、家を離れることの多少の不安とともに、尾向の自然の豊かさと人々の心の温かさをすでに感じているからのように思われます。

〔三〕 生活の中の自然の恵み

予知と草花の利用

山村の生活は自然と共にありました。天候の移り変わりをつかんで焼畑（農作業）を始める。咲く花に種蒔きのときを教えてもらう。山菜や木の実は食べるだけではなく、実のつき具合で農作物の豊凶を読む。道端に伸びる草には薬の効能を持っているものが少なくない。鹿や猪の足跡を見て、どの方向にひそんでいるかを判断し、狩りにはいる。こうしたことは今も変わりません。

天候については、朝早く尾向の谷に雲（霧）が降りているようなときはよい天気になるとか、先にもふれましたが、椎葉村でよくいうのは「夏北、冬南」で、夏は北の方が、冬は南の方が晴れていれば天気はよいということです。ただ面積の広い椎葉村では地域によって多少の差があり、「夕立は馬の背中を降り分ける」はそれをいっています。

椎葉村でいわれてきた処世の言葉、いわゆる格言のようなものです。欲を出して失敗しないように「大取りより小取り」といい、不安を暗示したのは「櫛《くし》の歯が折れると凶事が起きる」。吉は「朝日や月に乗る夢で、結婚・出産・財産の入手など」よいことがあるといいます。

尾前の谷から雲が上がる。今日も晴れる（平成24年10月）。

薬の効能

草とはかぎらず、薬の効能には動物を含め椎葉村にもさまざまなものがありました。

・頭痛　梅干しの種を除いて果肉をこめかみに貼る。

・中耳炎　雪の下、茄子《なす》の絞り汁を耳につける。百足《むかで》の油漬を塗るのもよい。

・口内潰瘍《かいよう》　蜂蜜の原液を潰瘍部に塗る。

・扁桃腺　梅干しの種を除いて果肉を腫れたところに貼る。梅干しの黒焼を粉にして、麻殻で患部につける。

・肺病　サド虫（虎杖《いたどり》についている虫）をあぶって食べる。

・心臓病　松の葉を噛む。松葉酒を作って少しずつ飲む。

・腹痛・下痢　花の咲く時期に採ったげんのしょうこ、あるいは蓬《よもぎ》の葉・どくだみ・せんぶりを陰干しにして煎じて飲む。蝮《まむし》の焼酎漬けは精力強壮だが、腹痛・下痢止めにもなる。下痢止めには梅の白酢と蜂蜜をまぜて飲む。梅肉のエキス（すりおろした青梅の汁を黒くなるまで煮詰める）を耳かき一杯だけ飲む。韮《にら》で粥や味噌汁などを作って食べる。梅焼酎を三倍ぐらいに薄めて飲む。家の天井などに吊るし干した猪の皮と脂身の掛け干しと干し蕨を煎じて飲む。

・胃腸痛　きわだの表皮のすぐ下の黄色の部分を削り、乾かしたものを煎じて飲む。

・胃弱　紫蘇の葉と実を一緒に煎じて飲む。韮粥を食べる。

・胃潰瘍　小さじ一杯の蜂蜜を溶かして毎朝、飲む。

・腹水　彼岸花の球根を洗ってすりおろし、布に伸ばしつけて足裏に貼ると、溜まった腹水が流れる。

・便秘　どくだみを陰干しにして煎じて飲む。小豆を炊いて食べる。さつまいもを食べる。

・腎臓病　鯉・亀の生血を飲む。山牛蒡《やまごぼう》の根と小豆の炊き合わせを食べる。玉蜀黍《とうもろこし》の毛を煎じて飲む。
・打身・捻挫　胡椒《こしょう》に小麦粉を混ぜ水で和して貼る。きわだの黄色の部分を粉にして酢で練って患部に貼る。
・腫物　水仙の球根をすりつぶして貼る。蓬の生葉を石で叩いて患部に貼る。
・化膿　ぐみの葉を煎じて飲む。
・あせも　桃の葉を揉んで、その汁をつける。桃の葉を風呂に入れて、あせもの部分をたでる。
・吹出物　どくだみを陰干しにして飲む。
・いぼ　毎日、無花果《いちじく》の茎や葉を折ったときに出る白い汁を塗る。茄子のへたのところの切り口をいぼにこすりつける。鳩麦を煎じて飲む。
・切り傷　蓬、へくそくず（屁屎葛）の生葉をよく揉んで患部にあて固定し、治るまではがない。
・虫さされ　激しく仕事をして汗を十分に出す。歯くそあるいは小便を塗る。狸肉の塩漬を食べるのもよい。
・漆《うるし》かぶれ　沢蟹《さわがに》をつぶして塗る。
・風邪　金柑の甘露煮を薄めて飲む。梅干しの黒焼きを熱いうちに茶碗に入れ、熱湯を注いで飲む。葛湯《くずゆ》を飲む。生の葛根を洗ってかじる。玉子焼酎を温かいうちに飲んで寝る。柚子を茶碗に絞って砂糖を加え、熱湯を注いで飲む。茶碗に入れた生姜《しょうが》汁に熱湯を注いで飲む。
・神経痛　葛の根と茎を陰干しにして煎じて飲む。またたび焼酎を少しずつ飲む。さるとりいばら（菝葜）の根を焼酎漬けにして少しずつ飲む。
・中風　冬至に南瓜を食べ、柚子風呂にはいる。
・熱病　子どもの熱病にみみずを煎じて飲ませる。

・疳の虫　柳虫を日干しにして食わせるとおさまる。
・帯状包診　小刀で患部を軽くかきまわし、「東山こうぞが瀧の谷かずら元断ち切れば、うらは枯れゆく。アブラケンソワカ、アブラケンソワカ、アブラケンソワカ」と唱える。
・はしか　南天で作った小さな臼と杵を着物の背縫いに縫いつけて着せ、「お染久松ここにはおらぬ。お染久松となり町」と唱える。
・元旦の朝、ほおずきの実を食べると厄除け、梅干しを食べると病気にならない。
・強壮・滋養剤　日干しにした蝮《まむし》の骨を粉にして飲む。蝮焼酎を少しずつ飲む。蝮焼酎に蜂蜜をまぜて飲む。葛を湯でかいて食べる。山芋をとろろ、あるいはとろろ汁にして食べる。韮で粥や味噌汁を作って食べる。蜂の子を煎じて食べる。

〔四〕 家族と送る人生

良き連れ合いと

〝一人前の男〟の証は地域によってさまざまでした。農業が主体のころにはその作業ぶりで見ました。「十六貫（六十キロ）の米俵をかつげる」（都城市・旧高城町）、「田の畦塗りができる」（宮崎市）、「米俵などの藁細工が一通りできる」（高鍋町）、「牛馬で田畑の耕耘《こううん》ができる」（旧佐土原町・旧北方町）、「自分一人の収入で生活ができる」（旧佐土原町）、「飯五杯と汁三杯食える」（旧南郷村）。

椎葉村では「陰毛が生える」を一人前としました。

〝一人前の女〟にも、「一日で五畝歩の田植ができる。また一日で五畝歩の稲刈りができる」（旧佐土原町）などの農作業もありますが、「機《はた》が織れる」（延岡市・旧高城町）、「麻をこぐことができる」（高千穂町）、「三升炊きの釜で飯を炊き、それを持ち上げられる」（宮崎市・都城市）といったところもあります。

椎葉村では男と同じように「陰毛が生える」を第一に、「月経があって、三升炊きの飯が上手に炊ける」のを証としました（『宮崎県史　資料編　民俗2』）。

一人前は結婚ができることでしたが、江戸時代にはその前にさまざまな男女のつながりがありました。同じ『宮崎県史』の「婚礼」の項の「婚姻のかたち」には、まず「婚」の文字は妻の家の意で、婿とりをいった。古くは「嫁とり」ではなく男が女の家にはいったことからの語で、「めおと」も「女男」あるいは「妻と夫」で、女が先になっているとあります。

各地にたいていあったとされる「よばい」は「呼び合う」の転訛で、地域によってさまざまな習俗があったようだが、これも男が女のところに行って情を交わすのはどこも同じでした。ちなみに椎葉村、というより宮崎県を代表する民謡の一つである稗搗節の、「庭の山椒の木に　鳴る鈴かけて　ヨーオーホイ鈴の鳴る時ゃ　出てヨー　おじゃれヨー」も、呼び合うということになるでしょう。

平安時代までの婿入婚は鎌倉時代から嫁入婚になり、それを「嫁ぐ」というようになるが、この「とつぐ」は辞書に「交合する」とあり、また「ほとつき」の略ともいわれます。女陰をいう「ほと」を男が「つく」こと、性交の意味で、これも女が先の語だが、嫁入婚になってもなお言葉は残ったことになります。

「よばい」についての話は地方によってさまざまのようです。「はいるよ」という合図の木を庭先において、娘がそれを取りこむと「よし」としたところ、若者がこないようだと嫁としての貰い手がないと、娘を縁側の方に寝かせた親もあれば、逆に娘に手がつかないように気をつけた父親もいた。また交わることなく、話をして一夜を過ごすだけの若者もいたようです。

『宮崎県史』に「椎葉山の夜ばいについても語りぐさが多い」とありますが、どのようなものだったかについての記載はありません。

書いてあるのは、薬の行商人が村内で夜遊びをしたことを若者たちが知って激怒し、制裁を受けた行商人が命からがら逃げ出した話です。

制裁は、よそ者が訪れた村（集落）で夜遊びをしてはならないという掟を破った罪だが、結婚は村内の者同士として、他村の者と結ばれるのを若者たちが許さなかったこともあります。車などのない歩きの時代には、村外婚だと親類付き合いなどの手間と費用の負担が多くなります。それが村内婚だと田植などの農作業を互いに協力し合えるということもありました。

好き合って、すなわち恋愛結婚は以前の椎葉村ではどうだったのだろうか。宮崎県内では、恋愛は人間の邪道としたり、男女の間をまわりの者が妨害したり、両親が気にいらなかったり、近親者の反対で一緒になれない。さらには五ヶ瀬町では勘当、絶縁されたり、「寄夫婦三年」として恋愛結婚は避けるようにされていました。

結婚が二人の意思よりも家と家の結びを大事にしていた時代のことで、それがいつまでつづいたかは地域によって一様ではありません。これは戦後、次第になくなります。山村の若者も高校や大学を終えると一度は村外で働くようになり、そこで知り合って結ばれ、男はしばらくすると、故郷に夫婦で帰ってきます。尾向の場合は帰ってきてもよいように、親が働き先も考えて早くから準備しました。

むろん村内婚は今もなくなったわけではありません。尾向でも婚姻によって多くの家がつながっています。村にやってきた人と結ばれて、「うちの奥さんは東京」という夫婦もいます。まわりが海の天草からきて、山の斜面に家屋のある集落の一番上に住み、「ここからは海はまったく見えないの」と笑っている奥さんもいます。こうした人の広がりが、山奥でありながら子どもの多い、明るい家庭と行事の多い、楽しみいっぱいの尾向にしています。

結婚式

現在は設備の整った式場で結婚式をしますが、昭和三十年代あたりまでは婿の家でしました。結婚式はいうまでもなく二人が夫婦となって家庭を持つことを公にして、みんなに祝福してもらうものですが、婚礼の習俗は地域によって、たとえば用語は同じでも作法は微妙に違っていました。ここでは『椎葉村史』の［結婚］の項を主に、『宮崎県史』と他の書誌から椎葉村の例を引いて記載します。

親同士ですでに話が進んでいても、仲人（仲立）を立てます。仲人は重ね餅と豆腐を納めた重箱、稗・

米などを入れた二升袋（ツマ袋ともいい、晒布を五分の一反使って斜めに縫いあわせた袋）、それに二升か一升に少し足らない焼酎を持って、話の聞き届け役と二人で嫁方に行きます。焼酎を一升にしない理由はわかりません。仲人は申しあげます。

「〇〇殿より御当方に向かい申して、縁組みの御相談があり申すげなで、私どもは仲立ちを頼まれて参り申したところでござり申す。どうか首尾のよいご返事をうけたまわりますようお願い申す」

これを受けて嫁方が答えます。

「遠方からのご苦労、まことにありがとうござり申す。娘がことはしつけも行き届かぬものでござり申すが、お言葉により差しつかわし申す。よろしくお頼み申す」

仲人は婿方に帰ると、「ほどよいご返事をいただき申した。〇〇様おめでとうございます」と報告します（『椎葉問わず語りの記』より）。

話が決まると「茶入れ」を行ないました。近親者や近所の人に嫁がはいるのを祝ってもらうもので、祝宴が一段落した頃に、嫁は茶を一杯ずつ客に振る舞います。それで祝宴がお開きになるので「茶入れ」といいます。以前は茶入れをした嫁は固めの盃も披露宴もないまま、その家にとどまることもありました。「足入れ」と同様とされますが、関東地方に多かった足入婚では、子どもができない嫁は実家に帰されたといいます。

地域によって、嫁方で行なう婚約の式を「お茶入れ式」といいました。表の間の上座に向き合って座る当人同士の並びに親族が添い座り、仲人の婚約の口上を嫁方が受けて、婿方が持ってきた茶葉で入れた茶を、花嫁となる当人が仲人を初めに親族に出す。仲人が、「嫁さんの有難いお茶をいただきます」といってみんなが飲むと、「これで道が開けました」といって、仲人が婚約の成立を宣言します。

椎葉村では茶入れの後、婿の家によっては親戚、集落の者、村内の有志を招いて祝宴を開きました。祝宴の前に近親者で行なう夫婦固めの盃は、茶入れをしていると行なわず、たいてい披露だけになりました。招待客は座に着く前に、受付でまずクーレー（光来）を飲まされます。湯飲茶碗にはいった度のつよい焼酎で、「よくおいでくださいました」という歓迎と、これで酔って座では焼酎をあまり飲まないようにというものです。

祝宴は、神楽でも役がいる「しゅう者」と呼ぶ、来客それぞれをよく知る集落の二人が司会役をつとめ、座の配置、式の進行など一切を取りしきります。婿は紋付羽織袴、嫁は黒留袖に丸帯、髪は島田（以前は髪は結わなかった。着物も長着に帯だけだった）。客としてくるのは紋付羽織袴の男だが、男のいない家では女が一番よい着物を着て出席しました。

茶入れの後、婿の家で生活していた嫁は、祝宴の朝早く実家に帰り、親兄弟らと行列を組んであらためて婿の家に向かいます。

若者たちはその途中の物陰に隠れていて、タンゴ（水桶）に汲んでおいた水を柄杓《ひしゃく》で行列の嫁に向けてかけます。それはわかっているので、嫁は合羽や傘を用意しておきました。若者のねたみもありますが、「水のしたたるいい女」にするのだともいいました。

また祝宴に招かれなかった若者たちは、日暮れて宴が盛り上がるころを見計らって「竿入れ《さおい》」をします。竹竿の先に空の一升瓶と重箱、それに棕櫚《しゅろ》の皮をくくり付けて外から座の中に差し入れる。家の者は一升瓶に焼酎を入れ、重箱に焼酎の肴をいっぱい詰めて返します。これは二人の交合をからかう意味もありますが、若者たちはこれで酒盛りをして楽しみつつ二人の前途を祝うのです。

座の方の祝宴は、しゅう者の合図で花嫁が客に一杯ずつ茶を酌むと、やはり祝宴はお開きとなります。

祝宴から三日目に新夫婦は「三日もどり」といって、嫁の実家にいろいろな土産を持って帰ります。祝宴のお礼をと嫁の婿の家での生活の様子を伝え、親や家族を安心させます。実家では馳走を作って嫁となった娘をねぎらい、婿に今後もよろしくとお願いします。これで結婚に伴う作法は一通りすんで、花嫁は会う人から「元気な赤ちゃん産んでネ」といわれます。

年祝い

尾向では年齢による厄年も、その年の厄祓いもほとんど聞きません。山での生活は日々ちょっとの動きにも気をつけなければならないから、年齢による〝厄〟はことさら意識することではなかったのかもしれません。

還暦《かんれき》と喜寿《きじゅ》、米寿《べいじゅ》の年祝いは家ごとに行なわれましたが、尾向でも長寿がごくあたり前になって、還暦と喜寿の祝いは影が薄くなっているのは他の地域と同様のようです。

八十八歳の米寿に男は「とかき（斗掻）」を、女は袋か財布を縫って、「米寿祝　○年○月　氏名」と書いた和紙で包み、近親者や集落の人に配りました。もらった人はその長生きにあやかるように願い、喜んで大切に使いました。

米を升で計るとき、少し盛り上がるように入れます。「とかき」はその盛り上がった米を均《なら》す丸棒で、八十八を組み合わせると米の字になることから、その米にかけた祝いの品です。米寿祝を「とかき祝い」ともいい、椎葉村だけではなく、とかきは沖縄県や長野県などにも見られるといいます。

葬儀と年忌

祝いからあの世へのことになりますが、平成二十八年（二〇一六）に尾向では十三人が亡くなりました。葬儀場のあるところまで遠いので、尾向では今も葬式はほとんど自宅ですが、仕切るのは葬儀屋で組内の人は少し手伝いをするだけです。

病院からもどると、すぐ枕経をする（平成24年7月）。

椎葉村の以前の組内の葬式では二人の肝入りが采配しました。死者の出た家から連絡がはいると、肝入りはまず「池」といった土葬用の穴を掘る人、役場へ埋葬許可証の手続きに行ってもらう人、親戚や集落の各家に知らせにまわる人、葬具類を作る人、棺《ひつぎ》を担ぐ人などを手配しました。いずれも男で、坊さんに葬儀を頼みに行く人は順番が決まっていて、葬式が終わると順番を書いた板を次の人にまわしました。

以前は棺も組内の人が作りました。棺は今の寝姿で納める箱形ではなく、「座棺」といって膝を曲げて座る形で納めるもので、尾向では角形でした。その墓の穴は棺の高さの二倍ほど掘らなければならなかったから、土葬の池掘りはかなりの力仕事でした。

埋墓といわれた土葬の場所は、二、三の家が共同で近い山に設けていた集落もありましたが、火葬の今はその場所も忘れかけられています。埋める墓と参る墓が別にあるのを両墓制といい、参る墓は寺にありますが、尾向にある二つの寺に墓はまったくありません。尾向とはかぎらす椎葉村の墓はいずれも屋敷内、家のそばにあって、土葬の頃もそこに「池」を掘って埋葬しました。今は火葬なので「池」を掘ることはなく、骨壺を納めることですみます。墓がすぐ手の届くようなところにあるので、どの家の墓にもいつも花が添えられています。

男とは別に女は葬式の料理を作りました。責任者を「釜元」といい、これは肝入りではなく、遺族が近所の人で年ばえのよい、気のきく人に頼みました。大事な料理は四つ組の「別れの膳」で、吸物、煮付、酢物、煮豆あるいは白和《しらあ》えなどで、これは出棺前に遺体をおいた部屋で遺族や親族らが食べます。釜元は

これらの材料を整え、だれにどれを作ってもらうかを決めました。料理をのせる足高膳や盛る椀などは各家から持ちよりました。

出棺のとき手伝いの人に食べてもらう「お斎《とき》の飯」は米飯に味噌汁、漬物で、米飯は必ず一つの釜で炊きました。その飯が炊き上がったとき飯の上部にできる模様から、亡くなった人は来世で鳥になったとか、兎に生まれ変わったとか、女たちが見て判断し合いました。

死者は生前にいつも使っていた部屋にまず北枕で寝かせ、顔を白布で覆います。二つ折りの腰の低い枕屏風を立てる家もあります。枕台に守り刀をおいて花を添え、蠟燭《ろうそく》を灯して線香を焚き一体仏餉《ぶっしょう》を供えます。一体仏餉は一合飯を炊いて全部を一つの茶碗に盛り、真ん中に一対の（もしくは一本箸）箸を立てるもので、米のない焼畑の頃にもどこからか米を借りて米飯を間に合わせて供えました。香奠《こうでん》がお金ではなく米で、葬式を手伝うと米飯を思い切り食べられたという話を聞いたことがあります。

坊さんに枕経をしてもらった後に死者の遺体を仏間に移し、近親者がより添って通夜をします。そこで弔問を受けます。翌日の葬儀に持参する焼酎の熨斗《のし》には「御佛前」と書きますが、通夜のときは「御目覚め」と書きます。注意したのは魔物に変じるとした猫で、通夜には猫を籠に押しこんで部屋に出ないようにしました。

通夜の翌日、あの世へ送る葬儀を行なってから遺体を棺に納めます。

右：自宅での葬式。集落の人々が別れを惜しんだ（平成24年7月）。
左：葬式は昼だが蝋燭を灯す（平成24年7月）。

葬式を終えると車で火葬場に向かう（平成24年7月）。

そのとき「枕はずし」を唱えてまず枕をはずしますが、その文言を知らないときは足で蹴ってはずしました。それから近親者が左結びの襷掛けで体を湯できれいに拭き清め、女の人には薄化粧をしてやります。遺体に着物を左前に合わせ、手甲、脚絆を着け、経帷子《きょうかたびら》を遺体に羽織らせて、額に三角布をつけます。烏帽子《えぼし》をかぶせるところもあります。

棺には一体仏餉、団子、故人が好物だったもの、故人が好んだ着物、三途《さんず》川の渡し賃の六文銭（現在は穴のあいた銭）を入れた銭袋を首に掛けます。その中から近親者が交換して自分のものを入れることもあります。

納棺を終えると近親者は故人と最後の盃をします。棺に蓋を落とし（釘は打たない）、左綯《な》いの藁縄で横二カ所、縦一カ所を二重に左結びにし、棺の上に刀を斜めにおいて魔除けとします。

遺体を納めた棺を身近な二人の男が担ぎ、迷わず成仏するように座敷を数回まわりますが、家に帰ってこないようにまわさないところもあります。家から庭に下ろした棺を組内の者が前二人と後二人で担ぎ、その前後に遺族、近親者が並び、前方に組内の男が南無阿弥陀仏と書いた六字の旗、提灯二個、線香、蠟燭、竹三本で作った箒《ほうき》を持って野辺送りをしました。今は自動車で火葬場に直行するので野辺送りは行なわれません。

提灯二個を持つのは、かつて葬式が夜に行なわれていた名残です。今は昼ですが、尾向では葬儀をする座敷の外に蠟燭を灯します。これも夜の葬儀のしきたりを守っているといえます。ちなみに結婚式もかつては夜に挙行されたといいます。

野辺送りには、近親者でも妊娠している人や故人と干支の同じ人は加わりません。棺が家から出ると、棺をおいてあった座敷を両親のそろっている者二人で両側に掃き分けて清め、野辺送りから帰って行なう精進上げの座とします。

池おろし、すなわち埋葬地に着いて棺をおろすと、坊さんが経をあげます。すむと喪主が穴に石を投げ入れ、近親者がつづいて投げます。それから組内の者が別れを惜しみつつ棺を静かに穴におろし、土砂をかぶせて埋葬を終えます。

こうして生まれ、学び、遊び、家庭を持って悔いのない人生を送った人は、よく知り親しみ深い尾向の山に還ります。

初七日に寺参りをします。持参するのは仏餉米五合、蠟燭、手拭い、焼酎、袋物（米か大豆二升）、豆腐と餅を各一重、晒《さらし》を一反か故人のよい着物一枚。これには親戚の者が何人かが袋物と晒一反を持って同行します。

年忌は三十五日忌、四十九日忌、百日忌、一周忌、七年忌、十三年忌、十七年忌、二十三年忌、三十三年忌、五十年忌があり、それぞれ家の都合で法要します。

第八章

尾向に伝わる昔話

［絵・中村芽依］

記載の昔話は『椎葉むかしむかし』（椎葉村教育委員会刊）と『ふるさと尾向』（尾向小学校刊）に掲載のものです。

話は「海の中の亡霊」から「山うばと牛方」までは、追手納の椎葉均（一九一八〜一九四五）が語っていますが、「大蛇《おろち》」から「ちくぜんたき」までは語った人の記名がありません。二書誌には題名は異なるが、内容のほぼ同じ昔話があります。再掲にあたっては、内容が同じ昔話は断りを入れて省略しました。

昔話の場所は尾向、椎葉村とはかぎりません。全国に類型の昔話もあります。それがどのようにして尾向に伝わったのか。あるいは、やってきた行商人らが話してくれた昔話を、しっかり覚えていたのかもしれません。文中の（　）は注釈です。

海の中の亡霊

今から三百数十年前の話です。

豊後国（大分県）に守江（護江か）という港があります。いつ頃からかこの沖の海上に恐ろしい亡霊が出るという噂がたちました、そのためここを通る船がぱったりなくなってしまいました。

ある年の夏のことです。日向国（宮崎県）にお嫁さんにきていた里が、故郷の安芸国（広島県）の家から母親が病気で死にそうだという便りをもらい、急いで帰ることになりました。

日向国から安芸国へ一番早く帰るには、どうしてもこの守江の港の沖を通らなければなりません。里は気の強い女でした。

「もしものことがあったらどうしますか」とみんなの止めるのも聞かず、母の病気には代えられない、どうしても早く帰りたいと里は船頭を雇い、船を仕立てて出発しました。

いよいよ亡霊が出るという守江の沖に差しかかっ

たときのことです。今まで明るかった空が急に墨を流したように暗くなって気味悪い風が吹き始め、それまで静かだった海がすさまじいほどに荒れ出しました。

船は木の葉のように揺れます。これはきっと亡霊の仕業だ、こんなことになるなら乗ってくるんじゃなかった。

「助けたまえ、なんまいだぶつ」と、船乗りたちは青くなってガタガタ震え始めました。平気な顔をしているのは里だけでした。里はじっと座っているのです。

「おかみさんに恥ずかしくないか、みんな元気を出して船を守れ」船頭がいくら声をからして叫んでも、おじけ立った船乗りたちは言うことを聞きません。そのうち甲板が海の水に洗われようになり、帆柱もバリバリと折れ始めました。船頭も船乗りたちももはや運は天に任すより仕方ないとあきらめました。

そのときです。里が突然、目をひっつり上げて立ち、何をするかと思ったら、真っ青な顔で甲板に駆け上がって行くのです。

「おかみさん、どうしたのですか」と船頭が追って行くと、里は船端につかまって、今にも荒れ狂う海へ身を投げ入れようとするのです。船頭が危ないと背後からつかまえると、里は髪を振り乱し、

「私はこの海の亡霊だ。離せ離せ」と大声でわめき始めました。もしかしてこの大嵐で気が狂ったのではないかと船頭はびっくりして、

「おかみさん、しっかりしてください」と大声で呼ぶと、

「離せ、私はこの海の中をさまよっている亡霊だ。離せ」とますますわめきます。船頭はしっかり里を抱きかかえ、船室に連れもどりました。

船はどうにか沈まずにすみ、ようようの思いで近くの安芸の港にはいりました。でも里は正気になりません。青い顔で、

「私は海の亡霊だ、中村新左ヱ門の亡霊だ」とか、おかしなことをつぶやき始めました。中村新左ヱ門の名は聞いたことがありません。だがこの名前は海の亡霊と何か関係があるようです。それがわかれば、おかみさんを正気にもどすことができるかもしれません。

船頭は腕を組んで考え、そうだ、こんなときには逆らってはいけないと、昔からいわれている。そう気がつくと里の前に両手をついて、

「中村新左ヱ門様、貴方様はどうして海の亡霊などになられたのですか」と船頭が聞くと、里は目をギラギラさせて、

「よく聞いてくれた。私は守江の海で味方の船に沈められたのです。それが今もって悔しくてならない。だから亡霊となって海の中をさまよっているのだ」と叫びました。

船頭は驚き、すぐ安芸の港の役人にこのことを届けて調べてもらうと、次のようなことがわかりました。

その昔、豊臣方と徳川方が関ヶ原で天下分け目の戦いをしたときのことです。敗れた豊臣方の軍勢が船で九州に逃れようとこの守江の沖にさしかかったとき、徳川方の中村新左ヱ門という侍が、安芸の港から船を出して守江の沖で迎え撃とうと、大合戦となりました。ところが真っ暗闇の合戦だったので、味方の船が誤って中村新左ヱ門の乗っている船に大砲を撃ちこみ、船はたちまち火に包まれて沈んでしまいました。

船頭はわかりました。そうか、それで中村新左ヱ門様の亡霊が救われずに、ここの海をさまよい、おかみさんに乗り移ったんだ。しかしこのまま放っておくことはできない。和尚様を呼んで里に乗り移っている中村新左ヱ門を弔い、祓ってもらうことにしました。

それから三日三晩つづけて祓い祈りをしたところ、四日目の朝に里は「アアアー」と言ってばったり倒れました。そのとき、里の体からゆらゆらと炎のような煙のような、霧のようなものが流れて海の方に飛んで行きました。みんなアッと驚き、ものも言えずに震えていると、里が起き上がり、

「あらみんなどうしたの、ここはどこなの」と不思議そうな顔であたりを見まわしました。こうしたことがあってから、もう二度とこの守江の沖に亡霊が現れることはなくなったといいます。

狩り自慢の男

ある村に狩り自慢の若者がおりました。山に狩りに行くといつも熊や鹿などいっぱい獲って帰りました。獲物なしで帰ってきた日はありませんでした。

ところがある日のこと、どうしたことか獲物が見つからないのです。これでは恥ずかしくて村に帰れない。若者はどうかして獲物にありつこうと、どんどん山奥へはいって行きました。でも子うさぎ一匹見つかりません。そのうち日は暮れる、足は疲れるし腹は減るし、仕方がありません。あきらめて帰ろうとしたときです。向こうの林の木の陰を歩いている大きな一頭の鹿を見つけました。

「しめた」

若者は弓矢を握りしめ、足音をしのばせて近づいて行きました。せっかく見つけたのに、気づかれて逃げられたらたいへんです。大鹿はあたりを見まわして林の奥の方に悠々と歩いて行きます。

若者は大鹿を追いかけるのに精いっぱいで、どこをどう歩いてきたのかわかりません。やがて林は切れて人の背丈ほどもある草むらにはいって行きます。若者は草の中に見え隠れする大鹿を追って草むらの中にはいって行きました。すると大鹿の姿はついに見えなくなりました。若者が背を伸ばして見ると、

「いた、いたぞ」

大鹿はこちらを振り向いています。まるで、「ここまでおいで」といっているような顔です。若者が弓に矢をつがえて、そっちの方へ足をしのばせて行くと、大鹿はまた姿を消しました。

そんなことが三度も四度もつづきました。

「今度こそ射止めてやる」と若者はいらいらしながら草むらを押しわけ、なおも追って行くと、突然、目の前がギラッと光って若者は思わず目をつむりました。

「やちまなこだ」

そう気づいたときにはもう手遅れでした。若者の両足はやち（湿地）の泥に吸い取られるように、ずるずると沈んで行きました。妖婆《ようば》の罠にかかったのです。もう身動きすることもできなくなりました。若者は、

「助けてくれ、助けてくれ」と声を限りに叫びま

した。しかし深い山奥です。だれも助けにきてくれる人がいるはずがありません。若者は足から腰、腰から胸へ、胸から首へとずぶずぶと沈んでいきました。

「助けてくれ、助けて」

いくら叫んでも、聞こえるのは木霊《やまびこ》ばかりです。そのときです。

「うわっはっはっは—」

木霊に交じって気味悪い笑い声が聞こえてきました。それはやちの妖婆の笑い声でした。若者の姿はやちの泥の中に沈んでついに消えてしまいました。

あとはシーンと静まりかえって、もの音ひとつしません。草むらの中のやちまなこだけがギラギラと薄気味悪く光っているだけでした。

蜘蛛女《こぶ》と山伏

秋も終わりの頃です。山奥深く一人の山伏が歩いていました。日も暮れてしまったが、今夜はどこへ泊まろうかと考えていました。野宿は身にこたえます。あたりを見まわしたところ、はるか向こうの谷間にぽつんと明かりが見えました。

「ああ、あそこに家がある。頼んで一晩泊めてもらおうか」と山伏は谷間におりて行きました。明かりのついている家は小さな古寺でした。

「お頼み申す、お頼み申す」といくら声をかけてもだれも出てくる様子がありません。

「おかしいな、明かりはついているのに」と思いながら山伏はそっと戸を開けて見ました。ゆろり(囲炉裏)に蠟燭《ろうそく》が一本灯っています。しかし、ゆろりに火を焚いたような気配はありません。

「どこへ出かけたのか、まあいいだろう」と思い、山伏はゆろりの端に腰をおろして待っていましたが、だんだん冷えてきました。

「これでは体がこごえてしまう」と山伏は立ちあがり、裏山から薪をどっさり取ってきてゆろりに入れて燃やしました。やっと体が温まりました。

だいぶ夜が深まったようですが誰も帰ってきません。山伏は疲れてうとうとし始めました。そのとき後ろのふすまがすうっと開きました。山伏が気がついてぱっと目を覚ますと、ゆろりの向こう側に目も

覚めるような美しい女の人が座っています。その女の人が、

「よくいらっしゃいました」というので、山伏は、

「いや、これはこれは、だまって上がりこんでしまってすみません」というと、

「いいえ、いいんです。どうせこんな古寺ですから」といって女はにっこりと笑いました。

「申しわけありません。今夜一晩泊めてくださいませんか」

「どうぞどうぞ、でも何も差し上げるものはございませんが」

「いや一晩、眠らせてもらえばいいんです」

山伏は眠気なんかどこかへ吹きとんでしまいました。

「しかし、あなたのような美しい人がこんなところにいられるとはのー。お一人で住んでおられるのですか」

「はい」

「お淋《さび》しいことでしょう」

「いいえ、もう慣れていますから」と女はまたにっこり笑いました。

「せっかくお出くださったのに、何ももてなしできませんで、ああそう、そう、私は三味線を少し弾けるんです。お暇つぶしに私の三味線を聞いてくださいませんか」

「それはありがたい。こんな山奥で三味線が聞けるとは」

女は隣の部屋に行って三味線を抱えてくると、

「それでは下手ですけど」といってシャン、シャン、シャンと弾きはじめた。下手どころか大変、上手です。何の曲かわかりませんが、とてももの悲しい音色です。山伏は目をつぶってうっとりと聞きほれていました。そのうち段々と眠くなってきました。

女は相変わらずシャン、シャン、シャンと弾きつづけていました。するとどうしたことか、山伏は急に苦しくなってうなり出しました。三味線の音が鳴るにつれて首が締めつけられてくるのです。それはこぶ（蜘蛛《くも》）の糸です。山伏は気がつきました。いつの間にか首に何本もの細い糸が巻きついていたのです。山伏は腰の山刀を抜いて、その糸をぱっと切り払いました。あたりを見まわしましたが、三味線を弾いている女の他には誰もいません。女は、

「どうかなさいましたか」と驚いた様子で聞きました。山伏は、

「いや、何でもありません。どうかつづけてください」というと、女はまた三味線を弾き始めました。するとまた首が締めつけられて苦しくなります。山伏はようやくそのことに気がつきました。

「ううっ」とうなって、山伏はまた山刀を抜いて首に巻きついた糸を切り払うと、その山刀を振り上げて、

「おのれ、化けもの女」といって三味線の女をめがけて切りつけました。

〝ぎゃっ〟とすさまじい声がすると、とたんに蝋燭が消えて、真っ暗の中をよろめいて行くような足音がしました。

翌朝のことです。山伏は床板に点々とつづいている血の後をたどって行きました。すると寺の裏の縁の下に大きな笊《ざる》のようなものがうつ伏せになっていました。よく見るとそれは大きなこぶ（蜘蛛）でした。

子育て幽霊の話

昔あるところに起こった話です。

村はずれに作平という飴屋がかみさんと二人で住んでいました。ある真夜中のこと、作平とかみさんが戸締りをして寝ようとしたとき、

「ご免下さい」と声がします。こんなに遅く誰だろうと思ってかみさんが戸を開けて見ると、表に若い女がひっそりと立っています。夜更けの月の光のためでしょうが、青白い顔をした女です。女は、

「あのー、飴を下さいませんか」

かぼそい声でいいました。かみさんが飴を包んでやると、その女は、

「ありがとうございます」とていねいにおじぎをして帰りました。作平が、

「今時分に飴を買いにくるなんて、いったい誰なんだい」と聞くと、

「それがね、知らない人ですよ。青白い顔の若い女ですよ」とかみさんが首をかしげながらいいます。なんだか薄気味悪くなってはやばやと寝ていました。

その翌日もやはり真夜中のことです。

「ご免下さい」という声がするので出てみると、夕べの若い女です。今夜も、「飴を下さい」というので、かみさんが包んでやると、女はまたていねいにおじぎをして帰って行きました。

その翌日も、またその翌日も女は真夜中に飴を買いにきます。かみさんは怖くなって、

「私はもういやだよ。今夜きたらおまえさんが店に出てちょうだい」と作平に頼みました。作平は、

「どこの誰だろうな。よし今夜きたら、そっと後をつけてみよう」と待っていました。

その夜、やはり真夜中に、

「飴を下さい」といって女がやってきました。作平はそっと後をつけて行きました。女は後を振り返りもせず、真夜中の道を足音も立てずにスッスッとまるで走るように歩いて行くので、作平は追いついて行くのもようようでした。女は村はずれの土橋を渡り山の方へ行きます。
「いったいどこにいくのだろう」と思いながら後を追うと、女は山のふもとにある寺の前を通り過ぎ裏山の杉の林の中にはいって行きました。そこは墓地のある淋しいところです。
「おかしいな、あんなところへ何しに行くんだろう」と作平は薄気味悪くなりましたが、しかしここまでついてきたのだからと勇気を出してなおも追って行くと、女は突然、消えるように姿が見えなくなってしまいました。作平は驚いてあたりを見まわしました。大きな杉の木に囲まれた淋しい墓地の中です。女の姿はどこにも見えません。そのときです。まったく風もないのに目の前の杉の木枝がざわざわと揺れ動いて、その後の方から、
「おぎゃあ、おぎゃあ、おぎゃあ」と細い泣き声が聞こえてきます。

「これは赤ん坊の泣き声みたいだ」と作平が杉の木の後ろにまわってその泣き声の方へ行くと、

「おぎゃあ、おぎゃあ、おぎゃあ」という声がすぐ近くでします。作平は息をのんで立ち止まりました。目の前の土が丸く盛られている中から、

「おぎゃあ、おぎゃあ、おぎゃあ」と赤ん坊の泣き声が聞こえてくるのです。作平は腰が抜けるほどびっくりしました。

「和尚さん、和尚さん」と作平は大声でいいながら寺へ駆けて行きました。

「どうしたんじゃ」と和尚さんが起きてきて作平にわけを聞きました。

「それは不思議なことじゃ。あの墓はついこの間亡くなった隣村の松吉のおかみさんのお墓なんじゃ。そのおかみさんは子どもをお腹に入れたまま亡くなったんじゃ。あのおかみさん、子どもを欲しがっていたからなぁ。きっと心残りなことじゃろう。可愛そうな女じゃ」といって、和尚さんはその夜、一晩中眠らずに亡くなったおかみさんのために念仏を唱え供養しました。

翌朝、和尚さんは隣村から松吉を呼びよせ、作平も一緒にその墓へ行って見ました。お墓には何の変わりもありません。もちろん赤ん坊の泣き声も聞こえません。

「とにかく何かあるかもしれん。お墓を掘ってみよう」ということになり、和尚さんがお経を上げている間に、松吉と作平がその墓をそっと掘り起こしました。中からまだ木膚の新しい棺が出てきました。その棺の蓋をそっと開けて見たとき、和尚さんと松吉と作平はアッと立ちすくみ、目を見張ってしまいました。

棺の中に冷たく横たわる松吉のおかみさんのそばに、まるまると太った赤ちゃんがすやすやと寝息をたてて眠っていたのです。驚いた和尚さんたちがその赤ん坊をよくよく見ると、赤ん坊の唇に飴をなめさせたあとがうっすらとついていたということです。

猟師と猫

昔あるところに猟師がいました。その猟師の家の猫は一貫匁《もんめ》以上もある驚くほどの太さの猫でした。

年に何回かいなくなり、どこかで死んでしまったかと思っていると帰ってきました。猫滝にいって修業していたのです。

ある日のこと、猟師が鉛を溶かして玉（弾丸）を作っていました。猫は囲炉裏のそばで「グルグルグルグルウ」と寝ていました。でも本当に寝ていたのではなく、猫は猟師が玉をいくつ作るか、眠ったふりをして数えていたのです。猟師は数十発の玉を作った後で、三発の玉を猫が知らないように作りました。

ある日、猟師が狩りに行ったところ、向こうから手拭いをかぶった老婆らしいのがやってきます。猟師が何者かと思っていると、襲いかかってきたので、鉄砲を向けて撃ちました。数十発撃ちましたが、体にあたってもチリンチリンと落ちてしまいます。残りの三発はどうにか命中したらしく、もう起き上がることができませんでした。

猫の知らないように作った玉で、自分の命が助かったのでした。倒れたものに行って見ると、鉛を溶かして玉を作っていたとき、囲炉裏のそばにいた猫でした。

猫は一貫匁以上になると人を襲うといわれます。

年寄りを山に捨てた話

昔あるところに年寄りのおばあさんのいる家があって、若い夫婦が養っていました。夫は心優しく、おばあさんをいつも親切にいたわり、世話をしていましたが、妻はおばあさんが嫌いで、いやでいやでなりませんでした。

「あんなおばあさん、はやく死んでしまったらいい」といつも陰でいっていました。

ある年の秋も深まった頃です。その年は雨が降りつづいて稲はさっぱり稔らず、いつもの年の半分も米の収穫がありませんでした。妻は夫に、

「お前さん、この冬はどうして過ごすつもりなんだ」とぶつぶついいました。そのあげく、

「あんな働きもしない、ごろごろ寝て食ってばかりのおばあさんは山の中に捨てたらどうだい」といいました。夫は、

「俺にそんなことはできない」と答えました。夫は強く反対しましたが、毎日のように責めるので、夫も仕方なく決心しました。月が美しく照りわたるある夜のことです。

「おばあさん、今夜は月見に行きませんか。俺が連れて行ってあげますよ」

おばあさんは、

「おうそうかい。お前は本当に気が優しいね」おばあさんは大変喜んで、その背に背負われて山深く登って行きました。山の上にはすすきがいっぱい生えていて、風に揺れる穂をきれいな月が照らしています。そこにおばあさんをおろすと、

「おばあさん、許してください」と心の中で詫びながら、隠れるようにして家にもどりました。

夫はその夜は眠れませんでした。おばあさんはどうしているだろうか、寒いだろうな、可愛そうだな、夫は窓から山の方を見上げました。

山の上からピューピューと冷たい風が吹きおろしてきます。風の音に混じって、かすかに聞こえるのは確かにおばあさんの泣き声です。〝しくしくしく〟。夫はたまらなくなって、

「おばあさん、俺がわるかった。おばあさん」と呼びながら飛び出して、山の上に駆け登りました。でもおばあさんはどこへ行ってしまったのか、姿が見えません。夫は泣きながら、

「おばあさん、おばあさん」とすすきをかき分けて探しましたが、いくら探してもおりません。おばあさんが座っていたすすきの中に、ぽつんと大きな石が一つあるだけでした。

その後、夜になると山の上からしくしくと泣き声が聞こえるようになりました。

若夫婦が亡くなった後も、夜の泣き声は止みませんでした。村の人々はあの可愛そうなおばあさんは、婆捨山《うばすてやま》の石となって泣いているのだろうと噂しました。

それからしばらくしたある年のこと、村へ偉いお坊さんが立ち寄り、その夜泣き石のことを聞きました。

「可愛そうに、私がその石を弔ってやろう」

お坊さんは村の人にいいつけて、その石を山のふもとの寺に運ばせ、その前でお経を読み、ていねいに弔いました。するとその石が真二つに割れて、血

のようなものと、水のようなものが流れ出ました。

「あっ、これは山に捨てられたおばあさんの血と涙だ」といって、村の人々は合掌したということです。

それから夜泣きはなくなったといいます。

ノミが子どもを食い殺した話

ある男が山に泊まって仕事をしていたところ、向こうの山と手前の山が掛け合っておらぶ（叫ぶ）声が聞こえてきました。樫の木が、

「オーイ、オーイ、ヅーダの木やーい、がなき（生声）聞きに行こうや」とおらぶと、ヅーダの木は、

「俺は今日はどうしても行くことができない。お前が行って聞いてきてくれ」といいました。樫の木は、

「それじゃ行ってくるよ」と出かけました。しばらくして、

「ヅーダの木や、今もどってきた」という樫の木に、ヅーダの木は、

「何といって泣いたか」とたずねたところ、樫の木が、

「生まれてから毎日、銭を一銭ずつためて、三歳になったらノミ（蚤）に食い殺されるといって泣いた」と答えました。

これを聞いた男は、我が家の妊娠していた家内が子を産んだのではないかと思い出し、急いで家にもどってみると、やはり男の子が生まれていました。

男は山での話を家内にして、毎日、掃除をていねいにし、晴れた日には蒲団を干してノミが一匹もいないようにしました。これでもうノミ（蚤）に食い殺されることはないだろうと思っていました。ところがその子が三歳になったとき、大工用具のノミ（鑿）が子の頭に落ちてぬかり、死んだということです。

墓を掘る老婆の話

昔あるところに与次という男の人が、おばあさんと二人で住んでおりました。おばあさんは驚くこと

に百六十歳にもなっていましたが、大変、元気だったそうです。目もよく見え、針の穴に糸を通すこともできるし、耳もよく聞こえました。

また九十歳のとき、おばあさんの歯はみな抜け落ちてしまったそうですが、百歳を超えるとまた新しい歯が生えてきたそうです。その歯はとても丈夫で、硬い石芋でも太い魚の骨でもばりばりと噛み砕いて、平気な顔をしておりました。

近所の人たちは、

「年を取ってもあのおばあさんのようになってみたい」と口ぐちに噂をしてうらやましがっていました。

ところが百六十歳を過ぎてから、だんだんおかしな振る舞いをするようになりました。おばあさんは昼のうちは家にいて、着物を作る麻糸をつんで機を織ったりしていました。若い娘たちにも負けないぐらいだったそうです。

それが次第にご飯を食べなくなりました。与次が心配して、

「おばあさん、ご飯食べなければ体が弱ってしまいますよ」というと、

「私は食べなくても大丈夫だ」といっていうことを聞きません。ご飯を食べないので、おばあさんの体はだんだん痩せていきました。ところが不思議なことに骨は太くなり、そればかりでなく、日が経つにつれて目の中の白いところが青くなってきました。

「どうもこの頃おばあさんの様子が変だな」と与次は思いました。心配をますます強くしていたある日の夜のこと、眠ったふりをしておばあさんの様子をそれとなく見ていました。

真夜中のことです。おばあさんはひょいっと起き上がってあたりを見まわしてから、足をしのばせて外に出て行くのです。どこへ行くのだろうか、与次は不思議に思って後をつけて行きました。ところがおばあさんの足の早いこと、真っ暗闇の道をさっさと飛ぶように走って行きます。与次は息をころしてやっとついて行きました。

おばあさんは墓地の中へ駆けこんで行きました。

「こんなところに、何しにきたのだろう」与次がびっくりしていると、おばあさんの姿が消えるように見えなくなりました。

「一体どこへ行ったのかな」与次があちこち探し

まわっていると、目の前の大きな杉の木の後ろから、ガリガリと怪しいもの音が聞こえてきます。与次はその音のする杉の木の陰をそっとのぞいて、思わず声を出すところでした。おばあさんが髪を振り乱して墓を両手で掘り起こしているのです。

与次は声も出ないくらいに驚き立ちすくんでいると、おばあさんは墓の中から掘り出した白骨をつかみ出し、歯をむき出してガリガリと噛み始めました。与次は思わず「うわぁー」と悲鳴のような声をもらしました。するとおばあさんは青い目をして与次をじろじろと見て、

「お前、見たなー」と気味悪い声で叫んだと思うと、その白骨を噛んだまま杉林の奥の方へ飛ぶようにして走り出して行きました。与次は、

「おばあさん、おばあさん、待ってくれ、待ってくれ」と気を取り直して後を追ってみましたが、おばあさんの姿はどこへ行ってしまったのか、見えなくなってしまいました。

それからというものは、おばあさんの姿は村のどこにも見あたらなくなりました。村の人は、あのおばあさんは生きながら鬼になつたんだろうと噂をし始めました。

大蛇が男に化けて娘に通った話

昔ある家に年のころ十九～二十歳くらいの美しい娘がいました。この娘に毎夜、若い男が羽織袴で夜ばいにきました。朝方まだ薄暗いうちに帰って行きました。

長いことつづいたので、家の者が不思議に思い、知られないように糸を通した針を袴のすそに縫いこみました。そして若い男の帰った後に、糸をたどって行ったところ、その男は大蛇でした。娘がほれていた男に化けて通ったということです。

この大蛇は恐ろしく深い淵に沈んで行きました。蛇淵はいたるところにありま

すが、向山地区にも蛇淵があり、人のはいれきれない深さです。

琵琶のでき初め

（後出の「ちくぜんたき」とほぼ同じ）

飯を食わない嫁さんの話

（後出の「鬼火たき」とほぼ同じ）

山うばと牛方

昔ある村に正直な牛方が住んでいました。ある年の大晦日が近づいたある日のことです。牛方は、

「もう今年もそろそろおしまいだ、お正月の仕度をしなくては」と思って遠くの町へお正月に使う魚や塩や豆を買いに行きました。そして牛の背中にいっぱいのせて、村に帰ってくる途中のことです。もう夕暮れでした。峠の上は今にも雪が降りそうな冷たい空模様です。

［雪に降られたら大変だ。さあ帰ろう、帰ろう］

と牛方が牛の手綱を引っ張って峠の道を急いでおりようとしたとき、後から、

「おーい、おーい」と怪しい声がします。今までに聞いたことのないしゃがれ声です。牛方は薄気味悪くなり、後も振り返らず牛を引っ張ってどんどん峠をおりて行きました。

「おーい、待てぇ待てぇ」

しゃがれ声はだんだん近づきます。牛方が、

［あんな変な声を出す奴はいったい誰なんだろう］と思って後を見ると、大きな赤い目をぎらぎらさせ、耳まで裂けた大きな口からするどい歯をむき出し、銀の針金のような髪を振り乱して、飛ぶように走ってくる山うばです。噂に聞いていた恐ろしい山うばです。つかまったら最後です。牛方は牛の手綱をほっぽり出して、

「助けてくれー」と叫んで逃げ出しました。夢中になってどこをどう逃げまわったのか、気がついたら深い林の中に迷いこんで、どの方向に行ってよいかわかりません。そのうちに日はすっかり暮れてしまいました。だんだん寒くなってくるし、腹はへるし心細くてたまりません。牛方が林の中をさまよっ

ていると、向こうの方にぽつんと小さな光が見えます。牛方はほっと生き返ったような気持ちになり、大急ぎで駆けつけると戸をトントンと叩き、

「ごめん下さい、ごめん下さい、誰かいませんか」と呼びましたが、返事がありません。誰もいない様子です。外にいるとこごえそうです。仕方なく牛方は戸をそっと開けて中にはいりました。部屋のすみに座って家の人が帰るのを待っていました。しばらく経って裏の戸を開ける音がしました。牛方はわけを話して今夜一晩、泊めてもらおうとしたところ、

「あぁ　やっと腹いっぱいになったな」という声がします。どこかで聞いたような声です。さらにつづけて、

「牛を一頭食べて塩を三俵なめて、魚や豆も腹はるほど食ったなぁ」という声が聞こえてきました。牛方はまたびっくり、肝をつぶしました。

この家はあの山うばの家だったのです。見つかったら最後です。牛方は急いで天井裏に上がってすみの方に隠れて息を殺していました。山うばは大きな餅を両手いっぱいに抱えてきて囲炉裏のわきに座ると、

「この餅も焼いて食うことにしよう」とつぶやいて、囲炉裏の火で焼き始めました。先ほど牛一頭をペロリと、それから塩、魚、豆をあんなに食べてまた食べるつもりなんでしょうか。やはり山うばです。恐ろしいほどの大食です。

天井裏に隠れている牛方は、焼き餅の匂いがぷんぷんしてたまらなくなりました。牛方は昼ご飯も夕ご飯も食べていません。夢中になって逃げまわっていたので、お腹がペコペコでした。焼き餅の匂いをかいだだけでつばが出て、お腹がゴロゴロ鳴ってきます。もうたまりません。つばをのみこんで天井板のすき間からそっとのぞいていると、山うばは、

「そうだ、そうだ、醤油を持ってくるのを忘れた」とつぶやいて立ち上がり、部屋の外に出ていきました。牛方は、

「よし今だ」と危ないことも忘れて、おいてあった一本の長い棒を天井板のすき間からおろして、ひょいと焼き餅に突き刺してそろっと持ち上げ、大急ぎで食べました。そのなんとおいしいこと。そこへ山うばがもどってきました。

「あれ、餅が一つ足りない。こりゃどうしたこと

か」と天井裏をにらむので牛方はびっくりして体を縮めたとたん、足元においてあつた長い棒がカタンと転げました。牛方は思わずびくっと首を縮め、胸をどきどきさせていると、山うばは、

「あらっ、餅は天井のねずみが取っていったのか」と首を振って、

「ねずみならしょうがない」とつぶやいて、残りの餅を全部食べてしまいました。食べ終えると、

「あーぁ、眠くなった。今夜はどこで寝ようかな、天井裏でねずみと一緒にねようか」といっています。牛方は天井裏に上がってきたらそれこそ大変だと思って、夢中になってねずみの口まねで、

「ちゅう。ちゅう。ちゅう。かまの中、かまの中」とつぶやきました。山うばは、

「なんだ、ねずみのやつかまの中、かまの中といってるな。それじゃ今夜はかまの中にはいって寝ることにしようか」といって、大きなかまの中にはいりこみ、蓋をしました。間もなく、グーグーといびきをかいて眠ってしまったようです。

「しめた、今のうちだ」

牛方はそろそろと天井裏からおりてくると、外へ出て大きな石を抱えてきて、そのかまの蓋の上にどかっとおきました。ところがその石がゴロゴロッと転がりました。山うばは目をさまし、

「あれ何だ、もう夜明けかな」といいました。起きられたら大変です。肝を冷やしていると、ほろほろ鳥が鳴いている。

「あー、ほろほろ鳥が鳴いているうちはまだ夜は明けんなぁ」といって、山うばはまたグーグー眠り始めました。牛方はこんどは枯れ枝をいっぱい取ってきて、かまの下に積み重ねて火をつけました。山うばは目をさまし、

「うれ、何だ、あー、ほろほろ鳥が鳴いている。ほろほろ鳥が鳴いているうちはまだ夜は明けんぞ」とつぶやいて、またグーグーといびきをかき始めました。そのうちにかまが真っ赤に焼けてきました。山うばは目をさまし、

「あっち、あっち、あっち」かまの中であばれまわりましたが、蓋の上に大きな石がのせてあるので開けられません。

「あっち、あっち、助けてくれ、助けてくれ」というちに、とうとう山うばは焼け死んでしまいました。

大蛇（おろち）

（前出の「大蛇が男に化けて娘に通った話」とほぼ同じ）

鬼火たき

昔むかし、けちな男がおったちゅうわい。男がいつまでも嫁ごをもらわんもんで、親戚の者や友達が心配して、早う嫁ごをもらうようにとすすめたっちゅう。すると男は、

「そうだな飯を食わん嫁ごなら、もろうてもええわい」といった。みんなはあきれてしもうて、誰も嫁ごを世話するもなあ、おらんようになってしもうた。

ある日、美しいおなごがたんねてきて、

「うちは飯を食わん女です。どうかうちを嫁ごにしてくれめせ」といった。男はびっくりしたが、髪の長いよかおなごだったので、喜んでその女をよめさんにもろうた。

なるほど、その女は朝も昼も晩も飯を一口も食わんかった。おまけによく働くし、美しい。男は、

「いい嫁ごもろうた」とたいへん喜んでおった。

ところが不思議なことに、家の中の米や味噌がどんどんのうなっていく。男は不思議がって、たしかめてみることにした。ある日、いつものごと、仕事に出かけるふりをして家を出たあと、そっともどって戸のすき間からのぞいてみた。すると美しい嫁ごは、大釜で飯をたき、大きなにぎり飯をいくつもいくつも作り、大鍋で味噌汁をいっぱい作った。男は、

［あんなにたくさんのにぎり飯や味噌汁を、どうするのだろうか」と思って見ていると、嫁ごは長い髪をバラバラにして、真ん中から分けはじめた。すると髪の間から大きな口がポッカリとあき、真っ赤な舌がペロッと出てきた。男は肝をつぶさんばかりにおどろいたが、そのままだまって見ていた。嫁ごは男がみていることも気づかじ、ニタッと笑ろうて大きなにぎり飯を口に放りはじめた。

「とっくらえ、とっくらえ」と叫ぶたびに、にぎり飯は頭の上の大きな口の中へとはいっていった。それが終わると。今度はおおきなひしゃくで味噌汁をすくって、ゴボゴボと流しこんでいった。

男は、「これは大変。あの嫁ごはおじい鬼の化けとったもんじゃ。どうしたものかのう。もし気づかれでもしたら、あの大きな口で食い殺されてしまう。何かええ方法はないもんじゃろか」と考えた。

その日の夕方、男はそ知らぬふりをして、いつものように家に帰ってきた。そして嫁ごを呼んで、「お前さんに大事な話がある」といって、話をはじめた。

「実はなぁ、私は遠いところに仕事に行かんならんとわい、それでお前さんと別れるのはつらいんじゃが、すまんけど、お前さんは生まれた家にもどってくれんか」といった。嫁ごは美しい目に涙をいっぱいためて、

「しかたありません。おっしゃるとおり、私はおいとまさせていただきます。けれどその前に一つお願いがございます。この家にあるこの大きなカゴを一つ私にくださいませ」といった。

男は、「うまくいった」と安心した。

「ええとも、ええとも。どれでんよかんと持っていけはい」といった。嫁ごは大きなカゴを取ってきて、男の前におくと、

「これをいただきます」というとニヤッと笑うた。そのとたん女の髪が逆立って、鬼のおそろしい顔にかわり、アッという間に男をつかむとカゴの中に押しこんで、それを背負って跳ぶようにしてかけ出した。

男は何とかしてカゴから抜け出して、逃げようとするが、鬼の足があまりに早いもんで、逃げ出すことができん。いよいよ鬼の住むほら穴にはいろうとしたとき、男は必死でその入口に生えていたもろめ木の枝にとかみちいて、逃げ出した。鬼は髪を振り乱し、目をギラぎらさせ、耳までさけている口を大きくあけて、

「待てぇ」と叫びながら追いかけてきた。

男はへとへとになりながら、菖蒲の生えている池に逃げてきた。いよいよ追いつかれそうになったもんで、男は転げるようにして菖蒲の中に身をかくした。鬼は男を見つけて、歯をむき出して男にとびかかってきた。そのとき菖蒲の葉が鬼の目に刺さり、鬼はものすごいうなり声をあげて、あばれまわった。男はそのすきに逃げ出し、やっとのことで家まで帰ってきた。鬼はたいそう悔しがり、

「あしたん晩、もう一回、つかまええ行くけい」とおらんでおった。

次の日ん晩、男が家におると、こぶ（蜘蛛）が地炉の上からおりてきた。男は鬼がこぶに化けることにすぐに気づいて、こぶをつかまえると、さっと地炉の火にくべて鬼を殺した。

男がもろめ木の枝にとかみちいて逃げ出したのが一月の六日で、こぶに化けた鬼を火にくべたのが一月七日だったちゅう。それで一月六日には「もろめ木祝い」ばして、一月七日には「鬼火たき」をするようになった。五月五日には菖蒲を神様にあげるようになった、とちゅうわい。

かしの実の話をした息子

昔むかしのことじゃった。あるところにそれはそれは大金持ちの長者がおったちゅうわい。そのとなりにはたいそう貧乏な家族が住んでおったちゅう。じゃが長者の家には子どもがおらでなぁ。一方、貧乏な家には子どもが三人おった。

ある日、長者はとなりの家へ行って、こういうた。

「三人の息子たちのうち、誰か一人、わしの養子になれ」

貧乏な家の主人は、子どもたちさえよければ、それでいいと思った。子どもたちも長者の家に行くならいいという。

じゃが長者は一つだけ条件を出した。それはおもしろい話をして長者を笑わせた者を、婿養子にするということじゃった。

長男がまず話をした。だが長者はがんこ爺で、いくらおもしろい話をしても、むずかしい顔をしたままで、ちっとも笑わなかった。こんどは次男が話をした。けれども、やっぱり笑わなかった。とうとう末っ子は、

「庭のかしの木の話をします」といって、話をはじめた。

「かしの実がゆがわに、カタカタチャッボリンというてはあえます、爺さん」といった。爺さんが、

「ほう、それで」というと、末っ子はまた、

「かしの実がゆがわに、カタカタチャッボリンというてはあえます、爺さん」という。いくらくりか

えしてもきりがない。爺さんが、

「まだ次に行かんのか。早く話のつづきが聞きたい」というと、末っ子は、

「かしの実たくさん生《な》っております」と答え、また、

「かしの実がゆがわに、カタカタチャッボリンというてはあえます、爺さん」という。一晩中つづいて夜明け方になってきた。長者はもう眠くなってきて、聞くのがいやになってきた。もうこれ以上、

「カタカタチャッボリンというてはあえます、爺さん」とつづけられてはかなわない。爺さんは、

「せわしい、ここの婿、婿。お前が養子じゃ」と末っ子にいったちゅう。カタカタチャッボリンでおしまい。

かっぱ

　尾前川にも向山の川にもかっぱが住んどるちゅう話はよく聞く。しかし、その姿を見たちゅうもんは、そうたくさんおらんちゅうわい。夕方になると、「ホーイ、ホイ。ホーイ、ホイ」ちゅうておらびながら尾根を登って行く。その声はゆう聞こゆるけんど、姿は見えん。朝になると、また川の方に下ってくる声が聞こゆる。

　山仕事で山小屋に泊まっておると、かっぱが小屋をゆすって一晩中、寝られんかったちゅう話もよく聞く。くらみやぁ（夕方六～七時ごろ）に、投網《とあみ》をして川を上がっていたところ、石の上に猿のようなものが座っていた。

「何がおるちゃろか」と思いながら投網をつづけていると、網をパッと破って逃げて行ったちゅうわい。

　またあるとき網を打ったら何かがかかった。たしかな手ごたえがあったので、刃物をくわえてもぐって行ったら、網がバッと岸に投げられた。おどろいて、急いで上がってみると、網に穴があいていて、ぬるぬるしていたちゅうわい。

かみなり

昔むかし、「かみなり」という名前の鬼があばれまわっていた。大声でどなり、大きな足音をたてて田畑を踏みあらし、川をあふれさせ、木々や家々を焼きつくし、それはそれはひどいありさまであったという。

人々はかみなりをおそれ、ブルブル震えながら、毎日をくらしていた。かみなりはますます大あばれするようになった。

あるとき、一人の若者が村人たちに呼びかけて、みんなでかみなりと戦うことになった。人々は桑の木で弓を作り、戦いの準備をした。昔から、「岩をも通す桑の弓」といわれているように、桑の木で作った弓はたいへん強い。そしていよいよかみなりと戦う日がきた。

かみなりは怒り狂って大あばれした。人々は逃げ出したい気持ちをぐっとこらえて、必死の矢を射つづけてとうとうかみなりを降参させることができた。かみなりは天に逃げて行った。

かみなりが鳴るときは桑の葉を取って、笠にするとよいそうだ。かみなりは桑をこわがって、決して落ちてこないという。桑の葉がないときは、「くわばら、くわばら」とお呪《まじな》いを唱えると、かみなりは落ちないそうだ。

かんねん淵

追手納にある淵で泳いでいたら、急に足を引きこまれるような感じがした。あわてて岸に上がろうとしたが、もがけばもがくほど、深みへと引きずりこまれていく。

「もうダメだ」とかんねんしながらも、夢中でちょうど持っていた小刀をふりまわした。するとフッと体が軽くなり、水から上がることができた。かっぱが足を引いて、水の中に引きずりこむはらじゃったちゅう。

男がいったんかんねんしたところから、「かんねん淵」と呼ばれるになったちゅうわい。

さだよしおっちい

日当のさだよしおっちいは、たいそうトンチのきく人であったちゅうわい。あるとき、夜になってから、おっちいがたずねてきた。家の者が、

「道の途中で暗うなってきたというが、どのあたりから暗うなったかお」とたずねたところ、

「どんあたりから暗うなったやら、わかりゃせんじゃった。四方八方から暗うなっていったわい」といった。家の者が、「ちごーとよ。どのあたりから、たいまつに火をとぼしてきたかっちゅうこつよ」とさらにたずねると、おっちいは、

「そりゃ、たいまつは先の方から火をとぼすわい。手先からとぼしたなりゃあ、あちして持たるるもんか」というたちゅうわい。

主人おもいの犬

昔、ある村に犬をとても可愛がる若者がおったちゅう。その若者の犬好きなことといったら、この上ない。夕めしを食うときにゃあ、自分の分を半分にして犬にやる。風呂にはいるのもいっしょ、寝るのもいっしょ、どこへ行くでもいっしょという具合に、それはそれは可愛がっとった。犬の方でも若者になついており、狩りに行けばえものを追って、若者の片腕となって働いていた。

ある日、若者は犬といっしょに魚つりに行った。その若者は魚つりに夢中になっていて、足をすべせて川に落ちてしまった。犬は若者を助けようとしたけんど、どぎゃすることもできんかったちゅうわい。じゃけぇ、犬は人に知らすように、

〝ワンワン、ワンワン〟

とほえたちゅう。

人は、「なんじゃろう」と思うて、犬のあとをついて行った。じゃけんどもうその若者は、おぼれて死んでしもうとったとちゅう。

犬は朝も昼も夜もめしを食わじい、雨が降ってもずっと若者の横におったちゅうわい。

せんきょ淵

昔、通り侍がせんきょ淵を通りかかった。ちょうどのどがかわいていたので、竹橋を渡るときに刀を近くの木に立てかけ、水をのんだ。あまりに水がうまかったので、刀をおき忘れたまま行ってしまった。

途中で気がついて、大急ぎで竹橋のところまでもどってみると、刀が蛇になって竹橋に巻きついている。侍一人ではどうすることもできずに、川のふちに住んでいるせんきょ爺が、刀を持ってきて、その蛇を切った。

その後、蛇を切った刀は川のわきの大けやきにまつられていたが、後の世になって駄賃付けの鞍とかえられて、今は向山にあるという。

宝くらべ

昔あるところけえ、金持ちの家と貧乏な家がならんであったちゅうわい。ある年の宝くらべのときじゃった。金持ちの家の主人は、千両箱を積みあげた。むらの衆は、

「千両箱をこうも積みあげられたのでは、とてもかなわん。これにかなう宝をもっとる者は、もうおらんじゃろう」といっておった。金持ちの主人も自信ありげに、

「これでわしが優勝じゃな」といった。もうこれで宝くらべの優勝は決まりかと思われたとき、村の衆の一人が貧乏な家のもんにいうた。

「お前の家の宝は、何じゃ」

貧乏な家の主人は、

「うちにはそんな立派な宝など、ございません。その日その日を食べていくのもやっとで、宝などあろうはずがありません」といった。村の者たちは、

「せっかくの宝くらべじゃ。何でもいいから、自分が宝だと思うものを出せばええじゃないか」といった。そこで自分の家の三人のむすこに、つぎはぎだらけではあるが、その家にある中では一番上等の着物を着せて座らせた。そして、

「これが私の家の宝です。私の家はほかのみなさんのように金持ちじゃないので、何もありません。

でも私にとってはこれ以上の宝はございません」といった。

「なるほど、子に勝る宝があるはずはない。この宝くらべはこの家の優勝じゃわい」ということになり、優勝のほうびはみんなその家の者にあたえられた。おかげでその家のくらしは、楽になったちゅうわい。

ちくぜんだき

昔むかしのことじゃった。ある男が山仕事をするために、山の奥深くに行った。男は懸命に仕事をしたのでのどがかわいてきた。水でも一ぱい飲もうと思って、川を探して滝のあるところまできた。するとにぎやかな音楽が聞こえてきた。男はふしぎに思って、あたりを探してみたが、だれもおらんかった。

男は村に帰ると、すぐにそのことをみんなに知らせた。男が、

「おおい、おらぁ、山できみょうな音を聞いた。滝のところで琵琶の音がひびいとったんじゃ」といっても、村の者たちは、

「そんなこと、あるわけがにゃあ」といって、男の話を信用しなかった。そこで男は、次の日にみんなを連れて行くことにした。

次の日、男と村のみんなが山奥の滝のところへ行ってみるとやはり昨日と同じあたりからにぎやかな音楽が聞こえてくる。しかも今日は琵琶の音だけじゃなく、笛や太鼓の音も加わってあたりじゅうに響いている。男は、

「なあ、おらのいったとおりだろう。琵琶や笛や太鼓の音が聞こゆるじゃが」というと、みんなは、

「うん、おまえのいったとおりだ」といってうなずいた。そして、

「だれもいねえのに、なんで音楽が聞こえるんじゃろか」とふしぎがった。

「もしかしたら鬼が集まって、踊っとるとかもしれんな」「鬼が村の者を食いにくる相談をしとるとかもしれんぞ」といい出す者もおり、みんなブルブルふるえた。

けれどその音楽が聞こえるようになってから、山で事故にあったり怪我をしたりする者がおらんし、

獲物もようとれるようになった。村の者は、「もしかしたら、山の神様かもしれんな」「きっとそうじゃが。山の神様たちが集まって、楽器を鳴らしておられるのじゃろう」と話しあった。そうして村人たちは、その滝を「ちくぜん滝」と名付けた。その後、山に行ったら、弁当を食べる前にかならず取り分けて山の神にささげ、祈るようになったとちゆうわい。

これらと同じような昔話がどこにあるのか。詳しく調べていないので語ることはできませんが、「猟師と猫」は猟師の間では広く知られているようです。弾作りを猫がそばで見ているようなときは、猫のいないところで別弾を数発作っておくようにする。隠し弾の必要を教えている話です。

「子育て幽霊の話」は京都市東山区の六道珍皇寺《ろくどうちんこうじ》にあって、寺の前の店では今も「幽霊飴」を売っています（上写真）。建仁寺の南側にある六道珍皇寺の地は葬場だった鳥辺野の入口にあたり、本堂前の四辻は六道の辻、すなわち地獄・餓鬼・畜生・修羅・人間・天上への現世との別れ道といわれました。精霊は盂蘭盆《うらぼん》にこの辻を経て帰るとされ、盆の入りには精霊を迎えるための「迎え鐘」を打つ人がひっきりなしにやってきます。

この寺の前の店に、幽霊が子育てのために飴を買いにきた話は同じですが、少し違うのは「幽霊飴」は母乳の出がよくなるとして、今は幽霊ではない母親が買いにくることです。

編者あとがき

須藤　功

私が尾向小学校の「子ども焼畑体験学習」に初めて訪れるのは平成二十三年（二〇一一）八月、それより前に、三カ所の焼畑を取材し、写真を撮っていた。

最初は昭和五十年（一九七五）四月の高知県池川町大字椿山《つばやま》（現仁淀川町）の焼畑である。そこでは「春焼き」と「夏焼き」があって、かつてはやはり春は稗《ひえ》や粟《あわ》、夏には蕎麦《そば》を主に作っていたという。私が訪れたときには、明治の中ごろからつづく和紙の原料の三椏《みつまた》を栽培していた。でもそれを手漉《てす》きの和紙に使っていたわけではなく、紙幣の原料として造幣局に送っていた。戦前はもとより戦後に発行された一円、五円、十円、百円、五百円札などの紙幣に使われていたもので、椿山の焼畑での三椏の栽培はそれなりの採算があった。

ところが紙幣は次第に硬貨に切り替えられる。それは生活に関わるので椿山の人々は硬貨への切替えに反対する。でもその声は届かず、焼畑による三椏の栽培は必要なくなる。そのため椿山の人々は山の斜面の家での暮らしは難しくなり、ほとんどの人が椿山を離れた。

紙幣を硬貨にしたのは駅の切符、酒店のビールやコーラなどの自動販売機の普及に対応したものである。昭和四十年（一九六五）三月五日に東京新宿の百貨店で開催された、第一回自動販売機ショーには、さまざまな自動販売機が二〇〇種類ほど陳列されている。椿山の集落と焼畑は、この自動販売機の普及とともに消えたといえるようである。

宮崎県西都市大字上揚《かみあげ》字横平の焼畑は、近くの山を焼くナツコバで、昭和五十三年（一九七八）

から一反歩ずつ五年つづけた。焼いた年は蕎麦と大根、翌年は小豆や里芋、三年目には椎茸《しいたけ》の原木の椚《くぬぎ》を植林して山にもどした。私が取材したのは最後の昭和五十八年（一九八三）で、各年のコバは隣接していたので、年ごとの作物と植林した椚の伸び具合を見ることができた。

宮崎県西米良村大字小川字木浦の焼畑は、当地の濱砂定廣氏が、民族文化映像研究所による記録映画撮影のために、昭和五十八年（一九八三）十月から一年にわたり、アキコバによる稗の栽培を再現した焼畑である。絶えて久しい木おろしも行なわれたが、木に登ったのは濱砂定廣氏だけだったので、木おろしにともなう木おろし唄は聞けなかった。しかし一連の木おろし作業をつぶさに見ることができた、それはかつて九州山地でつづいていた生活のための焼畑の本来の姿であり、私はその作業の一つひとつを丹念に撮影した。

こうした焼畑を自然破壊とする説がある。『椎葉村史』の自然保護の項でも、「焼畑と自然破壊」の見出しで、「本村に初めて住みついた人は、食糧を得るために先ず焼畑を拓いたであろう。自然破壊の始まりである」と書いている。

この焼畑＝自然破壊についてここで深く論ずる間はないが、山村では生活のために焼畑は必要だった。それがはたして自然破壊だったかどうか。火入れをした焼畑で四、五年ほど作物を作ったあとは、人手を入れずに草木の伸びるままにした。そうして山を再生させた。「子ども焼畑体験学習」での焼畑でも自然再生への取組が見られる。

尾向小学校の「子ども焼畑体験学習」は、児童の父母あるいは山持ちの好意による土地の提供で実施されている。これには焼畑のあと植林するために、土地をきれいに焼いてもらう、作物の残骸が植林の養分にもなるということもある。平成二十五年（二〇一三）八月八日に火入れをした土地は白水の滝（四十九ページ）の近くの斜面で、焼畑のあとそこには桜の木が植えられた。おそらく十数年後には斜面いっぱいに桜の花が咲いて、白水の滝とつながって名勝となるだろう。蕎麦の花が咲く（二十四ページ）斜面には植林された杉がすくすくと伸びている。

私は平成二十三年（二〇一一）から、つづけて尾向小学校を訪れている。七月末ごろの焼畑の火入れと種蒔き、秋の運動会、蕎麦の収穫と収穫祭、二月初めの学習発表会、三月末の卒業式には欠かさず行くようにしている。これまでに一度しか行っていないのは四月初めの入学式、五月の扇山《おうぎやま》登山、それに学校の運動場が会場になる八月十五日の「尾向渓谷まつり」である。

尾向小学校の行事とは別に、本文に書かれている一夜二日にわたる尾向の四集落の神楽も見ている。いずれも神楽宿（民家だったが今は公民館）で神と人が一体となって楽しみ、感謝の気持ちを神に伝える祭りになっている。祭りの酒は神に近づくために飲むものだが、その酒を迷うことなく飲めるようにしている。神楽のあとの直会《なおらい》に入れてもらうと、焼酎を飲みながらいろいろな話を聞くことができる。

気にしているのは、神楽にやってくる他の集落の戸主は背広にネクタイの正装で、神楽宿に着くと、まず太夫《たゆう》の前に正座して「おめでとうございます」と挨拶する。それは神楽に迎える神々への挨拶のようでもある。正装にほど遠い格好の私はそれを見るたびに、これでいいのかな、神々に失礼ではないのかなと思ってしまう。

各地にさまざまな民俗芸能があるが、子ども、ことに小学生の舞はどこでも人気がある。尾向の神楽でも同じで、出番を待つ子どもの緊張したような顔に、学校にいるときや遊んでいるときとは違う心の内が伝わってきて、やはり〝素敵〟な子だなと思う。そうした子どもの出番が近くなると、祭場は子どもの舞を見ようとする人でいっぱいになる。しっかり見ながら、ときに声援を送ったり、みんな子どもの舞を楽しみにしている。

驚きかつ今でもよかったのかなと思うのは、平成二十四年（二〇一二）十二月二日の日添神楽の

「しょうごんどの」で、私がお宝の神酒をもらったことである。そばにいた人から出てみろといわれ、何の用意もなく最初に太夫の前に進み出て、よい神楽を見せてもらっていると語ると、それではといってお宝を渡された。神楽宿が民家だったころには、五、六人がお宝を頂戴しようとしても、お宝は次の神楽宿に渡すのが習わしだった。神楽宿が公民館になってその習わしはなくなっているが、それでもよそ者が最初にいきなり授かるのは例のないことだったようである。あとで太夫に聞くと、私が尾向で写真を撮っていることを聞いていたということだった。

　尾向小学校の行事では終わったあとにたいてい反省会がある。平たくいうと飲み食いしながら意見を交し、近況を話す会で、私もその仲間に入れてもらう。神楽の直会でも、そこで出る尾向の生活や歴史などの話はまとまった話ではない。私はそれを次第に深く知りたいと思うようになった。村史などに目を通して、尾向は興味深い大事な民俗や歴史のあるところと知った。それから尾向を歩くときはその民俗や歴史の足跡に気をつけるようにした。

　これらのことを尾前秀久氏に話し、本にしたいと執筆を相談した。尾前秀久氏は尾前神社宮司、尾向公民館長などを務め、現在は椎葉村神楽保存連合会長である。少し考える様子だったが執筆を了承してくださった。その編集にあたることで、私は三大秘境の一つの椎葉村、そして尾向ともより深く確かな心のつながりができた。

　秘境ということでは、私は阿波の祖谷山《いややま》（徳島県）と、幼いときからつながっていた。母方の祖父が東京で勉強して医者になり、最初に行くことになったのが東祖谷山村（現三好市）だった。九歳からのその村での三年間は母にとって忘れ難いものだったようで、村でのできごとをしばしば話してくれた。吊り橋を渡っていると男の子たちが大きく揺らしたこと、風邪の治療をした猟師が兎や猪、熊などの肉を持ってきた。それらの肉は治療費の代わりだった。母は向こうの山を走る兎をよく見たといっていた。

私は昭和四十九年（一九七四）三月に東祖谷山村へ行った。祖父が医者をしていた家など、年月からしてもうあるはずがないと決めていたのだが、村の人が「あの茅葺《かやぶき》屋根の家だよ」と教えてくれた。驚きながらその家の庭に立って向かいの山を眺め、山を兎が走るのは母の作り話だったのではと思ったりした。でもこの幼い日に聞いた兎や治療代の代わりの猪や熊の肉の話は、私が狩猟に関心を持つきっかけになっているような気がする。

大和（奈良県）の十津川村《とつかわむら》には昭和四十二年（一九六七）十月に、日本観光文化研究所が発行していた『あるくみるきく』の取材で行った。十津川は明治二十二年（一八八九）八月、豪雨で洪水となって家屋を襲い、二五五人が亡くなった。もうこの十津川村で暮らすのは難しいと、村のほぼ三分の一にあたる二四八〇人が北海道に移住した。それが現在の北海道新十津川町である。町の十津川開拓記念館にある、十津川村につながる大絵馬を撮るために、私は平成二十三年（二〇一一）六月に記念館を訪れその大絵馬を撮らせてもらった。

私も所員だった、近畿日本ツーリストの日本観光文化研究所の所長は民俗学者の宮本常一で、庶民の生活の何を写真に撮り、文章をどのように書くかなどの指導を受けた。基本は行ったところでまずその土地をよく見て、会った地域の人々に教えられて学ぶというもので、私はそれを大事にしてきた。それがこの『秘境の歳月』の編集にも役立ったのはいうまでもない。といって全てがわかったということではない。ときおり尾向の人々はどうして心が豊かなのだろうと考えたりする。推測になるが、つづいてきた焼畑による助け合いと思いやり、神楽も集落のみんなの協力によるのと、神楽にきてくれた客への心づくしの気持ち、それは培ったというより尾向の人々が自然に身につけてきたものかもしれない。

尾向小学校に一年生から六年生の間に兄弟（姉妹）三人がいるという家が毎年、三、四組ある。一人なら父母の学校行事の手伝いは六年ですむが、三人だと十四、五年になることもある。それだけに最後の一人が卒業し、もう学校へ足を運ぶ必要がなくなるのは淋しいものらしい。小学校のあと、子どもは家を離れて中学校、高校で学ぶということもある。これはむしろ親子のつながりを強くしているのと、きっと尾向にもどってくるという気持ちをいだかせることになっているのだろう。

小学校や神楽の座でいろいろな話をしてくれた尾向の皆様方、編集のためにご指導くださいました、尾前賢了氏（鶴の平）、尾前久一郎氏（尾前下）、ありがとうございます。椎葉洋平氏（日添）とその御家族には、写真取材などで日頃からお世話いただいた。あつくお礼申しあげます。

平成三十一年四月三十日　平成最後の日に。

〔参考文献〕

秋本治司会「第四回・霧立越シンポジウム」宮崎県　一九九六年
飯田辰彦著『山人の賦　宮崎県椎葉村の暮らしと民俗　今も』東京都・河出書房新社　二〇〇二年
石川恒太郎編『椎葉村史』宮崎県　一九六〇年
小野重朗編『宮崎県史　叢書　宮崎県年中行事集』宮崎県　一九九六年
尾向小学校編『ふるさと尾向』宮崎県　椎葉村立尾向小学校　一九九一年
尾向小学校創立百周年記念事業推進委員会編『創立百周年記念誌　おむかい』宮崎県　尾向小学校創立百周年記念事業期成会　一九七五年
『球磨郡史』熊本県球磨郡教育支會発行　一九四一年
櫻田勝徳「椎葉紀行」（『櫻田勝徳著作集　7』）東京都　一九七二年
椎葉神楽記録作成委員会　椎葉村教育委員会編『椎葉神楽調査報告書　第一集』宮崎県・椎葉村　一九八二年
椎葉村教育委員会編『椎葉むかしむかし』宮崎県　椎葉村　一九九〇年
椎葉　花著『思い出の里　奥椎葉』埼玉県・現代文藝社　二〇〇八年
椎葉　久著『椎葉問わず語りの記』宮崎県・鉱脈社　二〇〇七年
椎葉村編『椎葉村史』宮崎県・椎葉村　一九九四年
須藤　功著『大絵馬ものがたり2　諸職の技』東京都・農文協　二〇〇九年
須藤　功著『山の標的―猪と山人の生活誌―』東京都・未來社　一九九一年

高山彦九郎著『筑紫日記』（『高山彦九郎全集　第四巻』）一九五四年
千葉徳爾著『狩猟伝承研究　総括編』東京都・風間書房　一九八六年
野間吉夫著『椎葉の山民』東京都・慶友社　一九七〇年
濱砂武昭著　須藤　功写真『銀鏡神楽―日向山地の生活誌―』東京都・弘文堂　二〇一二年
早川孝太郎著『花祭』（『早川孝太郎全集　第一・二巻』）東京都・未來社　一九九四年
早川孝太郎著「椎葉村聞書」（『早川孝太郎全集　第十一巻』）東京都・未來社　二〇〇〇年
『人吉市史　第一巻』熊本県人吉市教育委員会発行　一九八一年
平部嶠南編『日向地誌』宮崎県・青潮社　一九七一年再版
本田安次著『神楽』東京都・木耳社　一九六六年
松下石人著『三州奥郡産育風俗圖繪』東京都　国書刊行会　一九八一年
耳川文化の会会誌『みみかわ　第七号』宮崎県　二〇〇二年
宮崎県編『宮崎県史　資料編　民俗１』宮崎県　一九九二年
宮崎県編『宮崎県史　資料編　民俗２』宮崎県　一九九二年
宮崎県編『宮崎県史　別編　民俗』宮崎県　一九九九年
柳田國男著『後狩詞記』（『定本柳田國男　第二十七巻』）東京都・筑摩書房　一九七〇年
山口保明著『宮崎の狩猟―その伝承と生活を中心に』宮崎県・鉱脈社　二〇〇一年
渡辺伸夫著『椎葉神楽発掘』東京都・岩田書院　二〇一二年

編集委員会

委員長	尾前一日出	椎葉村観光協会長
委　員	蔵座二九生	尾向公民館長（子ども焼畑体験学習実行委員会）
委　員	尾前　賢了	尾向公民館副館長　同
委　員	椎葉　友和	尾向小学校ＰＴＡ会長　同
委　員	椎葉　優太	尾向青年会長　同
委　員	椎葉　　勝	焼畑蕎麦苦楽部代表
委　員	尾川　亀次	尾前里山保全の会理事
委　員	椎葉　公之	向山日添神楽保存会長
委　員	椎葉　繁則	追手納神楽保存会長
委　員	尾前　秀久	尾前神楽保存会長
監　事	椎葉　芳一	向山日当神楽保存会長
監　事	黒木　　忠	椎葉村文化協会長
編　集	須藤　　功	民俗学写真家
事務局	甲斐　眞后	椎葉村教育委員会　教育長

[著者略歴]

尾前　秀久（おまえ　ひでひさ）

昭和30年（1955）宮崎県椎葉村生まれ。
椎葉村神楽保存連合会長
建設業を経営、尾前神社宮司、宮崎県神楽魅力発信委員、宮崎県林業研究グループ副会長。宮崎県神社庁東臼杵郡南支部副支部長、東臼杵郡子供育成会会長、椎葉村教育委員会教育委員長、椎葉村消防団部長会会長、椎葉村公民館長会会長などを務める。これまで尾向の多くの人に集落の生活や歴史やできごとの話を聞いてきた。『秘境の歳月』はそのまとめというべき最初の著書である。

[編者略歴]

須藤　功（すとう　いさを）

昭和13年（1938）秋田県横手市生まれ。
民俗学写真家
民俗学者・宮本常一に師事し、国内を旅して庶民の普段の生活を写真で記録するとともに、地域の生活史研究をつづける。

著書に　『西浦のまつり』、『山の標的 ― 猪と山人の生活誌』（未來社）、『大絵馬集成　日本生活民俗図誌』（法藏館）、『写真ものがたり　昭和の暮らし』全10巻（農文協）、『葬式 ― あの世への民俗 ―』（青弓社）、『早川孝太郎』（ミネルヴァ書房）など。
共著に　『アイヌ民家の復元　チセ・ア・カラ』（未來社）、『銀鏡神楽』（弘文堂）、『昭和の子どもたち』（学習研究社）、『日本各地の伝統的なくらし』（小峰書店）など。
編著に　『写真でみる日本生活図引』全９巻（弘文堂）、『図集　幕末・明治の生活風景』（東方総合研究所）、『写真でつづる宮本常一』（未來社）など。

椎葉村尾向
秘境の歳月
山里の生活誌

二〇一九年六月十五日　初版印刷
二〇一九年六月二十九日　初版発行

著　者　尾前秀久
編　者　須藤　功
発行者　川口敦己
発行所　鉱　脈　社
〒八八〇－八五五一
宮崎市田代町二六三番地
電話　〇九八五－二五－一七五八

印刷
製本　有限会社　鉱　脈　社